大学入試シリーズ

416

明治学院大学

A日程

教学社

はしがき

入力した質問に対して，まるで人間が答えているかのような自然な文章で，しかも人間よりもはるかに速いスピードで回答することができるという，自然言語による対話型の AI（人工知能）の登場は，社会に大きな衝撃を与えました。回答の内容の信憑性については依然として課題があると言われるものの，AI 技術の目覚ましい進歩に驚かされ，人間の活動を助けるさまざまな可能性が期待される一方で，悪用される危険性や，将来人間を脅かす存在になるのではないかという危惧を覚える人もいるのではないでしょうか。

大学教育においても，本来は学生本人が作成すべきレポートや論文などが，AI のみに頼って作成されることが懸念されており，AI の使用についての注意点などを発表している大学もあります。たとえば東京大学では，「回答を批判的に確認し，適宜修正することが必要」，「人間自身が勉強や研究を怠ることはできない」といったことが述べられています。

16 ～ 17 世紀のイギリスの哲学者フランシス・ベーコンは，『随筆集』の中で，「悪賢い人は勉強を軽蔑し，単純な人は勉強を称賛し，賢い人は勉強を利用する」と記しています。これは勉強や学問に取り組む姿勢について述べたものですが，このような新たな技術に対しても，侮ったり，反対に盲信したりするのではなく，その利点と欠点を十分に検討し，特性をよく理解した上で賢く利用していくことが必要といえるでしょう。

受験勉強においても，単にテクニックを覚えるのではなく，基礎的な知識を習得することを目指して正攻法で取り組み，大学で教養や専門知識を学ぶための確固とした土台を作り，こうした大きな変革の時代にあっても自分を見失わず，揺るぎない力を身につけてほしいと願っています。

＊　＊　＊

本書刊行に際しまして，入試問題や資料をご提供いただいた大学関係者各位，掲載許可をいただいた著作権者の皆様，各科目の解答や対策の執筆にあたられた先生方に，心より御礼を申し上げます。

編者しるす

そもそも

赤本とは…

受験生のための大学入試の過去問題集！

60年以上の歴史を誇る赤本は，600点を超える刊行点数で全都道府県の370大学以上を網羅しており，過去問の代名詞として受験生の必須アイテムとなっています。

Q. なぜ受験に過去問が必要なの？

A. 大学入試は大学によって問題形式や頻出分野が大きく異なるからです。

マーク式か記述式か，試験時間に対する問題量はどうか，基本問題中心か応用問題中心か，論述問題や計算問題は出るのか――これらの出題形式や頻出分野などの傾向は大学によって違うので，とるべき対策も大学によって違ってきます。
出題傾向をつかみ，その大学にあわせた対策をとるために過去問が必要なのです。

どんな問題が出るの？
マーク式？記述式？
頻出分野は？
時間配分は？
どんな対策が必要？
自分に足りないのは？
問題のレベルは？

赤本で志望校を研究しよう！

赤本の掲載内容

傾向と対策

これまでの出題内容から，問題の「傾向」を分析し，
来年度の入試にむけて具体的な「対策」の方法を紹介しています。

問題編・解答編

年度ごとに問題とその解答を掲載しています。
「問題編」ではその年度の試験概要を確認したうえで，実際に出題された過去問に取り組むことができます。
「解答編」には高校・予備校の先生方による解答が載っています。

ギュ
ホンを…
大事に…

ページの見方

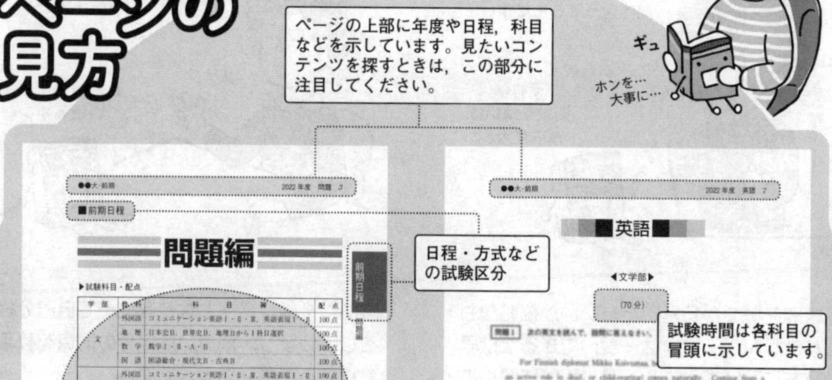

ページの上部に年度や日程，科目などを示しています。見たいコンテンツを探すときは，この部分に注目してください。
●●大-前期　2022年度　問題　3
■前期日程

◀文学部▶
(70分)
試験時間は各科目の冒頭に示しています。
各科目の問題

他にも赤本によって，大学の基本情報や，先輩受験生の合格体験記，在学生からのメッセージなどが載っています。

● 掲載内容について ●

著作権上の理由やその他編集上の都合により問題や解答の一部を割愛している場合があります。なお，指定校推薦入試，社会人入試，編入学試験，帰国生入試などの特別入試，英語以外の外国語科目，商業・工業科目は，原則として掲載しておりません。また試験科目は変更される場合がありますので，あらかじめご了承ください。

前期日程
日程・方式などの試験区分
▶試験科目・配点
各学部・学科で課された試験科目や配点が確認できます。
▶備　考
•「数学B」は，「数列」，「ベクトル」から出題する。
問題編冒頭
●●大-前期　2022年度　英語　7

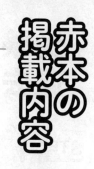

受験勉強は過去問に始まり，過去問に終わる。

STEP 1 まずは解いてみる

なにはともあれ

しずかに…
今，自分の心と
向き合ってるんだから
ムーン
それは
問題を解いて
からだホン!

過去問をいつから解いたらいいか悩むかもしれませんが，まずは一度，**できるだけ早いうちに**解いてみましょう。**実際に解くことで，出題の傾向，問題のレベル，今の自分の実力がつかめます**。
赤本の「傾向と対策」にも，詳しい傾向分析が載っています。必ず目を通しましょう。

STEP 2 弱点を分析する

じっくり具体的に

分析の結果だけど
英・数・国が苦手みたい
スリー
必須科目だホン
頑張るホン

解いた後は，ノートなどを使って自己分析をしましょう。**間違いは自分の弱点を教えてくれる貴重な情報源です**。
弱点を分析することで，今の自分に足りない力や苦手な分野などが見えてくるはずです。合格点を取るためには，こうした弱点をなくしていくのが近道です。

合格者があかす赤本の使い方

傾向と対策を熟読

（Fさん／国立大合格）

大学の出題傾向を調べることが大事だと思ったので，赤本に載っている「傾向と対策」を熟読しました。解答・解説もすべて目を通し，自分と違う解き方を学びました。

目標点を決める

（Yさん／私立大合格）

赤本によっては合格者最低点が載っているものもあるので，まずその点数を超えられるように目標を決めるのもいいかもしれません。

時間配分を確認

（Kさん／公立大合格）

過去問を本番の試験と同様の時間内に解くことで，どのような時間配分にするか，どの設問から解くかを決めました。

過去問を解いてみて，まずは自分のレベルとのギャップを知りましょう。
それを克服できるように学習計画を立て，苦手分野の対策をします。
そして，また過去問を解いてみる，というサイクルを繰り返すことで効果的に学習ができます。

STEP 3　志望校にあわせて

重点対策をする

分析した結果をもとに，参考書や問題集を活用して**苦手な分野の重点対策**をしていきます。赤本を指針にして，何をどんな方法で強化すればよいかを考え，**具体的な学習計画を立てましょう**。
「傾向と対策」のアドバイスも参考にしてください。

STEP 1▸2▸3…　サイクルが大事！

実践を繰り返す

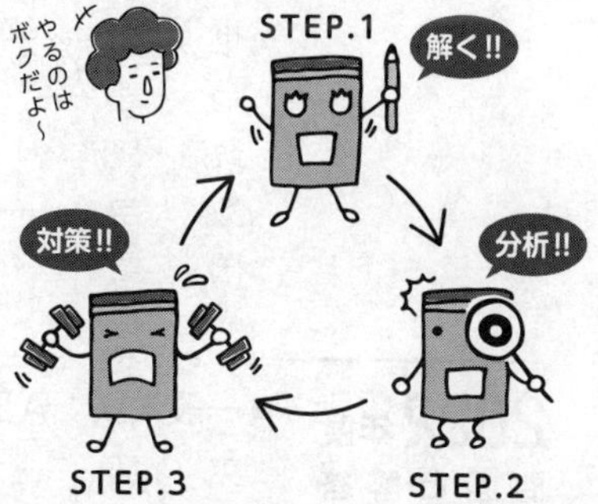

ステップ1～3を繰り返し，足りない知識の補強や，よりよい解き方を研究して，実力アップにつなげましょう。
繰り返し解いて**出題形式に慣れること**や，試験時間に合わせて**実戦演習を行うこと**も大切です。

添削してもらう
（Sさん／国立大合格）

記述式の問題は自分で採点しにくいので，先生に添削してもらうとよいです。人に見てもらうことで自分の弱点に気づきやすくなると思います。

繰り返し解く
（Tさん／国立大合格）

１周目は問題のレベル確認程度に使い，２周目は復習兼頻出事項の見極めとして，３周目はしっかり得点できる状態を目指して使いました。

他学部の過去問も活用
（Kさん／私立大合格）

自分の志望学部の問題はもちろん，同じ大学の他の学部の過去問も解くようにしました。同じ大学であれば，傾向が似ていることが多いので，これはオススメです。

目 次

掲載内容についてのお断り

- 一般入試Ａ日程のうち代表的な１日程を掲載しています。

University Guide

大学情報

大学の基本情報

学部・学科の構成

大　学

文学部　1・2年次：横浜キャンパス／3・4年次：白金キャンパス

英文学科（イギリス文学コース，アメリカ文学コース，英語学コース）

フランス文学科

芸術学科（音楽学コース，映像芸術学コース，美術史学コース，芸術メディア論コース，演劇身体表現コース，総合芸術学コース）

経済学部　1・2年次：横浜キャンパス／2～4年次：白金キャンパス

経済学科（ポリシー・アナリシスコース，企業・制度デザインコース，グローバル・スタディーズコース）

経営学科

国際経営学科

※2年次生は白金キャンパスで専門科目の一部を履修可能。

社会学部　1・2年次：横浜キャンパス／2～4年次：白金キャンパス

社会学科（文化とメディアコース，生命とアイデンティティコース，環境とコミュニティコース）

社会福祉学科（ソーシャルワークコース，福祉開発コース）

※2年次生は白金キャンパスで専門科目の一部を履修可能。

法学部　1・2年次：横浜キャンパス／3・4年次：白金キャンパス

法律学科*

消費情報環境法学科

グローバル法学科

政治学科

＊法律学科には法曹志望者向けに任意で選択できる法曹コースがある。

※成績条件を満たした2年次生は白金キャンパスで専門科目の一部を履修可能。

国際学部　横浜キャンパス

国際学科

国際キャリア学科

心理学部　1・2年次：横浜キャンパス／3・4年次：白金キャンパス

心理学科

教育発達学科（児童発達コース，特別支援コース，国際教育コース）

※心理学科の2年次生は白金キャンパスで専門科目の一部を履修可能。

情報数理学部※　横浜キャンパス

情報数理学科（数理・量子情報コース，AI・データサイエンスコース，情報システム・セキュリティコース）

※2024年4月開設予定。設置認可申請中。

（備考）コースに分属する年次はそれぞれで異なる。

大学院

文学研究科 / 経済学研究科 / 社会学研究科 / 法学研究科 / 国際学研究科 / 心理学研究科 / 法と経営学研究科

大学所在地

白金キャンパス

横浜キャンパス

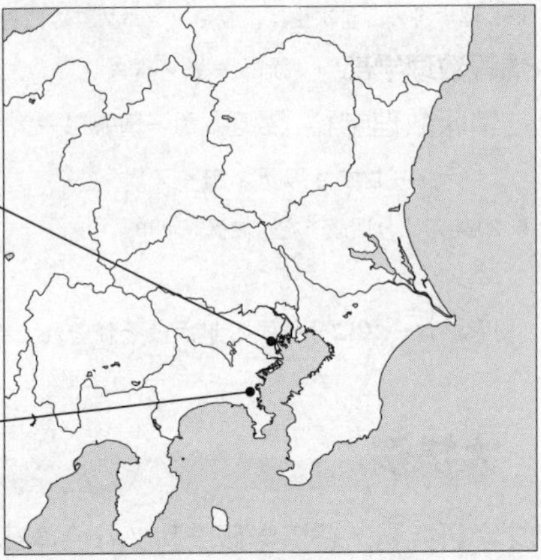

白金キャンパス　〒108-8636　東京都港区白金台1-2-37

横浜キャンパス　〒244-8539　神奈川県横浜市戸塚区上倉田町1518

入試データ

入試状況（志願者数・競争率など）

- 競争率は受験者数÷合格者数で算出。合格者数には追加合格者を含む。
- 個別学力試験を課さない大学入学共通テスト利用入試は１カ年分のみ掲載。

2023 年度 入試状況

一般入試

学部・学科			募集人員	志願者数	受験者数	合格者数	競争率
全学部日程（3教科型）	文	英文	約 25	261	252	110	2.3
		フランス文	約 10	88	86	52	1.7
		芸術	約 20	323	318	89	3.6
	経済	経済	約 35	371	359	139	2.6
		経営	約 30	448	438	152	2.9
		国際経営	約 10	213	208	77	2.7
	社会	社会	約 15	259	247	84	2.9
		社会福祉	約 15	158	146	66	2.2
	法	法律	約 10	138	134	41	3.3
		消費情報環境法	約 20	60	59	22	2.7
		グローバル法	約 4	32	31	14	2.2
		政治	約 5	114	112	43	2.6
	国際	国際	約 15	317	307	114	2.7
		国際キャリア	約 4	71	68	33	2.1
	心理	心理	約 13	379	367	36	10.2
		教育発達	約 25	207	200	100	2.0
	合計		—	3,439	3,332	1,172	2.8

（表つづく）

日程	学部	学科	募集人員	志願者数	受験者数	合格者数	競争率
全学部日程（英語外部検定試験利用型〈出願資格方式〉）	文	フランス文	約 5	135	133	76	1.8
	経済	経済	約 20	404	399	135	3.0
		経営	約 5	426	420	145	2.9
		国際経営	約 5	162	162	54	3.0
	社会	社会	約 3	161	157	33	4.8
		社会福祉	約 5	81	79	28	2.8
	法	法律	約 5	123	119	39	3.1
		消費情報環境法	約 5	72	71	26	2.7
		グローバル法	約 3	55	52	23	2.3
		政治	約 5	129	125	50	2.5
	国際	国際	約 10	276	269	105	2.6
	心理	心理	約 6	208	205	17	12.1
		教育発達	約 5	123	123	47	2.6
		合計	—	2,355	2,314	778	3.0
A日程（3教科型・英語外部検定試験利用型〈得点換算方式〉）	文	英文※1	約 90	732	714	338	2.1
		フランス文※1	約 55	255	247	126	2.0
		芸術	約 55	575	555	171	3.2
	経済	経済	約 120	771	736	298	2.5
		経営	約 80	567	534	180	3.0
		国際経営	約 70	462	447	175	2.6
	社会	社会	約 115	1,196	1,155	508	2.3
		社会福祉	約 60	266	256	126	2.0
	法	法律※1	約 110	929	900	276	3.3
		消費情報環境法※1	約 85	394	385	140	2.8
		グローバル法※1	約 27	153	144	73	2.0
		政治※1	約 65	372	362	160	2.3
	国際	国際	約 90	566	539	266	2.0
		国際キャリア	約 18	133	130	81	1.6
	心理	心理※1	約 50	728	690	122	5.7
		教育発達※1	約 43	432	416	185	2.2
		合計	—	8,531	8,210	3,225	2.5

（表つづく）

学部・学科			募集人員	志願者数	受験者数	合格者数	競争率
B日程	社会	社会福祉	約 10	114	101	35	2.9
	法	法律※2	約 10	95	78	41	1.9
		消費情報環境法※2	約 15	68	62	32	1.9
		グローバル法※2	約 4	40	35	6	5.8
		政治	約 20	91	73	30	2.4
	合計		—	408	349	144	2.4

（備考）2024 年度に実施のない学科の試験結果は除く。

※1　英文学科・フランス文学科・法律学科・消費情報環境法学科・グローバル法学科・政治学科・心理学科・教育発達学科については英語外部検定試験利用型（得点換算方式）の人数を含む。

※2　法律学科，消費情報環境法学科，グローバル法学科における第二志望合格者数は次のとおり。

　グローバル法学科から法律学科へ 6 名，グローバル法学科から消費情報環境法学科へ 6 名

■■大学入学共通テスト利用入試

学部・学科			募集人員	志願者数	受験者数	合格者数	競争率
前期	文	英文	約 25	465	463	200	2.3
		フランス文	約 15	154	153	52	2.9
		芸術	約 15	743	738	90	8.2
	経済	経済	約 40	1,372	1,364	413	3.3
		経営	約 20	741	738	282	2.6
		国際経営	約 10	338	336	117	2.9
	社会	社会	約 25	841	840	280	3.0
		社会福祉	約 15	591	588	59	10.0
	法	法律	約 15	538	535	164	3.3
		消費情報環境法	約 35	140	139	47	3.0
		政治	約 24	293	292	102	2.9
	国際	国際	約 15	654	652	285	2.3
	心理	心理(3教科型)	約 18	566	563	140	4.0
		心理(5教科型)	約 7	176	175	70	2.5
		教育発達	約 12	230	230	45	5.1
	合計		—	7,842	7,806	2,346	3.3
後期	文	英文	約 5	35	34	11	3.1
	経済	経済	約 5	61	61	10	6.1
		国際経営	約 5	39	39	5	7.8
	社会	社会	約 4	29	29	9	3.2
	合計		—	164	163	35	4.7

2022 年度　入試状況

一般入試

学部・学科			募集人員	志願者数	受験者数	合格者数	競争率
全学部日程（3教科型）	文	英文	約 25	224	214	104	2.1
		フランス文	約 10	103	100	46	2.2
		芸術	約 20	348	332	91	3.6
	経済	経済	約 35	425	410	152	2.7
		経営	約 30	467	448	173	2.6
		国際経営	約 10	134	131	60	2.2
	社会	社会	約 15	291	283	65	4.4
		社会福祉	約 15	139	135	54	2.5
	法	法律	約 10	142	131	38	3.4
		消費情報環境法	約 20	78	74	25	3.0
		グローバル法	約 4	53	53	17	3.1
		政治	約 5	91	87	41	2.1
	国際	国際	約 15	306	293	115	2.5
		国際キャリア	約 4	74	73	23	3.2
	心理	心理	約 13	386	371	36	10.3
		教育発達	約 25	196	188	74	2.5
	合計		—	3,457	3,323	1,114	3.0
全学部日程（英語外部検定試験利用型〈出願資格方式〉）	文	フランス文	約 5	115	114	55	2.1
	経済	経済	約 15	382	372	116	3.2
		経営	約 5	336	327	108	3.0
		国際経営	約 5	139	138	34	4.1
	社会	社会	約 3	149	143	23	6.2
		社会福祉	約 5	98	95	23	4.1
	法	法律	約 5	135	129	34	3.8
		消費情報環境法	約 5	82	81	27	3.0
		グローバル法	約 3	61	59	18	3.3
		政治	約 5	115	110	50	2.2
	国際	国際	約 10	333	323	93	3.5
	心理	心理	約 6	219	212	17	12.5
		教育発達	約 5	123	119	43	2.8
	合計		—	2,287	2,222	641	3.5

（表つづく）

日程	学部	学科	募集人員	志願者数	受験者数	合格者数	競争率
A日程（3教科型・英語外部検定試験利用型〈得点換算方式〉）	文	英文※1	約 90	683	654	360	1.8
		フランス文※1	約 55	320	306	159	1.9
		芸術	約 55	565	537	166	3.2
	経済	経済	約 120	654	613	339	1.8
		経営	約 80	462	429	175	2.5
		国際経営	約 70	437	419	206	2.0
	社会	社会	約 115	914	881	451	2.0
		社会福祉	約 60	249	236	131	1.8
	法	法律※1	約 110	1,064	1,028	297	3.5
		消費情報環境法	約 75	192	185	93	2.0
		グローバル法※1	約 27	198	188	64	2.9
		政治	約 55	155	143	97	1.5
	国際	国際	約 90	527	510	286	1.8
		国際キャリア	約 20	176	170	78	2.2
	心理	心理※1	約 50	722	697	143	4.9
		教育発達	約 43	332	317	160	2.0
	合計		—	7,650	7,313	3,205	2.3
A日程（英語外部検定試験利用型〈出願資格方式〉）	社会	社会	約 3	188	179	21	8.5
		社会福祉	約 5	98	94	33	2.8
	合計		—	286	273	54	5.1
B日程	社会	社会福祉	約 10	100	88	32	2.8
	法	法律	約 10	95	81	※2 40	2.0
		消費情報環境法	約 15	80	71	※2 36	2.0
		グローバル法	約 4	59	52	13	4.0
		政治	約 20	98	82	38	2.2
	合計		—	432	374	159	2.4

（備考）2023 年度に実施のない学科の試験結果は除く。

※1　英文学科・フランス文学科・法律学科・グローバル法学科・心理学科については英語外部検定試験利用型（得点換算方式）の人数を含む。

※2　法律学科の合格者数には，グローバル法学科から法律学科への第二志望合格者 3 名，消費情報環境法学科の合格者数には，グローバル法学科から消費情報環境法学科への第二志望合格者 9 名を含む。

2021 年度　入試状況

一般入試

学部・学科			募集人員	志願者数	受験者数	合格者数	競争率
全学部日程（3教科型）	文	英　文	約 25	259	251	60	4.2
		フランス文	約 10	75	74	33	2.2
		芸　術	約 20	329	321	72	4.5
	経済	経　済	約 35	341	323	152	2.1
		経　営	約 30	440	426	154	2.8
		国際経営	約 10	152	149	41	3.6
	社会	社　会	約 15	293	285	20	14.3
		社会福祉	約 15	148	141	51	2.8
	法	法　律	約 10	173	168	36	4.7
		消費情報環境法	約 20	94	92	28	3.3
		グローバル法	約 4	33	31	10	3.1
		政　治	約 5	112	107	35	3.1
	国際	国　際	約 10	227	220	65	3.4
		国際キャリア	約 4	78	75	21	3.6
	心理	心　理	約 13	360	348	35	9.9
		教育発達	約 25	231	221	54	4.1
	合　計		—	3,345	3,232	867	3.7
全学部日程（英語外部検定試験利用型〈出願資格方式〉）	文	フランス文	約 5	91	89	31	2.9
	経済	経　済	約 15	269	265	77	3.4
		経　営	約 5	228	228	63	3.6
		国際経営	約 5	119	116	31	3.7
	社会	社　会	約 5	119	118	5	23.6
		社会福祉	約 5	114	110	25	4.4
	法	法　律	約 5	124	121	25	4.8
		消費情報環境法	約 5	69	67	22	3.0
		政　治	約 5	101	97	32	3.0
	国際	国　際	約 5	211	206	47	4.4
	心理	心　理	約 6	177	175	15	11.7
		教育発達	約 5	110	109	22	5.0
	合　計		—	1,732	1,701	395	4.3

（表つづく）

学部・学科			募集人員	志願者数	受験者数	合格者数	競争率
A日程（3教科型・英語外部検定試験利用型〈得点換算方式〉）	文	英文※1	約90	790	769	337	2.3
		フランス文※1	約55	244	240	127	1.9
		芸術	約55	564	540	164	3.3
	経済	経済	約120	564	537	274	2.0
		経営	約80	698	673	210	3.2
		国際経営	約70	448	426	185	2.3
	社会	社会	約115	1,097	1,065	345	3.1
		社会福祉	約60	392	378	150	2.5
	法	法律※1	約110	1,087	1,059	288	3.7
		消費情報環境法	約75	256	245	89	2.8
		グローバル法	約30	81	78	40	2.0
		政治	約55	226	216	80	2.7
	国際	国際	約100	538	516	247	2.1
		国際キャリア	約20	248	241	100	2.4
	心理	心理※1	約50	608	582	123	4.7
		教育発達	約43	329	319	120	2.7
	合計		—	8,170	7,884	2,879	2.7
A日程（英語外部検定試験利用型〈出願資格方式〉）	社会	社会	約5	201	196	8	24.5
		社会福祉	約5	142	141	20	7.1
	法	消費情報環境法	約10	125	120	27	4.4
		政治	約10	149	143	51	2.8
	合計		—	617	600	106	5.7
B日程	社会	社会福祉	約10	115	104	38	2.7
	法	法律	約10	104	91	21	4.3
		消費情報環境法	約15	102	87	17	5.1
		グローバル法	約4	34	29	※2 24	1.2
		政治	約20	105	96	32	3.0
	合計		—	460	407	132	3.1

（備考）2022年度に実施のない学科の試験結果は除く。

※1　英文学科・フランス文学科・法律学科・心理学科については英語外部検定試験利用型（得点換算方式）の人数を含む。

※2　グローバル法学科の合格者数には，法律学科からグローバル法学科への第二志望合格者7名，消費情報環境法学科からグローバル法学科への第二志望合格者1名を含む。

募集要項の入手方法

明治学院大学の一般入試・大学入学共通テスト利用入試要項は10月上旬頃からインターネット上で公開予定です（紙の配布はありません）。

■要項閲覧方法

パソコン・スマートフォンから

https://www.meijigakuin.ac.jp/admission/

■Web出願を実施しています

Web出願とは，インターネットの環境さえあれば，その場ですぐに出願できる方法です。「Web出願登録→入学検定料納入→必要書類の郵送」で出願完了です。

■出願時に気をつけるポイント

1．1つの「出願番号」につき，1組の書類でOK

Web出願では，複数の入試制度・学科をまとめて1回で登録でき，「出願番号」が1つ付与されます。1つの「出願番号」につき，1組の書類（調査書等）を郵送すればOK！

2．複数の入試制度に出願した場合，入学検定料納入・必要書類の郵送締切日は早い方

大学入学共通テスト利用入試（前期）と一般入試全学部日程・A日程を1回で出願可能。ただし，入学検定料納入・必要書類の締切日は，早い方となるので注意！

3．提出された写真は，学生証に利用。私服での撮影がおすすめ！

出願登録時に使用した写真が，4年間の在学中に使用する学生証の写真になります。

問い合わせ先

〒108-8636　東京都港区白金台1-2-37
明治学院大学　入学インフォメーション
TEL　03-5421-5151（直）
https://www.meijigakuin.ac.jp/admission/

明治学院大学のテレメールによる資料請求方法

スマートフォンから	QRコードからアクセスしガイダンスに従ってご請求ください。
パソコンから	教学社 赤本ウェブサイト(akahon.net)から請求できます。

Trend & Steps

傾向と対策

傾向と対策を読む前に

科目ごとに問題の「傾向」を分析し，具体的にどのような「対策」をすればよいか紹介しています。まずは出題内容をまとめた分析表を見て，試験の概要を把握しましょう。

■注意

「傾向と対策」で示している，出題科目・出題範囲・試験時間等については，2023 年度までに実施された入試の内容に基づいています。2024 年度入試の選抜方法については，各大学が発表する学生募集要項を必ずご確認ください。

また，新型コロナウイルスの感染拡大の状況によっては，募集期間や選抜方法が変更される可能性もあります。各大学のホームページで最新の情報をご確認ください。

■来年度の変更点

2024 年度入試では，以下の変更が予定されている（本書編集時点）。

- 情報数理学部を新設。Ａ日程（３教科型・英語外部検定試験利用型〈得点換算方式〉）の試験科目は下記のとおり。
  英語：コミュニケーション英語Ⅰ・Ⅱ・Ⅲ，英語表現Ⅰ・Ⅱ
  数学：数学Ⅰ・Ⅱ・Ａ・Ｂ（数列・ベクトル）
  国語：国語総合（古文・漢文を除く），現代文Ｂ
- 経済学部経営学科・国際経営学科の選択科目に「地理Ｂ」が加わる。
- 文学部英文学科の「英語外部検定試験利用型」にて，「英語」の受験が「必須」から「任意」になる。
- 社会学部社会学科・社会福祉学科で「英語外部検定試験利用型」の方式が「出願資格方式」から「得点換算方式」になる。

分析表の記号について

★印：一部マークシート法採用であることを表す。

英　語

年度	番号	項　目	内　　容
★ *2023*	〔1〕	読　　解	主題，内容説明，内容真偽
	〔2〕	会 話 文	内容真偽，内容説明
	〔3〕	読　　解	要約（180字）
	〔4〕	英 作 文	テーマ英作文（150語）
★ *2022*	〔1〕	読　　解	主題，内容説明，内容真偽
	〔2〕	会 話 文	主題，内容説明
	〔3〕	読　　解	要約（180字）
	〔4〕	英 作 文	テーマ英作文（150語）
★ *2021*	〔1〕	読　　解	主題，内容真偽，内容説明
	〔2〕	会 話 文	主題，内容説明，内容真偽
	〔3〕	読　　解	内容説明（180字）
	〔4〕	英 作 文	意見論述（150語）

▶読解英文の主題

年度	番号	主　　題
2023	〔1〕	SFが若者に与える力
	〔3〕	音楽が注意力に及ぼす悪影響
2022	〔1〕	共感覚の色鮮やかな世界
	〔3〕	食べられる食器の開発経緯
2021	〔1〕	健康危機がもたらした教育の変化
	〔3〕	身近なパレイドリア現象

傾　向　　読解，会話文は標準的な出題 英作文は相当の練習が必要

1　出題形式は？

例年，大問4題で，150～180字の内容説明または要約（和文）と100～150語程度のテーマ英作文または意見論述（英文）が記述式，それ以外はマークシート法による選択式である。試験時間は70分。

2　出題内容はどうか？

〔1〕読解問題と〔2〕会話文問題については，それぞれ選択式による内容説明（年度により内容真偽や主題を含む）の設問が各5問出題されている。下線部はなく，英語の質問に対する答えを選ぶか，与えられた英文を本文の内容に合うように完成させる形式である。〔3〕読解問題は，日本語による内容説明または要約問題（150～180字）が出題されている。〔4〕は短い英文の課題やテーマが与えられ，それについて100～150語程度の英語で論述する英作文問題である。

3　難易度は？

読解問題の分量や英文の難度は標準的である。部分的に難しい箇所や難度の高い単語が散見されることもあるが，全体の文脈や前後関係の理解から十分に推測できる場合が多い。設問も枝葉末節を問うものではなく，文章の要点を理解できていればそれほど迷うことはない。

会話文問題もごく標準的なものである。紛らわしい選択肢もないので，場面や状況を正確に理解できれば確実に正解できる。

大問の中で特に準備が必要なのは，150～180字の日本語による内容説明または要約と100～150語程度の英語によるテーマ英作文または意見論述だろう。論旨の一貫した説得力のある文章を書くには，相当の練習が必要である。

対　策

1　読解力の養成

内容説明・内容真偽・主題や記述式の内容説明または要約に対応するためには，文章の概要や要点を把握する力が必要である。常に文章全体の主旨を意識し，今読んでいる箇所が文章全体の流れの中でどのような意味をもつのかを考えながら読む習慣をつけよう。読解問題の練習をするときには，多少わからない単語や表現があっても，すぐに辞書を引くのではなく，まずは全体を通して読み，設問に答えるようにしたい。文章全体の主旨や流れ，前後関係などから，知らない単語の意味を推測することが大切である。

2 会話文問題に慣れる

会話文問題は，要領よく短時間で解答する必要がある。場面や状況を把握し，会話の流れを読み取る練習をすること。

3 記述式の内容説明・要約文の作成に慣れる

英語の文章，特に論理的な文章では，各段落（パラグラフ）に，その段落の主題を明確に述べている最も重要な文がある。それは主題文やトピックセンテンスと呼ばれ，各段落の最初または最後にくることが比較的多い。各段落の主題文以外の文は，説明や具体例を提示しているので，必要な内容を圧縮して制限字数内で肉付けに利用するとよい。ただし，要約文の場合は具体例はあまり含めないのが普通である。過去に出題された問題はすべて練習して慣れておき，本番で慌てないようにしよう。

4 英作文力の養成

100～150語の英文を書くときは，導入・本論・結論という構成が整ったエッセー形式の英文を書くことを心がけたい。ただし，英文を書き慣れていない人が最初からこの長さの意見論述を書こうと思っても難しいので，できるだけ早い時期から和文英訳の練習と並行して短めのパラグラフを書く練習を始めておくことが望ましい。さらに，パラグラフ内の構成など，意見論述の書き方が詳しく説明されている教科書・参考書・問題集を利用して，英作文の基本的な約束事を理解し，それに則った多くの解答例を読んでおくことが必要である。『体系英作文』（教学社）は問題数，解説ともに充実しているので，ぜひ活用してほしい。

基本的なパターンが頭に入ったら，自分でできるだけ多く練習をしてみること。英作文の練習をすることで，単語や文法，読解などの学習で得た力が意見論述の力につながることが期待できる。

日本史

年度	番号	内　　　容	形　式
★2023	〔１〕	古代の祭祀・信仰　＜史料＞	選択・正誤
	〔２〕	江戸時代の学者・思想家　＜史料＞	選択・正誤
	〔３〕	第一次世界大戦勃発後の変化，占領下の日本	記　述
★2022	〔１〕	中世の社会・経済　＜史料＞	選択・正誤
	〔２〕	朝鮮戦争とベトナム戦争の影響　＜史料＞	選択・正誤
	〔３〕	律令制支配の変質　＜史料＞	記　述
★2021	〔１〕	古代東アジアにおける僧侶の交流　＜史料＞	選択・正誤
	〔２〕	江戸時代の藩政改革　＜史料＞	正誤・選択
	〔３〕	昭和恐慌　＜史料＞	記　述

傾向

基礎的学力をみる問題
テーマ問題，正誤判定問題に注意！

1　出題形式は？

例年，大問３題の出題で，〔１〕〔２〕の解答個数は各10個，〔３〕は13，14個という構成である。試験時間は60分。〔１〕〔２〕はマークシート法による選択法で，文中の空所補充や正文・誤文選択問題以外に短文の正誤判定をさせる問題が出題されている。〔３〕は記述法で，人物や歴史用語を答えさせるものが多い。

2　出題内容はどうか？

時代別では，原始時代の問題はさほど多くはなく，古代から近代までは満遍なく出題されている。近代からの出題が比較的多いが，時代的に偏った学習にならないように注意する必要がある。

分野別では，政治，外交，経済，社会，文化などの各分野からバランスよく出題されている。近年は文化を軸とした問題が増えている。

史料問題は，2021・2022年度は大問３題すべてにおいて出題され，2023年度は大問２題で出題された。小問の中で史料が用いられるものや，選択肢として史料による短文が用いられるものがある。前者の例では『唐大和上東征伝』「戊戌封事」『新編追加』『建内記』「東寺百合文書」『古事記』『海国兵談』，後者の例では「日中共同声明」「日米安全保障条約」「日ソ共同宣言」「日中平和友好条約」などが挙げられる。

3 難易度は？

多くは基本的な問題で，教科書レベルの基礎的な学力を確実に身につけておけば十分合格点が確保できるはずである。ただし，文章の正誤を判定する問題が多く，単純に歴史用語を暗記しているだけでは十分に解答できないので注意する必要がある。また，特定のテーマからの出題では，受験生にとって難解な問題がみられることもある。文章の正誤判定を要する問題や一部の難問をじっくり検討できるよう，基本的な問題はテンポよく着実に解いていきたい。

対策

1 教科書学習の徹底

合格のためには，基本的な問題で確実に得点できる学力を身につけておくことが最大の課題となる。まずは『詳説日本史』（山川出版社）などの教科書を精読することで，基本的な事項の把握を徹底してほしい。2021 年度〔1〕問 j の清涼寺，2022 年度〔1〕問 f の逃散のような，一見詳細な知識を問われているような問題でも，『詳説日本史』には紹介されていることが多いので，教科書を読む精度をあげることを何よりも優先したい。問題の総数が比較的少なく 1 問の配点が大きいため，1 つの取りこぼしが致命傷になる場合があることを肝に銘じておかなくてはならない。『日本史用語集』（山川出版社）などの用語集を上手に活用することも有効な学習法となる。また，歴史用語などが記述式で問われているので，漢字を正確に「書く」ことにも常に留意してほしい。

2 正誤判定問題への対策

文章の正誤を判定する問題，正文・誤文の選択問題で全体の 2 ～ 3 割を占めている。これらの問題には一問一答式に歴史用語を暗記するだけの学習では対応できない。時代の流れや背景など教科書の内容を広く把握していくとともに，正誤判定問題をなるべく多く解くことで，こうした問題に慣れておくことも重要である。

3　現代史学習の充実

2022 年度〔２〕では大問１題が現代史から出題された。現代史は全学部日程でも出題されており，しっかり学習しておきたい。授業だけでは学習時間が不足してしまうこともあるので，計画的に学習を進めていくことで時間を確保するよう配慮してほしい。

4　頻出史料問題への対策

入試問題で出題頻度の高い史料からの出題がほとんどである。ただし，史料文中の空所補充など事前に学習しておかなくては解けない問題が出題されることもある。史料集を読み込んでおくだけでなく，史料問題集などを使って頻出の史料問題には必ず当たっておこう。

5　過去問の演習

Ａ日程は全学部日程と出題形式などはほぼ同じである。さらに，過去問と類似の問題が出題されることも少なくない。全学部日程も含めて多くの過去問に当たることで，出題形式や傾向，難易度などをあらかじめ理解しておくとともに，過去問をはじめとして問題演習を数多くこなすことで，合格に必要な学力の養成に努めてほしい。また，マークシート法への対策としては，大学入学共通テストやかつてのセンター試験の問題を解いておくのも有効であろう。

世界史

年度	番号	内容	形式
2023	〔1〕	北アメリカ大陸をめぐるイギリスとフランス	記述
	〔2〕	1815年から1915年までのドイツ史　＜年表＞	選択・記述
	〔3〕	カンボジアの世界遺産	記述
	〔4〕	安史の乱とウイグル	記述
2022	〔1〕	東南アジアの植民地化	記述
	〔2〕	第一次世界大戦　＜年表・史料＞	選択
	〔3〕	戦国時代に西欧から訪日した人々	記述
	〔4〕	オスマン帝国の近代化改革	選択
2021	〔1〕	大航海時代におけるジェノヴァ	記述・選択・正誤
	〔2〕	ヘンデルのオペラをめぐる歴史	記述
	〔3〕	ジュネーヴに関する歴史	記述
	〔4〕	第一次世界大戦後のギリシア・イタリア	記述

傾向　記述法中心の出題　現代史と文化史の入念な学習を

1　出題形式は？

試験時間は60分で，大問4題，解答個数は50個前後となっている。記述法中心だが，2021年度は〔1〕で選択法・記述法のほかに正誤法が出題された。〔2〕～〔4〕は記述法による空所補充問題であった。2022年度は〔1〕〔3〕が記述法，〔2〕〔4〕が選択法であった。2023年度は記述法が大半であったが，〔2〕では選択法が出題された。また，年度によっては年表や史料を使用した問題が出題されている。

2　出題内容はどうか？

地域別では，1つの国家や地域を問うパターンとテーマに沿ってグローバルな視点で各地域・各国家を問うパターンがみられるため，出題対象が非常に広くなっている。アジア地域に関しては中国史に加え，インド，朝鮮，東南アジアなどから小問が出題されている。2022年度は東南アジアが大問で出題された。また，〔3〕は日本に関連する内容が出題され，大問3題がアジア地域からの出題となった。2023年度は〔3〕〔4〕がアジア地域からの出題となった。欧米地域に関しては，一国史と時代やテーマに沿って幅広く問われる大問がほとんどである。2021年度は大問すべてが欧米地域からの出題となった。2023年度は〔1〕が北米，〔2〕がドイツからの出題となった。

時代別では，古代から現代まで幅広く出題されている。現代史からの出題もあり，なかには難問もみられる。各時代を満遍なく学習し，その上で現代史対策を丁寧に行う必要があるだろう。

分野別では，例年，政治・外交史が大部分を占めるが，文化史も出題されている。2021年度〔2〕はオペラに描かれた歴史をたどる問題で，2023年度は〔2〕で19世紀の文化に関する問題が複数あり，〔3〕ではカンボジアの世界遺産をめぐる問題が出題された。文化史の出来が合否の分かれ目となる場合もあるので，要注意である。

3　難易度は？

教科書レベルの基本的な問題が中心である。ただし，記述法による設問が多く，学習が手薄になりがちな戦後史を含む現代史の出題もよくみられる。正確な知識を要求されていることなどを考えると，基本事項の理解度・応用力（リード文の内容から空欄の事項を推測する力など）が反映されやすく，そのために得点差が開きやすい問題といえる。記述法では漢字表記にも注意したい。2022年度〔2〕の史料読解が必要な問題のように，大問によって解答に時間がかかるものもある。解ける問題から解き，余った時間で残していた問題に取り組み，確実に得点したい。

対　策

1　教科書理解と用語集の利用

教科書レベルの知識に加え，問題によってはプラスアルファの知識や応用力が必要とされるため，教科書本文の太字部分とその前後の説明はもちろん，地図・脚注・写真にも必ず目を向けよう。また，年代が直接問われる問題もみられるので注意しておきたい。漢字対策としては，「書いて覚える」という作業を重視したい。また，教科書での掲載頻度が低い事項についても問われるので，『世界史用語集』（山川出版社）などの用語集は必ず利用したい。

2 図説・年表などを活用したテーマ学習を

テーマ史が大問として出題されることもあるので，地域交流，経済・社会制度，文化などについては幅広い時代にまたがって確認しておきたい。図説などで各テーマについてまとめてあるページを利用したり，年表で時代順に社会制度・土地制度などを追ってみたりするなど，手元にある教材をうまく活用し，効率的な学習を心がけてほしい。

3 地理的な知識を確実に

教科書を読んでいて都市・川・海・湖・半島などの地名が出てきたら，必ず地図で位置を確認しよう。それが地図関連問題の対策となる。さらに，こうした都市・川・海などをめぐる歴史にも，一つ一つ注意を払い，記憶に留めておくようにすれば，テーマ史の攻略にも有効である。

4 現代史の重点学習

現代史は必出と考えること。現代史は教科書どおりに勉強すると非常に把握しづらい分野であるが，地域史・テーマ史としてまとめ直すと理解しやすくなる。「アメリカ」「ソ連（ロシア）」「中国」などの国家ごとや，「東西冷戦」などのテーマごとに重要事項をまとめてみるとよい。また，時事的な知識や一般教養が解答の糸口となる場合もあるので，日頃から新聞やテレビニュースの国際政治・国際経済に関する報道に関心をもっておきたい。

5 文化史対策

文化史の比重も高い。現代からの出題もみられるので，満遍なく丹念な学習を心がけること。作家と作品名を対応させるだけではなく，それらが生まれた時代背景や政治上の事件との関わりをなるべく押さえること。単に暗記するだけの学習よりも覚えやすく，知識が定着しやすい。かつ，応用力もつくというメリットがある。

6 過去問の研究

過去問を解くことは，出題傾向を把握し，難易度を確認するだけでなく，出題形式に慣れるためにも必要なことである。本番の試験問題は，過去に出題された問題の延長線上にある。そのことを忘れずに，過去問には真剣に取り組みたい。また，問題集などを利用して，記述法中心の入試問題などを数多く解くことも有効な対策となる。

地　理

年度	番号	内　　　　容	形　式
2023	〔1〕	農業（40字，60字：使用語句指定）　＜統計表・グラフ＞	選択・記述・論述
	〔2〕	オーストラリアの地誌（50・60字）　＜視覚資料・地図・グラフ・統計表＞	選択・記述・論述
	〔3〕	福井県美浜町・若狭町の地形図読図（50字）　＜視覚資料・地形図・図＞	選択・論述
2022	〔1〕	工業の立地（40・70字）　＜地図・統計表＞	記述・選択・論述
	〔2〕	アフリカの地誌（50字2問）　＜地図・統計表＞	記述・選択・論述
	〔3〕	新潟県上越市の地形図読図（30字）　＜地形図＞	記述・選択・論述
2021	〔1〕	人口と食料（50字：使用語句指定，60字）　＜統計表・グラフ＞	記述・選択・論述
	〔2〕	北アメリカの地誌（60・80字）　＜地図・グラフ・統計表・視覚資料＞	記述・選択・論述
	〔3〕	再生可能エネルギー（40字）　＜グラフ・統計表＞	記述・選択・論述

傾向　関連事項を含む総合的な出題に特色　論述問題への対策を万全に

1　出題形式は？

例年，大問3題，解答個数は33～34個である。試験時間は60分。大問ごとにリード文があって，文中の空所補充と下線部に関する設問という形式が多くみられる。ほとんどの大問は論述法と記述法と選択法の組み合わせからなり，量的には記述法がやや多い。論述法の制限字数は1問あたり30～80字程度で，1問あたりの制限字数・総論述字数ともに近年増加傾向にある。また，統計表・地図・グラフなど図表類が多いのも特徴で，すべての大問にいずれかが1つ以上用いられている。

2　出題内容はどうか？

世界地誌に特色があり，大問3題のうち1題が地誌問題，あるいは地誌的内容を含む総合問題となる場合が多く，ヨーロッパ・北アメリカ・

オセアニア・アフリカなどが取り上げられている。

系統地理的内容としては，地形・気候・植生など自然環境に関する問題が頻出である。

その他の分野では，農牧・水産業や鉱工業，貿易などといった経済活動に関する問題が目立つほか，都市，人口，民族のような人々の生活に関わる内容がよく出題される。これらの中には，現代的課題や国際情勢に関わる時事問題などが含まれる場合もある。

なお，いずれの大問も関連事項を含めた総合問題のような設問構成なので，結果として地理の全分野から幅広く出題されていることに注意したい。

3　難易度は？

入試問題としては，論述法の問題も含め標準程度である。しかし，解答個数が多い上に，論述法の出題が増加しており，時間配分に注意を要する。高校地理の学習内容に準拠した設問が大半なので，平素の学習をもとに判断力を働かせれば十分に答えられよう。ただし，一部に細かな数値や詳細な語句・地名，一般常識に含まれる事項などを問う設問も含まれており，これらの中にはやや難のものも含まれる。全体として知識の豊かさが求められる。

対策

1　地理の全分野の知識を豊かに

教科書をしっかりと読みこなし，自然環境をはじめ産業活動から人間生活まで，地理の全分野にわたって十分な知識を身につけておくことが必要である。その上で，自然災害・環境問題・資源問題・人口問題・民族問題・国家間の結びつきなどといった現代的課題，さらには一般常識や時事問題に含まれる事柄も理解しておくよう心がけてほしい。

2　地理用語と地名に注意する

地理用語の理解を確実にしておくことが望まれる。自然環境の用語はもとより，産業活動や社会生活に関わる用語，国際関係のような時事的な用語なども大切である。地名についても，主要な自然地名や国名，都市名はしっかり覚えておこう。

3　地図・地形図を用いた学習を

地図・地形図利用問題への対策だけでなく，地図的・地形的理解をしておくと効果を生む問題も多い。国名や都市名をはじめ，山・川・湖など自然に関わる地名の位置と特色を押さえておくことが最も重要で，地理事象のみられる場所や分布範囲の確認などを含め，常に地図帳を手元において学習することを勧める。

4　統計データに強くなる

統計表やグラフなどを使った問題が頻出である。こまめに統計書でデータを確認するとともに，統計から地域や事象の特色が読めるようにしておこう。『データブック オブ・ザ・ワールド』（二宮書店）は必ず活用したいが，問題の出典にされることも多い『日本国勢図会』『世界国勢図会』（いずれも矢野恒太記念会）の利用も望まれる。

5　地誌のまとめは総合的に

地誌問題，あるいは地誌的事項を含む総合問題は必出と考えられるので，世界各地の自然，国家，都市，産業，民族，文化などを整理しておこう。学習が手薄になりがちな地域が出題されることもあるので，世界の各地域に満遍なく目を向けてほしい。また，日本地誌の学習も必ずしておきたい。

6　論述問題への対策も万全に

論述問題での制限字数は1問あたり30～80字程度なので，限られた字数でまとめられるように十分な練習をしておこう。『地理用語集』（山川出版社）などを活用しながら，基本的な用語や考え方について，簡潔に説明できるようにするのが有効である。その際，必ず他の人に文章を読んでもらい，添削を受けるのが重要である。

7　過去問を解いてみる

出題形式に独特のスタイルがあり，数年おきによく似た内容が出される場合もある。過去問を解くと形式に慣れるだけでなく，出題傾向もわかるので，本書を十分に活用した学習が望まれる。

政治・経済

年度	番号	内　　　　容	形　式
2023	〔1〕	内閣	記　述
	〔2〕	近代政治の基本原理	記　述
	〔3〕	日本の国際収支　＜統計表＞	記述・選択・計算
	〔4〕	日本の雇用慣行　＜グラフ＞	記述・選択
2022	〔1〕	日本国憲法	記述・選択
	〔2〕	国民主権の実現	記述・選択
	〔3〕	地球環境問題	選択・記述
	〔4〕	為替相場のしくみ　＜グラフ＞	記述・選択
2021	〔1〕	基本的人権の保障	記述・選択
	〔2〕	国際社会の成立	記述・選択
	〔3〕	少子高齢社会　＜グラフ＞	記述・選択
	〔4〕	日本の農業	選択・記述

傾向　難易度に幅をもたせた出題 幅広い観点からの学習成果が試される

1　出題形式は？

例年，大問４題で，試験時間は60分である。リード文の空所補充や，下線部に関する問いの形式による記述法の問題が大半を占め，その他の問題の多くは選択法である。2023年度には統計表を利用した計算問題が小問で問われた。また，過去には論述問題が出題されたこともある。

2　出題内容はどうか？

大問４題のうち，２題が政治分野から，２題が経済分野から出題されることが多い。政治分野では，民主政治の基本原理，日本国憲法下の諸問題，政党政治，戦後の国際関係や国連などに関する問題が多くみられる。経済分野では，経済のしくみから国内・国際経済まで，様々なテーマからの出題がみられる。全体に歴史上の知識や年代的な推移を問う問題が頻出している。

基本事項から詳細な内容を問う問題まで，大問ごとに難易度に幅をもたせた出題になっていることが多い。また，統計・図表問題，時事問題など，幅広い観点からの学習成果が試されている。

3　難易度は？

教科書に準じた基本事項をベースにしながらも詳細な知識や高度な理解を試す問題がみられる。また，記述問題が多く，統計・図表問題も出題されている。総合すると，全体の難易度は標準からやや難である。ケアレスミスを防ぐためにも，見直しができるように時間配分をしよう。

対　策

1　教科書・授業・憲法学習を重視

基本事項の理解を完全にしておくことが第一である。そのためのベースを授業と教科書で確立しよう。日本国憲法については，重要な条文を覚えるとともに，その理解を関連の事件，判例，法制などから深める学習が欠かせない。また，記述対策のために人物名や用語を正確に書けるようにしておきたい。

2　資料集などの活用

教科書の他にも資料集・用語集を活用しよう。用語や時事的事項の要点を押さえ，かつ高度で専門的な知識にも対応できる資料集として『政治・経済資料』（東京法令出版）をすすめる。教科書を補完する用語集としては，『政治・経済用語集』（山川出版社）などを活用しよう。

3　統計・図表問題，時事問題への対応

現実への強い問題意識をもって，時事的な生きた知識を不断に求める工夫をしたい。たとえば，日頃からテレビ，新聞などの解説を見聞きする習慣をつけよう。また，時事問題に対する理解を深めるためには，統計・図表から読み取れる特徴や変化を把握することが大事である。教科書や資料集の説明とともに関連の統計・図表も併せて見るようにしよう。

4　過去問の研究

過去問を解いてみると，類似の内容や問題に気づくとともに，参考になる点が多い。問題の傾向を知り，共通の観点からの出題に対処することが重要である。どの観点から出題されやすいか，あるいはどの単元が頻出しているのか，というポイントを押さえた学習が効果的である。

数　学

年度	番号	項　目	内　　　　容
2023	〔1〕	小 問 3 問	(1)図形と計量（円錐に内接する球）(2)3つのさいころの出た目の長さを持つ三角形ができる確率 (3)2項間漸化式（対数）
	〔2〕	微・積分法	絶対値を含む2次関数のグラフと直線で囲まれた部分の面積 ⇨図示
2022	〔1〕	小 問 4 問	(1)2次関数（2次不等式）(2)対数関数（桁数，一の位の数）(3)高次方程式（整式の割り算，3次方程式）(4)数列（等比数列の和，最大公約数）
	〔2〕	式 と 証 明	指数関数と相加平均・相乗平均の関係
2021	〔1〕	小 問 3 問	(1)3項間漸化式 (2)三角形の面積，弧の長さ (3)確率（集合）
	〔2〕	図形と方程式	直線の方程式，領域の図示とその面積，領域の面積を二等分する直線の方程式 ⇨図示

傾向　基本〜やや難まで幅広く出題

1　出題形式は？

例年，大問2題の出題で，〔1〕は小問集合で結果のみ記入する空所補充形式，〔2〕は記述式となっている。試験時間は60分。

2　出題内容はどうか？

出題範囲は「数学Ⅰ・Ⅱ・Ａ・Ｂ（数列・ベクトル）」である。

複数の分野から総合的に考える融合問題がみられるなど，バリエーションに富んだ内容となっている。

3　難易度は？

全体的には，教科書の例題から入試標準レベルまで，幅広い難度から出題される。一部に条件が複雑であるものや，手際よくやらないと計算が煩雑な手強いものが含まれることもある。問題数は多くないが，空所補充形式では計算ミスのないように，記述式ではしっかりと答案作成ができるように，時間配分を考えて準備しておきたい。

対　策

❶　教科書の徹底理解と標準レベルの問題演習

教科書の徹底理解をはかり，基本事項をしっかりマスターしておけば，ある程度は対応できる。さらに，標準レベルの問題集や参考書で演習を積んでおこう。放物線と面積に関わるような頻出の問題に対しては，これらを処理する準公式をマスターしておけば簡単に対処できることがあるので，一歩進んだ問題演習もしておきたい。

❷　不得意分野の解消

出題範囲から幅広く出題されているため，不得意分野があると致命傷になりかねない。不得意分野を集中して勉強し，穴がないようにしておきたい。また，分野をまたぐ融合問題も出題されることがあるため，単一分野の問題ばかりでなく，総合的な問題の演習もこなしておくとよいだろう。

❸　計算力・論証力の強化

空所補充形式の問題では，計算ミスはそのまま失点となる。計算ミスをしないよう，正確に計算できたかどうかを確認しながら，計算力を養成する意識をもって日頃から勉強するとよいだろう。また，証明問題が出題されても対応できるように，的確に論理を積み上げていく解答の書き方も練習しておきたい。

❹　図を描く習慣を

図示問題や図をもとに考える問題も出題されているので，日頃から的確な図を描く習慣をつけておきたい。図を描いて考えることは，問題を解く上でも大切な姿勢であり，図を答案の一部として表現することが得点に結びつくことも少なくない。

❺　難易度の見極めを

問題によってレベルに差があり，たとえば空所補充形式の問題のほうが記述式の問題より難しいこともある。問題を順に解いていくのではなく，まず全体をながめて解きやすい問題から取り組むことを，模擬試験などを通じて習慣化しておこう。

6 過去問研究

やや難度の高い問題も出題されている。過去問を調べると，似たタイプの問題，同じような素材を扱う問題もある。本番に備えて過去問をしっかり解き，問題のレベル，タイプなどを実感しておきたい。

国語

年度	番号	種類	類別	内容	出典
★ *2023*	〔1〕	現代文	随筆	空所補充，内容説明（10字他），内容真偽	「ことば」 佐藤信夫
	〔2〕	国語常識		書き取り，読み	
	〔3〕	文語文	随筆	語意，文法，書き取り，空所補充，内容説明（10・15字）	「筆まかせ」 正岡子規
2022	〔1〕	現代文	随筆	語意，空所補充，内容説明，内容真偽	「太陽と鉄」 三島由紀夫
	〔2〕	国語常識		書き取り，読み	
	〔3〕	文語文	随筆	内容説明，語意，慣用句（5字），主旨（60字）	「泣て愛する姉妹に告ぐ」 清水紫琴
2021	〔1〕	現代文	随筆	空所補充，箇所指摘，内容説明	「あなたは日本が好きですか？」沼野充義
	〔2〕	国語常識		書き取り，読み	
	〔3〕	文語文	評論	空所補充，箇所指摘，内容説明（8字他）	「米欧回覧実記」 久米邦武

傾向

現代文は随筆からの出題が多い
明治の文語文から出題

1 出題形式は？

現代文・国語常識・明治初期の文語文各1題の計3題の出題である。試験時間は60分。解答形式は記述式と選択式の併用であり，2023年度は選択式の解答がマークシート方式となった。記述式の設問は，ほとんどの場合，制限字数が設けられたり，解答用紙で答え方が指定されたりしている。解答用紙はB4サイズ1枚に，解答の字数，分量に合う大きさの解答欄が設けられている。

2 出題内容はどうか？

現代文：文章のジャンルでは随筆が多く出題されている。内容としては，現代のトピックを追うというよりは，文学的・叙情的な内容のものが多い点が特徴である。設問内容は，筆者の思考や心情に即した正確な内容把握を求めるものが中心で，内容説明や箇所指摘，キーワードや接続語を押さえる等の空所補充の設問が多い。

国語常識：10問が出題されており，内訳は書き取り8問，読み2問が続いている。やや難しめではあるが基本的なものが中心なので，しっかりと対策をして確実な得点源にすることが望まれる。

文語文：設問内容は，語意，文法，口語訳，空所補充，内容説明などで，基礎的な力を試そうという意図がうかがえる。基本古語の語意や文法を問う設問では，古典の基礎力も求められている。2022年度には，これまでに問われることのなかった，文章全体の主旨要約という設問が出題された。読解力とともに表現力も見極めようとする新たな傾向の出題であった。

3　難易度は？

一部にやや難しいと思われる設問もあるが，ほとんどは基本～標準レベルの問題である。時間配分としては，国語常識を先に解答し，現代文と古文（文語文）を各20～25分で解き，残り時間を見直しにあてるとよいだろう。

対　策

1　現代文

基本～標準レベルの記述式の問題集を解いていこう。速読ではなく，じっくり本文を読むことを通して，キーワードを押さえ，各文のつながりや段落構成に注意しながら論旨を正確に把握することがポイントである。哲学や文芸に関わる作品からの出題が多いので，いわゆる古典と呼ばれるような文芸作品を読んでおくのが望ましい。設問では字数制限のある問いに答えることができるように，20字程度の記述問題が含まれているものを練習素材として選ぶとよい。国語の実戦力をつけるという意味でさまざまな問題を解き，問題意識をもって取り組むという姿勢が大切である。

2　国語常識

確実に得点源にすべき分野である。ほとんどが熟語として問われるので，同音異義語に注意すること。書き取りに関しては慣用句やことわざも含め，日頃から地道に努力を重ねることが大切である。入試頻出の漢字の問題集を1冊，繰り返し練習しておきたい。

3　文語文

文語文では語意と口語訳が頻出なので，基本古語・文法をきっちりマスターしておくとよい。古典常識も文章を読んでいく上での助けとなるので，しっかり学習しておこう。読解問題が中心なので，口語訳をもとにして登場人物の関係や文脈を把握することを心がけよう。基本事項を確認しながら，幅広く多くの作品に慣れ親しむことが大切である。これまで出題された文語文は，読み慣れていないと難しく感じるかもしれない。有名作品を中心にいくつか目を通しておきたい。また，2022年度には主旨の要約問題が出題された。こういった設問に対応するため，天声人語の大意要約など読解力と表現力とを身につける対策にも取り組むとよい。

2023年度

問題と解答

■一般入試：Ａ日程

問題編

【３教科型】

▶試験科目

教　科	科　　　　目
外国語	コミュニケーション英語Ⅰ・Ⅱ・Ⅲ，英語表現Ⅰ・Ⅱ
選　択	経済（経営・国際経営）学部： 日本史Ｂ，世界史Ｂ，政治・経済，「数学Ⅰ・Ⅱ・Ａ・Ｂ」から１科目選択 その他の学部・学科： 日本史Ｂ，世界史Ｂ，地理Ｂ，政治・経済，「数学Ⅰ・Ⅱ・Ａ・Ｂ」から１科目選択
国　語	国語総合・現代文Ｂ・古典Ｂ（漢文を除く）

▶備　考

- Ａ日程４日程のうち，代表的な１日程を掲載。
- 外国語として，経済（国際経営）学部は中国語を選択可，文（フランス文）・経済（経済）学部はフランス語・中国語を選択可（いずれも省略）。
- 「数学Ｂ」は「数列，ベクトル」から出題する。

▶配点・合否判定

学部（学科）	外国語	地歴・公民・数学	国　語	合否判定
文（英文）・国際（国際キャリア）	偏差値×２	偏差値	偏差値	＊１
文（フランス文・芸術）	150	100	150	＊２
経済（経済・経営）	150	100	100	＊２
経済（国際経営）	200	100	100	＊２
社会・法・国際（国際）	偏差値×1.5	偏差値	偏差値	＊１
心理（心理）	偏差値×1.5	偏差値	偏差値×1.5	＊１
心理（教育発達）	偏差値×1.5	偏差値	偏差値×２	＊１

＊1　偏差値方式…3科目の素点をそれぞれ偏差値に換算し，3つの偏差値の合計の順位により合否を判定する。

＊2　素点調整方式…地歴・公民・数学の素点を平均点が同じになるように調整した後，外国語と国語の素点と合計し，その順位により合否を判定する。

文（英文・フランス文）・法・心理学部は，3教科型と英語外部検定試験利用型を合わせた受験者の順位により合否を判定する。

【英語外部検定試験利用型】

文（英文・フランス文）・社会・法・心理学部にて実施。

▶試験科目

教　科	科　　　　目
外国語	文（英文・フランス文）・法・心理学部： 得点換算方式（大学が指定した英語外部検定試験の基準スコア（級）に応じ，「外国語（英語）」試験の得点に換算する。大学の「外国語（英語）」を受験した場合はどちらか得点の高いほうを判定に使用する。英文学科は「外国語（英語）」受験必須）。 コミュニケーション英語Ⅰ・Ⅱ・Ⅲ，英語表現Ⅰ・Ⅱ 社会学部： 出願資格方式（大学が指定した出願資格基準を満たしていることにより，免除）。
選　択	日本史B，世界史B，地理B，政治・経済，「数学Ⅰ・Ⅱ・A・B」から1科目選択
国　語	国語総合・現代文B・古典B（漢文を除く）

▶備　考

- 同一試験日の3教科型と英語外部検定試験利用型は，同一試験問題を使用する。
- 3教科型と英語外部検定試験利用型（出願資格方式）を併願する場合は，「外国語」の受験が必要になる。
- 英語外部検定試験利用型（出願資格方式）のみ出願した場合は，「外国語」は受験不要。
- 「数学B」は「数列，ベクトル」から出題する。

▶配点・合否判定

学部（学科）	外国語	地歴・公民・数学	国　語	合否判定
文（英文）	偏差値×2	偏差値	偏差値	＊1
文（フランス文）	150	100	150	＊2
法	偏差値×1.5	偏差値	偏差値	＊1
心理（心理）	偏差値×1.5	偏差値	偏差値×1.5	＊1
心理（教育発達）	偏差値×1.5	偏差値	偏差値×2	＊1
社会	免除	偏差値	偏差値	＊1

＊1　偏差値方式…得点換算方式：3科目の素点をそれぞれ偏差値に換算し，3つの偏差値の合計の順位により合否を判定する。
出願資格方式：2科目の素点をそれぞれ偏差値に換算し，2つの偏差値の合計の順位により合否を判定する。

＊2　素点調整方式…地歴・公民・数学の素点を平均点が同じになるように調整した後，外国語と国語の素点と合計し，その順位により合否を判定する。

文（英文・フランス文）・法・心理学部は，3教科型と英語外部検定試験利用型を合わせた受験者の順位により合否を判定する。

英語

（70分）

1　次の文章を読み，設問（a）～（e）にもっとも適切なものを1～4の中から1つ選びなさい。

Contrary to the common view that reading science fiction or fantasy is a waste of time, reading such genres may help young people manage the stress and anxiety of living through the COVID-19 pandemic. While many people may not consider science fiction or fantasy to be “literary,” research shows that all fiction can generate critical thinking skills and emotional intelligence in young readers. Science fiction and fantasy may have a power all their own.

Historically, those who read science fiction have been labelled as geeks* who cannot deal with reality. This perception persists, particularly for those who are unaware of the changes to this genre over the past several decades. There is also the stereotype that such works are of little value because they do not present real human problems. These stereotypes assume that young people can only learn to deal with human problems by reading or watching things that reflect reality exactly.

However, reading science fiction and fantasy can actually help readers make sense of the world. Rather than limiting readers’ capacity to deal with reality, exposure to creative stories may expand their ability to relate to reality based on science.

With increasing rates of anxiety, depression, and mental health issues among young people in the past two decades, it may be the case that young people are suffering from reality overload. Young people today have unlimited access to information which they may have little power to influence or change.

Science fiction and fantasy do not need to provide a mirror image of reality in order to offer powerful stories about serious social and political issues. The fact that the setting or characters are extraordinary may be precisely why they are powerful and valuable.

In the *Harry Potter* and *Hunger Games* series, there are many examples of young people dealing with serious social, economic, and political issues that are timely and relevant, but in settings or times that are highly unfamiliar.

This unfamiliarity gives readers the ability to deal with complexity and use their imagination to consider different ways of managing social challenges. What better way is there to deal with the uncertainty of this time than by using forms of fiction that make us comfortable with being uncomfortable, that explore uncertainty, and that depict young people in control of their own futures?

In science fiction, young people can see themselves surviving and learning lessons that may enable them to create their own strategies for dealing with their problems. In this time of COVID-19 and physical distancing, we may be reluctant for young people to accept creative forms that seem to separate them from reality. But the critical thinking encouraged by these types of literature may actually produce strength and creativity that everyday life and reality typically do not.

Adapted from: Jones, E. (May 11, 2020). Science fiction builds mental resiliency in young readers. Retrieved from http://theconversation.com/science-fiction-builds-mental-resiliency-in-young-readers-135513

〔注〕 geek オタク

(a) The main idea of this passage is that science fiction ______.

1．can help young people deal with their real life problems

2．causes stress and anxiety to many young people

3．is not a reflection of real life, so it is not a valuable kind of literature

4．is valuable to young people because it is realistic

(b) What do stereotypes about science fiction suggest?

1．*Harry Potter* and *Hunger Games* have great value for today's young people.

2．Science fiction is exciting, and people who do not like it should be called geeks.

3．Science fiction is good for young people because it helps them relieve anxiety.

4．Young people cannot learn about life by reading materials that are unrealistic.

(c) According to the passage, "reality overload" for young people means that they ______.

1．do not care about reality and prefer to ignore the issues of today

2．have too much access to science fiction and fantasy movies and books

3．learn a lot about the troubles of the world, but cannot do much to change them

4．would rather read realistic stories about the troubles of the world

(d) Which of the following is NOT given as one benefit of reading or watching science fiction?

1．Help in dealing with uncertainty.

2．Help in managing social challenges.

3．Help with academic skills.

4．Help with critical thinking skills.

(e) Which of the following would the author likely agree with about young people?

1. They become geeks if they watch too much science fiction.
2. They should be encouraged to enjoy science fiction.
3. They should not be allowed to read science fiction after the pandemic ends.
4. Those who read science fiction lack skills that help them deal with reality.

2 次の対話文を読み，設問(a)〜(e)にもっとも適切なものを1〜4の中から1つ選びなさい。

Two friends are talking about their career plans.

Alia: Hey, Ben! I haven't seen you at school in a while. I hope all's been well with you.

Ben: Yes, I've missed a lot of classes in the last few weeks. I've been very busy looking for a job.

Alia: How's the search going?

Ben: Well, no luck yet. I am a bit worried now. What if I don't find a job by the time I graduate?

Alia: What kind of companies have you been applying to?

Ben: I've applied to all types: media companies, consulting firms, marketing and PR companies, shipping and logistics firms. I had several interviews and I thought I did my best, but haven't been able to pass a single one yet. What about you? Aren't you looking for a job? Or have you already found one?

Alia: I have different plans.

Ben: Graduate school?

Alia: No, I want to be an entrepreneur.

Ben: A what?

Alia: I want to start my own company so that I'll be my own boss.

Ben: What about money?

Alia: I've saved some from my part-time job over the last three years. And my parents are willing to lend me some.

Ben: But starting your own company sounds like a lot of work. It's risky too, isn't it?

Alia: Yes, it is. I am working on my business plan this year, and meeting people who can give me good advice. My parents run their own business and they will help me too. I am really excited about the idea.

Ben: That's wonderful! Perhaps you can hire me then.

Alia: I'm not sure about that, but I'm sure you'll find something.

(a) Which of the following is true about Ben?

1. He is able to manage his school work and job search very well.
2. He is applying for jobs in various fields.
3. He is very particular about the company he would like to work for.
4. He wants to start his own company.

(b) According to the passage, why is Ben worried?

1. Because he has missed several classes.
2. Because he has no time to study.
3. Because he is not happy with his performance in job interviews.
4. Because he thinks he may remain jobless.

(c) Alia isn't applying for jobs because ______.

1. she has already been hired

2. she plans to continue with her current part-time job

3. she wants to start a business

4. she will work for her father's company

(d) Why has Alia chosen a different career path?

1. Because her parents advised her to do so.

2. Because she did not pass a single job interview.

3. Because she does not want to work for someone.

4. Because she met a lot of people who advised her to become an entrepreneur.

(e) Which of the following is Ben likely to do?

1. He will become an entrepreneur.

2. He will continue looking for a job.

3. He will go to graduate school.

4. He will help Alia write her business plan.

3　音楽を聞きながら勉強や車の運転をすることについて以下の文章はどのように説明しているか，150字～180字の日本語でまとめなさい。解答には，（1）川瀬教授チームの見解，（2）実験の概要，（3）実験の結果の3点を必ず含めること。

〔解答欄の注〕　※数字，アルファベットを記入する場合には下の例にならいなさい。

（例）

19	76	年	，	NP	O	は

Most people would probably agree that listening to music is a perfect way to relax or simply feel good while studying or driving. But now a team of scientists is giving a warning. They say that relaxing with sounds playing loudly, or even at a low volume, negatively impacts a person's ability to study or drive carefully. "Listening to music while driving, studying or going about other tasks that require attention can result in lowered concentration and efficiency, even if it is not played loud," said a team member.

Tetsuaki Kawase, a physiology* professor at Tohoku University's Graduate School of Biomedical Engineering, and his colleagues carried out tests on people while they listened to music. The participants wore headphones that played a different sound in each ear. They were required to push a button each time they heard auditory stimuli* in their left ear, while simple sounds or a jazz piano tune were played in the right ear. Their brain waves were examined by a method known as magnetoencephalography*.

Although hearing simple sounds in the right ear had little effect on the results, hearing jazz inhibited responses regardless of the volume level. This caused a slight delay in the time the participants pressed the button. According to Kawase's team, the outcome is probably due to the fact that the music distracted the participants' attention from the auditory stimuli.

Adapted from: Takahashi, M. (February 18, 2022). Music, even played

出典追記：The Asahi Shimbun Asia & Japan Watch，一部改変

softly, saps ability to pay attention. Retrieved from
http://www.asahi.com/ajw/articles/14538703

〔注〕 physiology 生理学 auditory stimuli 聴覚刺激
magnetoencephalography 脳磁図

4 次のテーマで100～150語程度のエッセーを，具体例を挙げながら英語で書きなさい。

Write about a person who helped you when you were in trouble, and explain what you learned from that experience.

日本史

（60分）

1　次の文章を読んで，以下の問に答えなさい。

古墳時代の人々は，巨岩や巨木などを神の宿るところとして畏敬したが，のちには社を建てて神を祀るようになり$_{a}$，氏の祖先神を祀ることも行われた。また，農業の発展を背景に農耕に関する祭祀が行われ，裁判に際し呪術的な方法もとられた$_{b}$。6～7世紀になると，国家の統一がすすみ，大王家の神話・伝承や系譜などは「帝紀」「旧辞」$_{c}$にまとめられた。

律令国家の形成とともに神祇制度が整備され，天皇の即位にあたっては［　d　］が行われ，毎年の神祇祭祀として神祇官$_{e}$が全国の神社（官社）に神への捧げものである幣帛を配った。

奈良時代半ばごろになると，日本固有の神祇信仰と仏教信仰が融合する神仏習合の思想があらわれた$_{f}$。平安時代には，神仏習合の動きはいっそう強まり，山岳仏教的な性格をもつ天台・真言両宗$_{g}$は在来の山岳信仰と結びついて，やがて修験道を生み出した。また，御霊信仰が民衆の間に広まり，疫神を祀る御霊会$_{h}$も行われるようになった。仏教による護国思想が広まるなかで本地垂迹説$_{i}$も展開していった。院政期には，上皇らによる熊野詣や高野詣$_{j}$が繰り返された。

問a．下線部aに関連して，大王家の祖先神を祀る神社として適切なものを，次のうちから一つ選びなさい。

①　出雲大社　　②　大神神社　　③　伊勢神宮　　④　宗像大社

問b．下線部bに該当するものとして適切なものを，次のうちから一つ選びなさい。

①　加持祈禱　　②　一味神水　　③　盟神探湯　　④　大祓

問c．下線部cに関連して，次の史料に関するア・イの説明について，その正誤の組合せとして適切なものを，下のうちから一つ選びなさい。

〔史料〕

是に，天皇詔りたまひしく，「朕聞く，諸家の所賷《も》てる帝紀と本辞(注：旧辞)と，既に正実に違ひ，多く虚偽を加ふ。…焉に，旧辞の誤忤《たが》へるを惜しみ，先紀の謬錯《あやまりまじわ》れるを正さむとし，和銅四年九月十八日に，臣安万侶に詔して，稗田阿礼が所誦《よめ》る勅語の旧辞を撰び録して献上らしむといへり。…

ア　上の史料は，天武天皇の時代に正史として編纂された『古事記』の序文の一部を引用したものである。

イ　上の史料から，天皇が稗田阿礼によみならわせた内容を，太安万侶が選び記録したことがわかる。

①　ア－正，イ－正　　②　ア－正，イ－誤

③　ア－誤，イ－正　　④　ア－誤，イ－誤

問d．空欄dに当てはまる語句として適切なものを，次のうちから一つ選びなさい。

①　大嘗祭　　②　御斎会　　③　相嘗祭　　④　即位灌頂

問e．下線部eを含む律令官制に関する説明として適切なものを，次のうちから一つ選びなさい。

①　太政官は政務を統轄する機関で，大臣や納言らによって構成された。

②　神祇官は神々の祭祀をつかさどり，宮内省などの八省を支配した。

③　京職は都城の警備などを担い，勘解由使や検非違使を支配した。

④　九州北部に置かれた大宰府は，南海道諸国の統括などを職務とした。

問f．下線部fに関連して，神仏習合の動向に関するア・イの説明について，その正誤の組合せとして適切なものを，下のうちから一つ選びなさい。

ア　神社の境内などに神宮寺が設けられ，神前で仏教の経典を読む神前読経が行われた。

イ　薬師寺僧形八幡神像などの彩色像の神像彫刻が寄木造の技法によってつくられた。

①　ア — 正，イ — 正　②　ア — 正，イ — 誤
③　ア — 誤，イ — 正　④　ア — 誤，イ — 誤

問g．下線部gに関連して，日本の天台宗の開祖である最澄と真言宗の開祖である空海に関するア～エの説明について，正しいものの組合せとして適切なものを，下のうちから一つ選びなさい。

ア　最澄は，京都の教王護国寺を拠点に天台密教を広めた。
イ　最澄は，南都仏教から独立した大乗戒壇の設立を求めた。
ウ　空海は，最澄とともに遣唐使に従って渡唐し，密教を学んだ。
エ　空海が最澄に送った「離洛帖」から，空海の能筆さがわかる。

①　ア・ウ　②　ア・エ　③　イ・ウ　④　イ・エ

問h．下線部hに関連して，北野神社で行われた御霊会で祀られた，大宰権帥に左遷され非業の死を遂げた人物として適切なものを，次のうちから一つ選びなさい。

①　早良親王　②　藤原広嗣　③　橘逸勢　④　菅原道真

問i．下線部iに関連して，本地垂迹説に対して，鎌倉時代末期になると神本仏迹説の神道理論が形成された。度会家行によって創始された神道として適切なものを，次のうちから一つ選びなさい。

①　唯一神道　②　垂加神道　③　復古神道　④　伊勢神道

問j．下線部jに関連して，上皇らによる熊野詣・高野詣の費用を調達するために行われた売位・売官の風潮として適切なものを，次のうちから一つ選びなさい。

①　蔭位　②　成功　③　除目　④　遙任

2 次の文章を読んで，以下の問に答えなさい。

熊沢蕃山は江戸時代前期の儒学者で，中江藤樹（a）の門に学び，岡山藩主池田光政（b）に仕え，藩政改革に尽力した。しかし，晩年，幕府に対する意見書『[c]』が原因で下総国古河に幽閉され，その地で没した。

青木昆陽は江戸時代中期の儒学者・蘭学者で，伊藤東涯に入門し実証的な学風を身につけ，江戸町奉行大岡忠相（d）に見いだされた。また，[e]の栽培普及を積極的にすすめ，将軍（f）からは野呂元丈とともに蘭語学習を命じられた。青木昆陽の習得した成果は，前野良沢（g）らに受け継がれた。

林子平は江戸時代中・後期の思想家で，江戸や長崎に遊学し，工藤平助や大槻玄沢（h）らと交わり海外事情を学んだ。彼は仙台藩に対して藩政改革に関する上申書を提出する一方で，対外的な危機がせまっていることを説いた書物（i）を著した。これが人心を惑わしたとの理由で，老中松平定信は林子平を処罰し，書物を発禁処分とした（j）。

問a．下線部aに関する説明として適切なものを，次のうちから一つ選びなさい。

① 近世朱子学の祖で京学派を形成し，徳川家康に進講した。

② 日本陽明学の祖で，近江聖人といわれた。

③ 南学派の儒学者で，土佐藩の家老として藩政改革に尽力した。

④ 古学派の儒学者で，武士の日常道徳として儒学を位置づけた。

問b．下線部bに関連して，藩主池田光政が創設した岡山藩の郷校(郷学)として適切なものを，次のうちから一つ選びなさい。

① 懐徳堂　② 興譲館　③ 含翠堂　④ 閑谷学校

問c．空欄cに当てはまる書物として適切なものを，次のうちから一つ選びなさい。

① 大学或問　② 聖教要録　③ 政談　④ 玉くしげ

問d．下線部dによる業績に関するア・イの説明について，その正誤の組合せとして適切なものを，下のうちから一つ選びなさい。

ア　大火に見舞われてきた江戸に，火除地などの防火施設を設けるとともに，町方独自の町火消を組織させた。

イ　大規模な打ちこわしに見舞われた江戸に，人足寄場を設け，無宿人を強制的に収容して就業させた。

①　ア － 正，イ － 正　　②　ア － 正，イ － 誤

③　ア － 誤，イ － 正　　④　ア － 誤，イ － 誤

問e．空欄eに当てはまる語句として適切なものを，次のうちから一つ選びなさい。

①　菜種　②　甘藷　③　蠟　④　朝鮮人参

問f．下線部fの将軍として適切なものを，次のうちから一つ選びなさい。

①　徳川綱吉　②　徳川家重　③　徳川吉宗　④　徳川家慶

問g．下線部gらが『解体新書』を刊行した時代として適切なものを，次のうちから一つ選びなさい。

①　安永年間　②　寛政年間　③　享保年間　④　天保年間

問h．下線部hが開いた蘭学塾として適切なものを，次のうちから一つ選びなさい。

①　鳴滝塾　②　適塾　③　芝蘭堂　④　蕃書調所

問i．下線部iの書物を典拠とする次の史料に関するア・イの説明について，その正誤の組合せとして適切なものを，下のうちから一つ選びなさい。

〔史料〕

当世の俗習にて，異国船の入津ハ長崎に限たる事にて，別の浦江船を寄ル事ハ決して成らざる事ト思リ。実に太平に鼓腹する人ト云べし。…海国なる

ゆへ何国の浦江も心に任せて船を寄らるゝ事なれば，東国なりとて曾て油断は致されざる事也。…当時長崎に厳重に石火矢の備有て，却て安房，相模の海港に其備なし。此事甚不審。細カに思へば江戸の日本橋より唐，阿蘭陀迄境なしの水路也。然ルを此に備へずして長崎にのミ備ルは何ぞや。

ア 『海国兵談』の一節で，史料中の「石火矢」とは長崎奉行が最初に築いた反射炉のことである。

イ 「海国」日本の国防策として，これまで手薄であった江戸湾における海防の必要性を説いている。

① ア — 正，イ — 正　② ア — 正，イ — 誤
③ ア — 誤，イ — 正　④ ア — 誤，イ — 誤

問 j．下線部 j が行われた直後の動向に関する説明として適切なものを，次のうちから一つ選びなさい。

① アメリカ商船モリソン号が漂流民の送還のために来航し，幕府が砲撃する事件が起きた。

② イギリス軍艦フェートン号がオランダ船の拿捕をねらって長崎に侵入し，食料などを求めた。

③ アメリカ東インド艦隊司令長官ビッドルが浦賀に来航し，日本に対して通商を求めた。

④ ロシア使節ラクスマンが漂流民大黒屋光太夫らをともなって根室に来航し，通商を求めた。

3　次の文章A・Bを読んで，以下の問に答えなさい。

A　第一次世界大戦a が勃発すると，日本社会にはさまざまな変化があらわれた。大戦中の経済発展によって，都市化が進展し，人々の生活水準が引き上げられる一方で，現状の生活への不満も顕在化するようになった。1918年，［　b　］が起こり，それ以降の社会運動c の発展のきっかけとなった。また，大戦中の産業の急速な発展によって労働者の数が大幅に増加し，物価高が進む中，賃金引上げを求める労働運動d もさかんになった。

B　アメリカの対日占領政策は，中国内戦での共産党優勢が明らかになる中，非軍事化・民主化を優先する従来の方針から，経済的自立を援助して日本を政治的に安定した工業国として復興させる方針へと転換した。このため，連合国軍最高指令官総司令部(GHQ)も，日本の工業生産能力を低くおさえようとする政策を改め，経済復興e を強く求めた。

日本の諸外国に対する賠償は軽減され，企業分割は大幅に緩和されたf。また，1948年g にはGHQの命令によって政令201号が公布され，官公庁労働者の争議権は否認されることとなった。

問1　下線部aに関連して，この時期，アメリカは中国における日本の特殊利益を，日本はアメリカに中国の領土保全・門戸開放を認め合う協定を交わした。この協定を何とよぶか答えなさい。

問2　空欄bには，富山県から全国にひろがった米価引下げ・米の安売りを要求した騒擾が入る。この事件を何とよぶか答えなさい。

問3　下線部cに関連して，以下の問に答えなさい。

(1)　1918年，女性や母親の地位をどのように保護していき，生活を保障するかという母性保護論争がおこる。女性の自立には国家による母性保護が必要であると主張した平塚らいてうに対し，経済的自立が必要であることを主張した歌人の姓名を答えなさい。

(2)　新婦人協会の設立に参加するとともに，のちに婦人参政権獲得期成同盟会の委員長となった人物の姓名を答えなさい。

(3)　1922年，西光万吉や阪本清一郎らにより被差別民の差別解消をめざす団体が設立された。この団体を何とよぶか答えなさい。

問４　下線部ｄに関連して，以下の問に答えなさい。

(1)　1912年，鈴木文治らにより労働者の地位向上をめざす団体が設立された。この団体を何とよぶか答えなさい。

(2)　1922年，杉山元治郎や賀川豊彦らによって日本最初の小作人の全国組織組合が設立された。この組織組合を何とよぶか答えなさい。

問５　下線部ｅに関連して，以下の問に答えなさい。

(1)　ＧＨＱは第２次吉田茂内閣に対して，総予算の均衡，徴税の強化，物価の統制などの実行を指令した。これを何とよぶか答えなさい。

(2)　第３次吉田茂内閣は，１ドル＝［　　　］円の単一為替レートを設定して輸出振興をはかった。この空欄に当てはまる数字を答えなさい。

(3)　［　　　］を団長とする租税専門家チームによる勧告により，直接税中心主義や累進所得税制が採用された。この空欄に当てはまる人物は誰か答えなさい。

問６　下線部ｆに関連して，1947年，日本製鉄・三菱重工など，巨大独占企業の分割をめざす法律が制定された。この法律を何とよぶか答えなさい。

問７　下線部ｇに関連して，以下の問に答えなさい。

(1)　この年，教育行政の地方分権化をはかることをめざし，都道府県・市町村に公選による［　　　］が設置された。この空欄に当てはまる語句を答えなさい。

(2)　この年，戦記文学である『俘虜記』が発表された。この作者の姓名を答えなさい。

世界史

（60分）

I　次の文章を読んで，文中の空欄 [A] ～ [K] にあてはまる最も適切な語句または数字を記入し，下線部(1)～(6)に対応する問1～6に答えなさい。なお，人名で「何世」とつく場合はかならずつけること（例「エリザベス2世」）。

北アメリカを訪れた最初のヨーロッパ人をめぐっては，6世紀のアイルランドの聖ブレンダンだとする説もあるが，最も有力なのは，ヴァイキングのリーフ（レイフ）＝エリクソンが最初だとする説である。コロンブス到来以前の西暦1000年頃にはヴァイキングがニューファンドランド島に到達していたようである。1497年には，(1)<u>コロンブス</u>の成功に刺激されて，イギリス国王の支援を得た [A] がニューファンドランドなどに到達し，(2)<u>ヘンリ7世</u>の領土と宣言している。また，フランス人ジャック＝カルチエは，1534年以降，セントローレンス湾やセントローレンス川を探検し， [B] の名付け親となった。

17世紀に入ると，フランスは本格的な植民地経営に乗り出すようになる。(3)<u>ナントの王令</u>を発布したことで知られるフランス国王 [C] によって派遣されたシャンプランは，1608年ケベックに砦を築き，ここがニューフランス植民地の拠点となった。

フランス人が [B] に目をつけたのは，タラの大漁場に魅せられたからであったが，その彼らを北アメリカの内陸に引き込んだのは，良質な毛皮であった。ミシシッピ川を下降して，周辺を当時のフランス国王にちなんで [D] と命名したラ＝サールも，フランスの毛皮商人のひとりであった。彼らは同時にカトリックの布教も行った。

ニューフランスの南に位置するイギリスの植民地が拡大するにつれ，イギリスとフランスとの衝突の機会が増大した。ヨーロッパにおけるイギリス，フランスの衝突に触発されて，北アメリカ大陸においてもイギリス軍とフランス軍は何度も戦った。[E]戦争の講和条約である[F]条約(1713年)により[G]湾地方やノヴァスコシアがイギリス領となり，1583年にイギリスがその領有を宣言していたニューファンドランドもこのとき正式にイギリス領たることが認められた。ヨーロッパでの[H]戦争とほぼ時を同じくして戦われたフレンチ＝インディアン戦争は[I]年に始まったが，フランスの完敗に終わった。フランス軍は数において弱体であり，1759年にはケベック，60年にはモントリオールが陥落して，約160年間に及んだフランス統治の時代が終わった。

イギリスは，[J]年のパリ条約により，かつてのニューフランスであるケベック植民地を獲得した。北アメリカにおけるイギリス植民地としては，南の13植民地に加えてすでにニューファンドランドとノヴァスコシアがあり，さらに，境界を定められない広大な地域を，イギリス国王から特許状を得た[G]湾会社が管轄していた。

イギリスは，北アメリカにおいてフランスとの抗争が終了するやいなや植民地独立の抗争に直面することになり，独立革命の動きに対抗するにあたって，ノヴァスコシアとケベックを拠点とした。とくにケベックは人口も多く経済力を備えていたので，味方につけておく必要があった。1774年に制定されたケベック法が，ケベック人の意にかなうものであったのはそのためであった。フランス民法の適用，カトリック信仰の自由，荘園制の温存など，ケベック人にはフランス人としての既得権が保護された。

アメリカ独立革命が[B]に与えたもっとも大きな影響は，領土の確定と，王党派とよばれた人々のアメリカからの到来であった。王党派は元来，アメリカ独立には賛成しないものの，イギリス支持というわけではなかった。彼らはすでに自治に慣れており，[B]における植民地政治の民主化を要求した。

[B]を取り巻く環境は19世紀半ばに大きく変化した。(4)イギリスでは1846年に[K]が廃止されて自由主義者が勝利を遂げ，植民地を手放そうという小イギリス主義が唱えられるようになった。北アメリカ大陸では，交通革命を経て，人間の往来，生産物の交換が密になった。イギリス帝国の経済的保護を失った英領北アメリカの植民地は，アメリカと互恵通商条約を結んだが，その反面，(5)南北戦争後のアメリカの北漸運動に悩まされることになった。こうした変化と，内部の政治的行き詰まり，市場拡大の要求などを解決するものとして，植民地の統一，連邦結成

が考えられはじめ，1867年7月1日，(6)ノヴァスコシア，ニューブランズウィック，オンタリオ，ケベックの4州からなる［ B ］自治領が誕生した。これにちなんで，［ B ］においては7月1日が祝日となっており，現在，その日は「［ B ］・デー」と称されている。

問1　地球球体説を唱え，コロンブスに大西洋西航を決意させたフィレンツェ生まれの天文・地理学者を答えなさい。

問2　ヘンリ7世は，テューダー朝を開き，絶対王政への道を開くことになったが，彼がイギリス国王に即位する前は，二つの有力な王族家系による王位継承をめぐる内乱が続いていた。この二つの王族家系を答えなさい。

問3　(a)　ナントの王令によって終結した戦争を答えなさい。

(b)　上記(a)の戦争で新教・旧教両派の対立を利用して王権強化をめざしたが，やがてカトリックに傾倒して新教徒を弾圧し，1572年の新教徒虐殺事件を主導したとされるフィレンツェのメディチ家出身の人物を答えなさい。

(c)　上記(a)の戦争時に，アンリ3世が暗殺されたことによって絶えたフランスの王朝を答えなさい。

問4　木綿染色業で成功したのち，1839年に［ K ］の廃止を目的とする団体を結成し，ブライトらと運動を指導したイギリスの自由主義政治家を答えなさい。

問5　南北戦争開始後，合衆国を離脱した南部諸州はアメリカ連合国を結成した。その首都が置かれた都市を答えなさい。

問6　イギリスと自治領の関係を定めた1931年の法律では，イギリス本国と自治領とが名目上対等の関係にあることが認められ，イギリス連邦の枠組みが出来上った。この法律を答えなさい。

Ⅱ　以下の年表の空欄［　A　］～［　M　］にあてはまる事項を，下の選択肢から選んで記号で解答欄に記入し，空欄［　ア　］，［　イ　］にあてはまる最も適切な国名を解答欄に記入しなさい。また，下線部(1)～(5)に対応する問1～5に答えなさい。

1815年	ウィーン議定書調印 ドイツ連邦結成，構成諸国の代表による連邦議会を設置 ［　A　］ 四国同盟結成
1818年	四国同盟にフランスが加入，五国同盟成立
1830年	ブラウンシュヴァイク，ザクセン，ハノーヴァーなどで立憲制を求める民衆が蜂起
1834年	［　B　］
1837年	(1)ハノーヴァー王，自由主義的な新憲法を破棄して旧憲法を復活
1848年	ベルリンで憲法制定を求める民衆蜂起，翌年にかけて (2)ドイツ諸邦で民衆蜂起が続発 フランクフルト国民議会開会
1849年	フランクフルト国民議会で帝国憲法を採択 プロイセン国王，憲法に基づくドイツ皇帝への就任を拒否
1850年	［　C　］
1861年	ヴィルヘルム１世，プロイセン王に即位
1862年	［　D　］
1866年	プロイセン＝オーストリア戦争勃発
1867年	［　E　］ (3)『資本論』第１巻刊行
1870年	プロイセン＝フランス戦争勃発
1871年	ドイツ帝国の成立を宣言，ヴィルヘルム１世を皇帝に推戴，ビスマルクが帝国宰相に就任 ［　F　］ ビスマルク，教壇条項を布告，カトリック教会の政治活動を制限

1873年	ドイツ・オーストリア・[ア]三国の皇帝による同盟(三帝同盟)成立
1875年	ドイツ社会主義労働者党成立
1878年	ヴィルヘルム1世，2度にわたって狙撃され，重傷を負う ベルリン会議，ベルリン条約を締結 [G]
1882年	ドイツ・オーストリア・イタリア三国による軍事同盟成立
1885年	[H]
1887年	三帝同盟解消，ドイツが[ア]と秘密軍事条約を締結
1888年	ヴィルヘルム2世即位
1890年	[I] [ア]との秘密軍事条約失効 ドイツ社会主義労働者党，「ドイツ社会民主党」と改称
1891年	(4)「全ドイツ連盟」結成
1893年	陸軍増強法成立
1897年	[J]
1898年	海軍拡張法成立
1899年	ドイツがオスマン帝国内の鉄道敷設権を獲得
1900年	第2次艦隊法制定，大艦隊の建設計画に着手
1902年	ドイツ・オーストリア・イタリア三国の軍事同盟を更新
1903年	(5)ドイツ社会民主党，ドレスデンで党大会，修正主義批判を決議
1905年	ヴィルヘルム2世，[イ]を訪問，[イ]の独立と領土保全尊重を表明
1906年	スペインのアルヘシラスで国際会議開催 艦隊法改正，大型戦艦の建造開始
1911年	ドイツが[イ]に軍艦を派遣 フランスとの間で，[イ]の帰属をめぐる協定締結
1912年	[K]
1913年	陸軍大増強法案可決

1914年	6月　L 7月　オーストリア，セルビアに宣戦布告
1915年	M

(あ)　イエナ大学で学生組合(ブルシェンシャフト)結成

(い)　イタリア，協商国側と密約，三国同盟を離脱

(う)　北ドイツ連邦結成

(え)　サライェヴォで，オーストリア＝ハンガリー帝国の帝位継承者フランツ＝フェルディナント大公夫妻が暗殺される

(お)　ドイツ人宣教師殺害を口実に，ドイツが膠州湾に軍艦を派遣して占領

(か)　帝国議会選挙，ドイツ社会民主党が第1党になる

(き)　ドイツが南西アフリカを植民地化

(く)　ドイツ関税同盟が発足

(け)　ビスマルク，社会主義者鎮圧法を制定

(こ)　ビスマルク，帝国宰相を辞職

(さ)　ビスマルク，プロイセン首相に就任

(し)　フランクフルト講和条約，アルザス・ロレーヌをドイツが獲得

(す)　プロイセン欽定憲法制定

問1　この事件のとき，ゲッティンゲン大学の七人の教授が，旧憲法の復活に抗議し，国王によって罷免された。この中には，ゲルマン神話や民話の収集，ドイツ語辞典の編纂で知られる言語学者・文献学者が含まれていた。その名を答えなさい。

問2　このとき，オペラ『タンホイザー』で知られる作曲家が蜂起に参加し，国外に亡命した。その名を答えなさい。

問3　資本主義経済を理論的に解明し，資本主義社会の没落と社会主義社会の必然性を説いた，この著作の著者の名を答えなさい。

問4　この団体は，すべてのドイツ系民族の結集とドイツ帝国の世界制覇を唱えていた。このような考え方は一般になんと呼ばれるか。

問5　ここでいう「修正主義」とは，社会主義革命を否定し，議会を通じた漸進的改革によって社会主義社会を実現しようとする考え方を指す。この考え方を主唱したドイツ社会民主党の理論家の名を答えなさい。

Ⅲ　次の文章を読んで，文中の空欄［　A　］～［　E　］にあてはまる最も適切な語句を記入しなさい。

アルファベットの大文字で［　A　］と略記される国際連合教育科学文化機関により，カンボジアで1992年に世界遺産に登録された遺跡は，［　B　］である。12世紀にスールヤヴァルマン2世によりヒンドゥー教の寺院として建立された［　B　］は，その壁面にある精緻な浮彫が有名である。

次いで，2008年に［　A　］によりカンボジアの世界遺産として登録されたのが，プレアビヘア寺院である。同寺院はタイとカンボジアの国境にまたがるダンレック山脈に位置しており，領有権をめぐる争いが起きている。同寺院に残された碑文の内容に基づくと，11世紀から12世紀にかけて建設されたとも言われている。この時期，同寺院のある一帯はクメール人による王朝の支配が及んでいたのだが，タイのアユタヤ朝により滅ぼされ，支配権が移った。その後，カンボジアは1863年に［　C　］の保護国となった。

1904年にはタイとの間で国境画定をめぐる条約が締結されたが，当該条約により国境はダンレック山脈の分水嶺に沿うこととし，具体的な国境線は［　C　］とタイの合同委員会にて画定されることとなった。［　C　］により作成された地図では，プレアビヘア寺院は現在のカンボジア側に位置していたのだが，その後，タイが独自に実施した測量調査により，国境線と分水嶺が不一致であることが明らかとなった。タイはこれに抗議することなく，長年に亘り［　C　］が作成した地図を公的に使用し続けた。

第二次世界大戦後，タイはプレアビヘア寺院に警備兵を派遣し，領有権を主張した。1953年にはカンボジア国王であった[D]がカンボジアを完全な独立に導き，独立と同時に同寺院に軍が派遣されたが，タイにより阻止された。そのため，カンボジアは1959年にタイを相手取り，オランダのハーグに設置され，国際紛争の法的処理を行う機関である[E]にプレアビヘア寺院の領有権をめぐる訴えを提起した。[E]は，同寺院がカンボジア側にあることを示した[C]により作成された地図をタイが長年使用していたことを理由に，同寺院はカンボジア領との判断を下した。

2008年7月に[A]はプレアビヘア寺院をカンボジアの世界遺産として登録する決定を行ったが，その際にこれを不満に思うタイとカンボジアとの間で紛争が勃発，両国間の国境をめぐり緊張感が高まった。

Ⅳ　次の文章を読んで，文中の空欄[A]～[E]にあてはまる最も適切な語句または数字を記入しなさい。

内部分裂を繰り返して衰えていった東突厥は，[A]年にトルコ系のウイグルによって滅ぼされた。北方の新たな覇者となったウイグルは，商業利益を狙って唐進出の機をうかがっていた。唐は北方の防備をかため，[B]がこの地域の三節度使を兼ねる大勢力となった。[B]はイラン系の[C]人の父と突厥人の母を持つ武官で，まさにこの地域の安定を図るのにうってつけの人材であった。ところが755年，[B]は玄宗の宮廷と対立し，部下の史思明とともに反乱を起こした。安史の乱の勃発である。この反乱は中国のみならず，東アジアの国際秩序を揺るがした。

足かけ7年間におよぶこの大反乱を鎮圧したのが，ウイグルのトルコ騎馬軍団である。ウイグルは唐を屈服させ，モンゴル高原から南下して西域のオアシス地帯を支配した。そこでウイグルは[C]人を取り込み，商業国家に変貌する。[C]文字をもとにウイグル文字を開発し，遊牧民なのにモンゴル高原に城塞都市を建設し，草原の道を商業ルートとして開拓しようとした。(中略)

ウイグルは草原の馬を唐の絹と有利な条件で交換し，この絹をオアシスの道をつうじて西方のバグダードを首都とする「イスラーム帝国」と称された[D]朝との交易でもちいた。ウイグルは大陸ネットワーク東方の覇権を握ったのである。

安史の乱の混乱によって成長したもう一つの国が，チベット古代王朝の E である。 E はこの機に乗じて甘粛地方やタリム盆地を奪い，オアシスの道をウイグルと二分するようになった。さらに E は長安を一時的に占領し，唐はなすすべを知らなかった。

安史の乱がウイグル軍によって鎮圧されたとき，唐帝国のユーラシア覇権はおわっていた。草原の道はウイグルが制し，オアシスの道はウイグルと E ，そして D 朝によって三分された。(中略)唐の内部でも藩鎮という地方軍閥が自立してゆき，中央政府の権威は低下していく。

(北村厚『教養のグローバル・ヒストリー』より引用。文章は一部改変)

地理

（60分）

I　農業について述べた次の文を読み，以下の問いに答えなさい。

アメリカの地理学者 [a] は，作物と家畜の組み合わせ，労働・資本投下の程度と収益性，生産物の仕向け先といった指標をもとにして，①世界の農牧業を13に分類した。この分類は，自然条件・経済条件・文化的要素を取り入れた総合的な分類であり，現在でも広く用いられている。

かつて農業の主流は，自家消費が中心の②自給的農業であった。自給的農業では，農民自身が種子を採り選抜を繰り返すことで，地域ごとに多様な品種が生み出されてきた。③農業の生産力をいかに高め維持していけるかが多くの地域で重要であった。そのなかで，④東アジアから東南アジアや南アジアにかけては，その地域の気候を活かした農業が発達した。

都市化が進み農産物の需要が高まると，⑤販売を目的とした商業的農業が広がった。これに伴い，品種改良や肥料の利用が進むなど，農業の技術革新も進んだ。こうした商業的農業はヨーロッパで発達していった。

近年，北アメリカや，ヨーロッパの旧植民地では，外部から調達した資本や雇用労働力を積極的に投入し，商品である農産物を販売し，利潤を追求しようとする⑥企業的農業が広がっている。このような農業に大きな影響力をもつ [b] は化学肥料や農薬の生産，農業機械の製造，農産物の生産から加工・流通・消費に至るフードシステム全体を統括しており，種子の開発にも関わっている。農業の産業化を主導するアメリカ合衆国を筆頭に⑦遺伝子組み換え作物の栽培は拡大しており，特に大豆では世界の作付面積の7割以上が遺伝子組み換え品種になっている。⑧農業の工業化が加速するなかで，農業の持続可能性に対する懸念が高まっている。

〔問い〕

(1) 文中の空欄について，以下の問いに答えなさい。

1．文中の空欄 a にあてはまる人名を，次の選択肢 あ～え の中から一つ選びなさい。

【選択肢】

あ チューネン　　い ケッペン

う ホイットルセー　　え リンネ

2．文中の空欄 b にあてはまる用語を，カタカナ7文字で答えなさい。

(2) 文中の下線部①～⑧に関する以下の問いに答えなさい。

1．下線部①について，この13分類された農牧業の説明として最も適切なものを次の選択肢 あ～え の中から一つ選びなさい。

【選択肢】

あ 園芸農業とは，都市への出荷を目的として，野菜・果樹・花卉《かき》などを集約的に栽培する農業である。消費地の遠隔地で行われることが一般的である。

い 混合農業とは，主穀と野菜を栽培し，輪作を行う農業である。家族経営に基づく小規模生産が一般的な形態である。

う 地中海式農業では，高温乾燥な夏の気候を利用して，オリーブ・ブドウ・柑橘類などを生産している。基本的には土地・労働集約的である。

え 粗放的定住農業では，数年間農場に定住し，地力の低下後に新たな耕地を求めて移住を繰り返す。

2．下線部②について，自給的農業には，各地域の自然条件に適応し，古くからの農法を継続している場合が多い。そのような自給的農業に関する説明として最も適切なものを次の選択肢 あ～え の中から一つ選びなさい。

【選択肢】

あ　アフリカの熱帯雨林地域では主にキャッサバやタロイモなどのイモ類が，サバナ地域では乾燥に強いソルガムやヒエといった雑穀類が栽培されている。

い　遊牧は，年降水量が1,000mm以上の地域で行われることが多く，チベット高原ではヤク，モンゴル高原ではヒツジやヤギなどが飼育されている。

う　焼畑農業では，休耕期間後に火入れを行うことで環境に過大な負担がかかるため，長期の休耕期間を設けたとしても持続可能な農業とはなりえない。

え　アジアの米は，自家消費や国内流通が主である。一方，同じアジアでも小麦やとうもろこしは，生産量の半分程度が輸出に回されている。

3．下線部③に関連して，以下の問いに答えなさい。

1）次の表1は，3大穀物の地域別生産量を示したものである。北・中央アメリカにあてはまる記号をA～Dの中から一つ選びなさい。なお，A～Dは，アフリカ，ヨーロッパ，北・中央アメリカ，南アメリカのいずれかである。

表1　3大穀物の地域別生産量(2019年)

	小麦	米	とうもろこし
A	87,851	11,334	392,176
アジア	337,890	677,277	368,347
B	26,921	38,771	81,981
C	266,123	4,024	132,773
オセアニア	17,996	76	548
D	28,989	23,992	172,752

『世界国勢図会 2021/22』より作成。単位は千トン。

2）次の図1は，農民1人当たりの農地面積と農地に占める牧場・牧草地割合を示したものである。アメリカ合衆国にあてはまる記号をE～Hの中から一つ選びなさい。なお，E～Hは，フランス，オーストラリア，アイルランド，アメリカ合衆国のいずれかである。

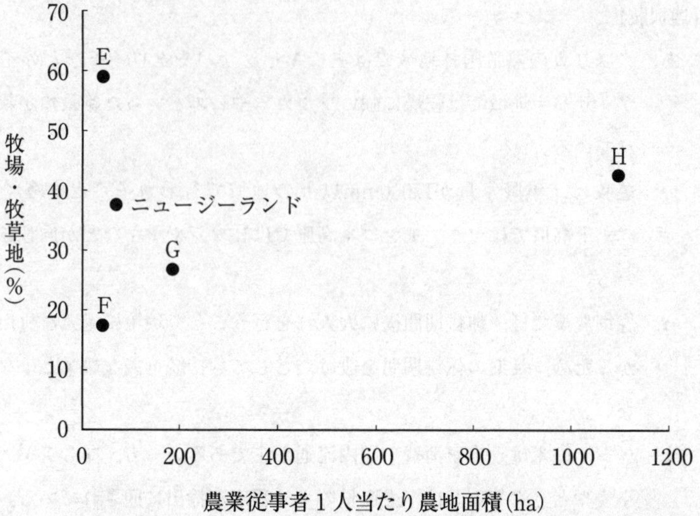

図1　農民1人当たりの農地面積(2018年)
『データブック オブ・ザ・ワールド 2022年版』より作成。

4．下線部④について，これらの地域に広く共通する気候の恩恵を活かして栽培されてきた作物名を答えた上で，どのような気候的特徴がその作物に向いているか40字程度で説明しなさい。

5．下線部⑤に関連して，次の表2は大麦，ジャガイモ，ぶどうの生産量上位5カ国を示したものであり，A～Cは，これらの作物のいずれかである。作物名とA～Cの組み合わせとして正しいものを，下の選択肢 ア～カ の中から一つ選びなさい。

表2　大麦，ジャガイモ，ぶどうの生産(2019年)

	A	B	C
1位	ロシア	中国	中国
2位	フランス	イタリア	インド
3位	ドイツ	アメリカ	ロシア
4位	カナダ	スペイン	ウクライナ
5位	ウクライナ	フランス	アメリカ

『データブック オブ・ザ・ワールド 2022年版』より作成。

【選択肢】

	ア	イ	ウ	エ	オ	カ
大麦	A	A	B	B	C	C
ジャガイモ	B	C	A	C	A	B
ぶどう	C	B	C	A	B	A

6．下線部⑥に関連して，次の図2は，主に企業的農業で生産される作物のうちバナナ，コーヒー豆，カカオ豆，綿花の生産量上位5ヵ国を示したものである。カカオ豆と綿花にあてはまるものを，図2中のA～Dの中から，それぞれ選びなさい。

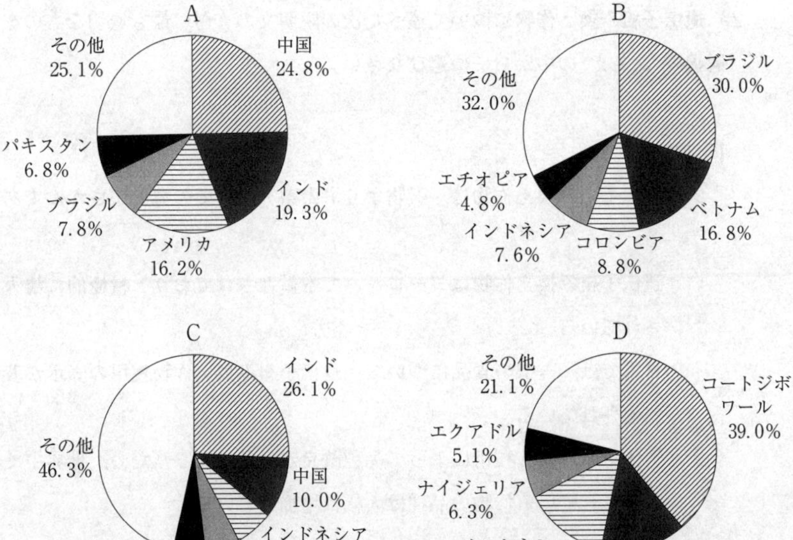

図2　バナナ(2019年)，コーヒー豆(2019年)，カカオ豆(2019年)，綿花(2018年)の生産量上位5ヵ国の割合(2019年)

『データブック オブ・ザ・ワールド 2022年版』より作成。

7．下線部⑦について，以下の問いに答えなさい。

1）次の表3は，遺伝子組み換え作物栽培面積の上位5ヵ国を示したものである。なお，代表的な遺伝子組み換え作物で栽培面積が広いのは，大豆やトウモロコシなどである。Xにあたる国名を答えなさい。

表3　遺伝子組み換え作物栽培面積(2019年)

	国名	栽培面積
1位	アメリカ合衆国	71.5
2位	X	52.8
3位	アルゼンチン	24.0
4位	カナダ	12.5
5位	インド	11.9

『世界国勢図会 2021/22』より作成。単位は百万ha。

2）遺伝子組み換え作物について述べた次の説明文のうち，最も適切なものを選択肢 あ～え の中から一つ選びなさい。

【選択肢】

あ　遺伝子組み換え作物は，穀物よりも野菜・果物での導入がさかんである。

い　遺伝子組み換え作物はヨーロッパでも歓迎されており，積極的に導入されている。

う　日本では，一部の食品について，遺伝子組み換え作物使用の表示が義務化されている。

え　遺伝子組み換え技術によって品種改良が容易になったため，世界中で栽培されている作物の品種は大幅に増加している。

8．下線部⑧について，次の表4は，作物生産におけるエネルギーの投入量を人力の場合と機械(トラクターをはじめとする農業機械)を利用した場合とで仮想的に示したものである。表4を参照しながら，人力農業と比較した際の，機械利用農業の長所と短所について，以下の語群の用語をすべて使用しながら，60字程度で述べなさい。

【語群】

労働生産性　　化石燃料

表4　作物生産における人力と機械の投入エネルギー量の比較(1ha当たり)

	人力	機械
収量(kg)	2,000	7,000
労働時間	1,000	10
投入エネルギー(千kcal)	600	7,000

中村修『なぜ経済学は自然を無限ととらえたか』(※一部改変あり)より作成。

注)投入エネルギーとは，エネルギー生産設備の製造・使用の際に必要な労働力も含むエネルギー消費の総量を意味する。

Ⅱ　オーストラリアについて述べた次の文を読み，以下の問いに答えなさい。

オーストラリア大陸は，古生代以前のきわめて古い地質で，地形は起伏に乏しい。大陸西部は，海抜300～600mの楯状地で，安定陸塊となっている。中部は盆地で，大陸の20%を占める広大な砂漠が広がっている。オーストラリア北東部には，世界最大の珊瑚礁で，①世界遺産(自然)のグレートバリアリーフが広がっている。

オーストラリアは，1770年にイギリス人の探検家 [a] によって，②東海岸が「発見」された。その後，1901年にオーストラリア連邦が成立するまで，イギリスが領有権を確保し，流刑地や農業開拓地となった。数万年前からオーストラリアに先住していたアボリジニの人口は，イギリスの入植に伴い西欧からもたらされた感染症などによって一時激減した。開拓当初は，乾燥地帯で肥沃な土地も少なく，アンラッキーカントリーと称されていたが，1851年に金鉱が発見されたことで [b] に湧き，急速に経済発展を遂げた。それ以来，労働力需要が増加したため，多くの国々から人々が流入するようになった。

オーストラリアは，③鉱産資源の世界的な生産国として知られ，④観光業や⑤農業なども盛んである。近年は，こうした鉱産資源や農産物の貿易を通じて，⑥アジア諸国との経済的なつながりが強化されてきた。

〔問い〕

(1)　文中の空欄ａとｂにあてはまる語句をそれぞれ答えなさい。なお，ａに当てはまる用語は下の選択肢 あ～え の中から選びなさい。

【選択肢】

あ　ヴァスコ・ダ・ガマ　　い　クック

う　タスマン　　え　マゼラン

(2)　文中の下線部①～⑥に関する以下の問いに答えなさい。

1．下線部①について，次の図1は，オーストラリアの世界遺産(文化)に登録されている文化施設で，コンサートホールや劇場などを備えた20世紀を代表する近代建築物である。図1中の建造物の名称と，それが位置しているオーストラリア南東部の都市で，その国の最大の人口を有する都市名をそれぞれ答えなさい。

図1　オーストラリアの世界遺産

2．下線部②について，以下の問いに答えなさい。

1）下線部②に関連して，次の図2中の地点Ａに該当する雨温図を，下の図3

中のX～Zから一つ選び記号で答えなさい。なお，雨温図X～Zは下の図2中の地点A～Cのいずれかに該当する。

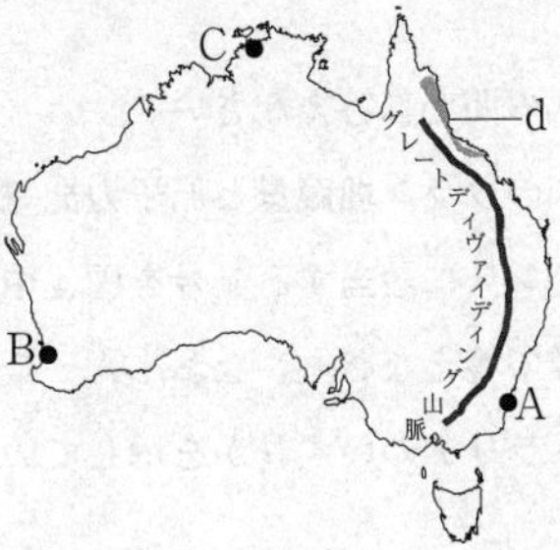

図2　オーストラリアの地図

『最新地理図表GEO』より作成。

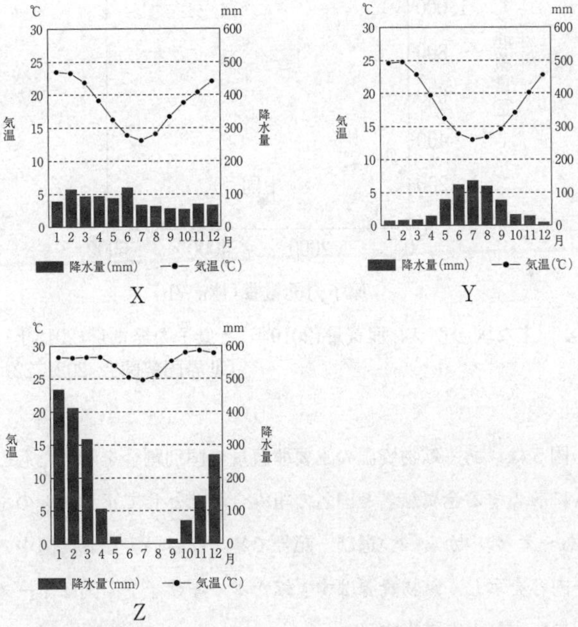

図3　雨温図

「気象庁 世界の地点別平年値」より作成。

2）図2中の網掛け部分dで主に生産されている農作物を，次の選択肢から一つ選びその名称を答えなさい。

【選択肢】

キウイ　　小麦　　サトウキビ　　ぶどう

3．下線部③について，次の問いに答えなさい。

1）次の図4は，主な国のウラン埋蔵量と原子力発電量を示したものである。オーストラリアとフランスに該当する記号を図4中のA～Dの中からそれぞれ一つずつ選び，記号で答えなさい。なお，A～Dは，ドイツ，フランス，南アフリカ，オーストラリアのいずれかを示している。

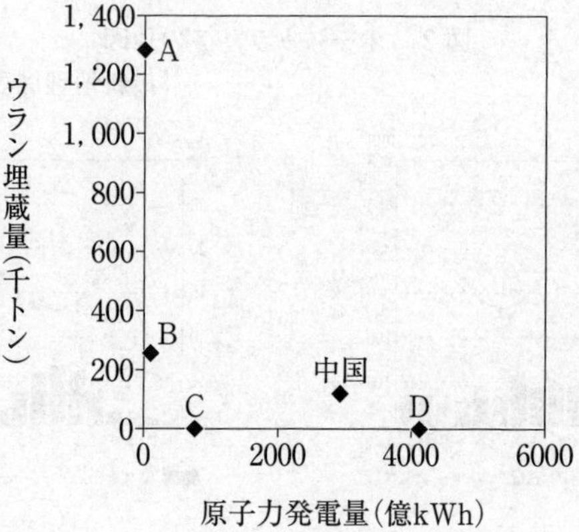

図4　主な国のウラン埋蔵量(2019年)と原子力発電量(2018年)

『世界国勢図会 2021/22』より作成。

2）次の図5は，ある鉱物資源の主要埋蔵量の国別割合を示したものである。XとAに該当する金属鉱名と国名の組み合わせとして正しいものを，下の選択肢 あ～え の中から一つ選び，記号で答えなさい。なお，図中の同一記号は同一内容を示し，鉱物資源はすず鉱かボーキサイト，国はオーストラリアか中国のいずれかが該当する。

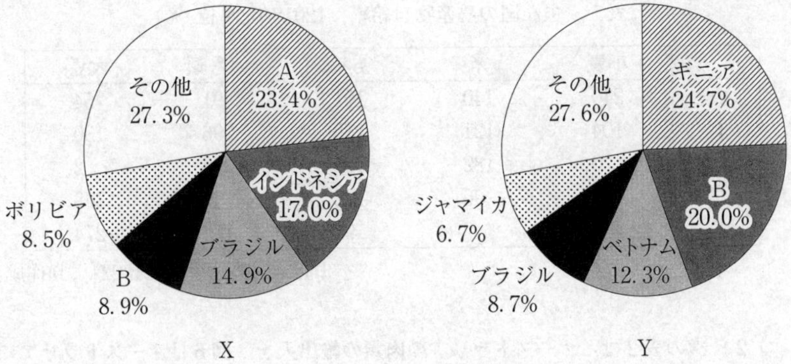

図５　鉱物資源の主要埋蔵量の割合
『世界国勢図会 2021/22』より作成。表中の数値は2019年の値。

【選択肢】

あ　Ｘ－すず鉱　　　　Ａ－オーストラリア

い　Ｘ－すず鉱　　　　Ａ－中国

う　Ｘ－ボーキサイト　Ａ－オーストラリア

え　Ｘ－ボーキサイト　Ａ－中国

４．下線部④に関連して，オーストラリア大陸中央にあるウルル(エアーズロック)は，世界遺産(複合)に登録され，例年多くの観光客が訪れている。どのような要素から世界遺産として認定されているのか，自然的側面と文化的側面のそれぞれに言及しながら50字程度で説明しなさい。

５．下線部⑤について，以下の問いに答えなさい。

１）次の表１は，主な国の農作物自給率を示している。オーストラリアに当てはまる記号をＡ～Ｄの中から一つ選びなさい。なお，Ａ～Ｄは，インド，オーストラリア，カナダ，ブラジルのいずれかを示している。

表1　主な国の農産物自給率　(2018年/単位 %)

	小麦	米	とうもろこし	いも類	大豆
A	240	140	101	91	54
B	104	121	119	96	130
タイ	0	182	101	225	2
C	43	96	128	99	248
D	406	0	98	154	274

『世界国勢図会 2021/22』より作成。

2）次の表2は，オーストラリアの肉類の輸出入を，図6はオーストラリアにおけるA肉とB肉の主要な飼育地域を示したものである。Aにあてはまる家畜の名称を答え，それが図6中のXとYのどちらで飼育されているか，記号で答えなさい。

表2　主な国の肉類の輸出入(2019年/単位 千トン)

	A肉				
輸出	オーストラリア	495	輸入	中国	392
輸出	ニュージーランド	390	輸入	アメリカ合衆国	109
輸出	イギリス	95	輸入	フランス	87
輸出	世界計	1,249	輸入	世界計	1,214
	B肉				
輸出	ブラジル	1,570	輸入	中国	1,660
輸出	オーストラリア	1,305	輸入	アメリカ合衆国	979
輸出	アメリカ合衆国	966	輸入	日本	615
輸出	世界計	9,398	輸入	世界計	9,562

『世界国勢図会 2021/22』より作成。

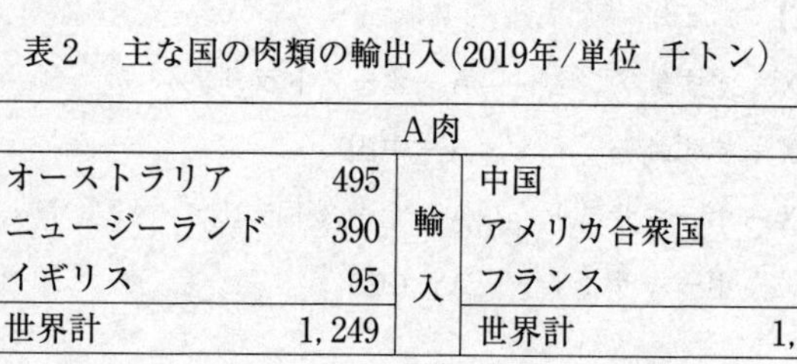

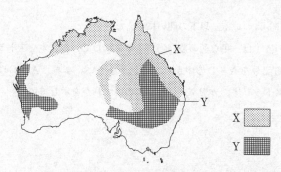

図6　オーストラリアの肉類の飼育地域

『地理の研究』より作成。

6．下線部⑥について，1989年にオーストラリアの呼びかけで，アジア太平洋経済協力会議（ＡＰＥＣ）が設立された。オーストラリアがＡＰＥＣの設立を呼びかけた理由について，オーストラリアの輸出先国の変化を示した図７を参考にして60字程度で述べなさい。

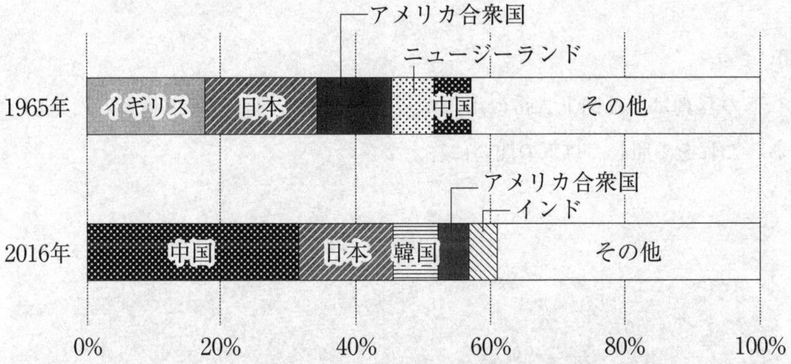

図７　オーストラリアの輸出相手先

『最新地理図表ＧＥＯ』より作成。

Ⅲ　三方五湖は，福井県若狭地方の美浜町，若狭町にまたがって位置する５つの湖の総称である。５つの湖は，淡水，海水，汽水とそれぞれ違った性質をもっている。p. 48・49の国土地理院の電子地形図「三方五湖」を参照しながら，以下の問いに答えなさい。なお，写真と地図中の記号は，同一内容を示している。

〔問い〕

(1)　下の写真は，地図上Ａ岳の山頂から南南東の方角に向って撮影したものである。これを参照し，以下の問いに答えなさい。

1．Ｘ地点は，この丘の頂に位置する。Ａ岳の山頂と，Ｘ地点の標高差としてもっとも適切なものを次の選択肢 あ～え の中から一つ選びなさい。

【選択肢】

あ　100m　　い　200m　　う　300m　　え　400m

2．写真上Ｙの湖の名称と，写真上Ｚの地点にある施設の名称の組み合わせとして，もっとも適切なものを次の選択肢 ア～カ の中からそれぞれ選びなさい。

【選択肢】

	ア	イ	ウ	エ	オ	カ
Y	久々子湖	久々子湖	三方湖	三方湖	菅湖	菅湖
Z	気山駅	道の駅	気山駅	道の駅	気山駅	道の駅

(2)　地形図上のBにある神社からCにある神社の地形断面図として最も適切なものを，次の選択肢 あ～え の中から選びなさい。

【選択肢】

あ

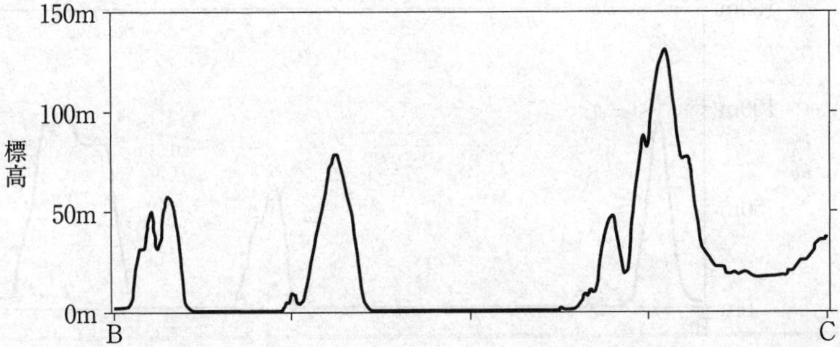

い

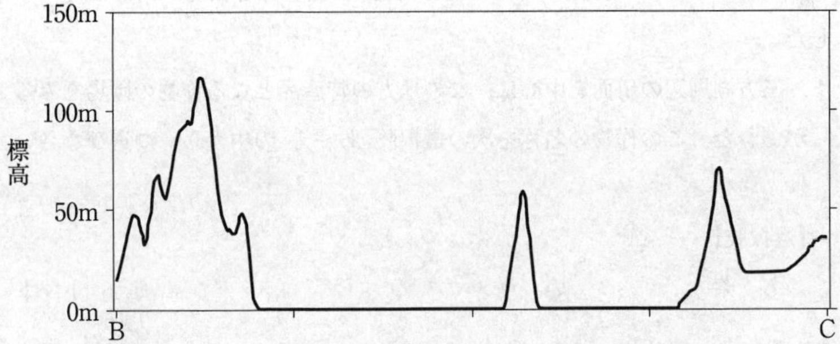

う

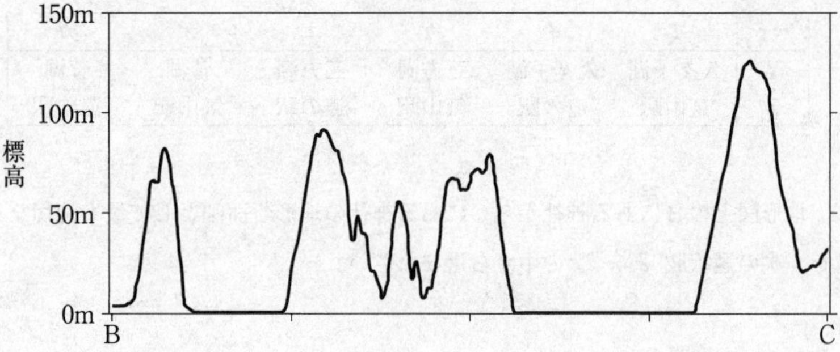

え

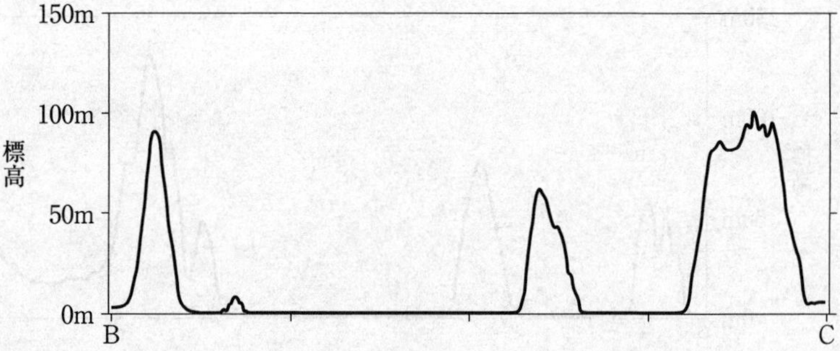

(3) キヨミさんは，三方湖の南岸に沿って国道162号線を西側に向かってドライブした。

1．三方湖周辺の斜面を中心に，この地方の特産品となる作物の圃場をみることができた。この作物の名称を次の選択肢 あ～え の中から一つ選びなさい。

【選択肢】

あ 茶　　い ウメ　　う コメ　　え トマト

2．国道162号線沿いにドライブしながら見えてきた風景として適切でないものを次の選択肢 あ～え の中から一つ選びなさい。

【選択肢】

あ　三方湖にそそぐ川の河口部には史跡が二つある。

い　別庄の集落は河川流域の平坦部に形成されている。

う　成出から田井にかけて郵便局や交番が立地している。

え　世久見トンネルを抜けると，やがて海が見える。

(4)　三方五湖は2005年にラムサール条約に登録されている。三方五湖の性質を踏まえて，生態系に言及しながら，登録理由として考えられることを50字程度で述べなさい。

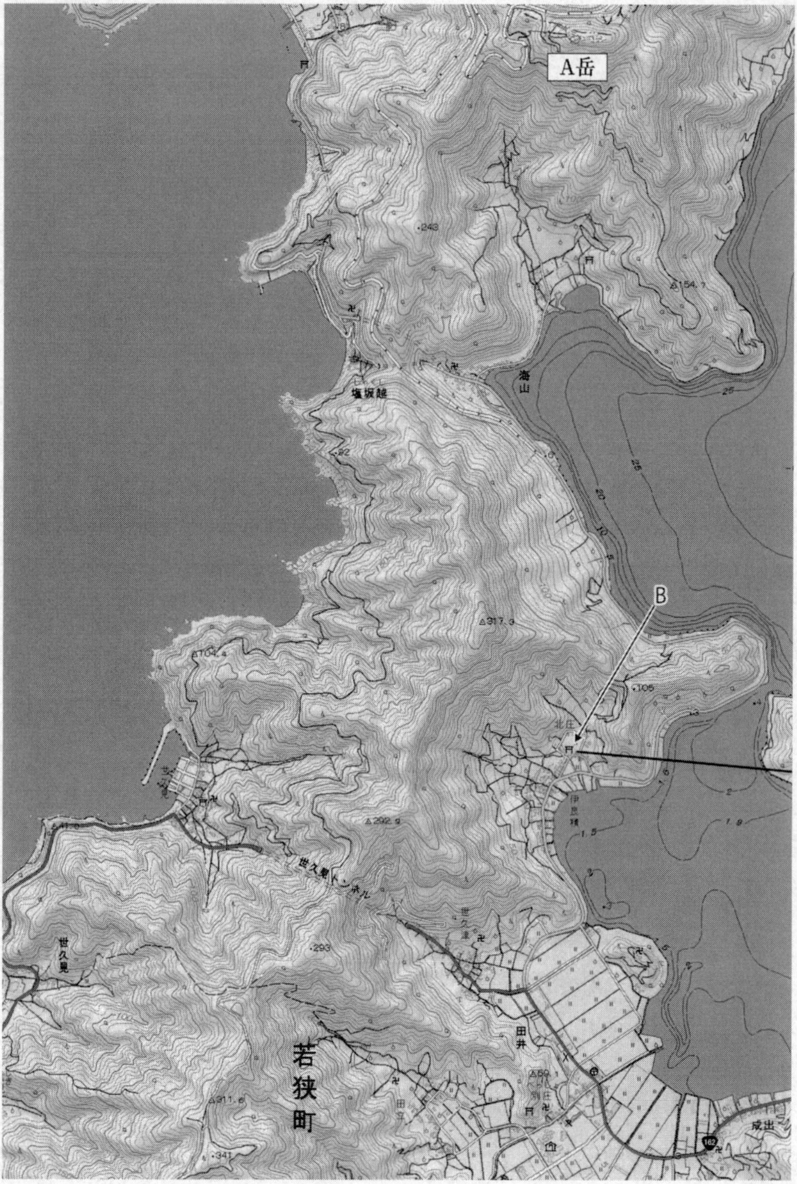
A岳
塩坂越
海山
B
北庄
世久見トンネル
世久見
田井
若狭町
成出

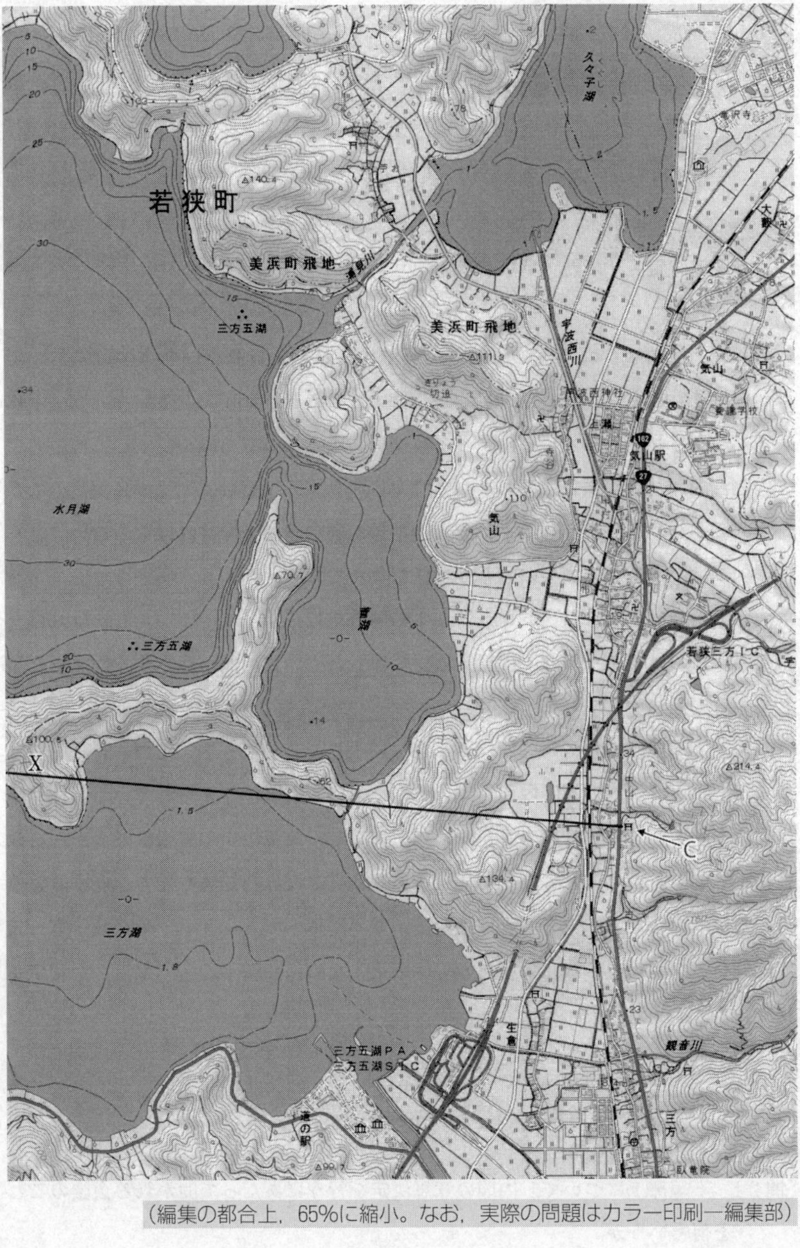

（編集の都合上，65%に縮小。なお，実際の問題はカラー印刷―編集部）

政治・経済

（60分）

Ⅰ　次の文章を読み，下記の問いに答えなさい。

[a] にもとづき実際に政策を実施することを行政といい，国政においては，内閣を中心に行われる。内閣は，その長である [b] と，[b] によって任命される [c] によって構成される合議体(1)である。

内閣と国会との関係は以下のとおりである。まず，[b] は国会議員のなかから国会が指名し，[c] はその過半数が国会議員でなければならない。さらに，内閣は，連帯して国会に対して責任を負っており，[d] が [e] を可決した場合は，10日以内に [d] の解散を行うか，[f] しなければならない。このように，日本では議会の信任にもとづいて内閣が存立する制度(2)を採用している。

(3)内閣は，国会に対して [a] 案を提出することができる。また，行政を行うために，[a] の範囲内で [g] を定める権限が与えられている。福祉国家化の進展とともに，行政の果たす役割が増大し，政策決定の実権は議会から行政に移っている。これにともなって，政策処理に必要な専門知識や能力を有する官僚の役割が増大した。一方で，官僚の企業・業界団体への [h] や，政・官・業の癒着などが問題視され，公務員の規律を正すために1999年に [i] が制定された。

〔問1〕 文中の空欄 [a] ～ [i] にもっとも適切な語句を入れなさい。

〔問2〕 下線部(1)について，内閣の意思決定を行うにあたって開かれる会議のことを何というか。

〔問3〕 下線部(2)について，次の(イ)および(ロ)に答えなさい。

(イ) このような制度を何というか。

(ロ) これとは異なり，アメリカのように，行政府の長が国民によって選ばれ，議会に対して高度の独立性をもつ体制を何というか。

〔問4〕 下線部(3)に関連して，内閣を直接補佐し，[b]などに対して意見を述べる事務や，[a]案などを審査する事務を行う機関を何というか。

Ⅱ 次の文章を読み，下記の問いに答えなさい。

近代政治制度には，少なくとも次の4つの原理が不可欠である。すなわち，国民主権，基本的人権，[a]，権力分立制である。

主権は国民にあり，国民は基本的人権を保障される必要があるが，国家の恣意的行動によって自由を阻害されるおそれがある。そこで国家の行動を一定の範囲に規制するために[a]が求められるが，(1)権力分立制が十分確立していない場合，国民の統制の手をすりぬけて国家は強権化するおそれがある。事実，権力分立制は，ヨーロッパ近世の[b]主義時代に集権的権力が人権や自由の侵害を招いたことの認識を踏まえて成立した。

他方で，権力分立制は，国民の合意による政治という近代[c]主義の理念とは一線を画すともいえる。権力分立制はある意味，国民の統一的な意思が簡単には浮上しないようにする仕組みだということも可能だからである。以下ではもっとも基本的な権力分立の制度についてみていこう。

まず垂直的といってよい権力分立制として，連邦制がある。連邦制では国(連邦政府)と地方政府(州政府)は1つの主権のもとに結合しており，国民的な合意形成は，連邦制をとらない[d]国家よりも，より複雑なものになるだろう。アメリカ合衆国の場合，州の自治権が歴史的に広く認められるのは，イギリスに対し18世紀後半の[e]が13植民地(後の州)連合軍によって戦われたということが大きい。

一方，水平的な権力分立の典型が三権分立制である。三権分立制は，主権の機能的分担を行い，相互の抑制と均衡によって権力の独走を防ぐというところにそのねらいがあるが，それだけでなく(2)社会の少数者に対する「多数者の専制」の抑制にもねらいは及んでいる。

権力分立の思想的流れをみると，権力を立法権と執行権，同盟権に分け，さらにその上で立法権の優位を打ち出したのがイギリスの思想家［ f ］である。フランスの思想家［ g ］は権力を三権に，つまり立法・行政・司法の複数機関に分割することを唱え，現代の主流の三権分立制の原型となった。

このような三権分立制の思想のもっとも厳格な制度化はアメリカでなされた。アメリカの行政府の長は，議会との関係では，法律の執行のみ担当し議会への法案提出権も解散権もない。そのかわり，(3)もっと別の形で議会に対し影響を及ぼすための権限をもっている。

〔問１〕 文中の空欄［ a ］～［ g ］にもっとも適切と思われる語句や人名を入れなさい。

〔問２〕 下線部(1)について，以下の問い(イ)と(ロ)に答えなさい。

(イ) いくつかの社会主義国家では事実上，個人もしくは政党の独裁を敷き，権力分立制を否定する制度を採用している。これを一般に何というか。

(ロ) 今日この制度をとっている国を１つあげなさい。

〔問３〕 下線部(2)について，19世紀当時，多数者の専制について危惧したのはイギリスでいえば『自由論』の著者Ｊ・Ｓ・ミルであり，フランスでいえば『アメリカの民主主義』の著者であった。それは誰か。

〔問４〕 下線部(3)について，アメリカの行政府の長が議会に対し影響を及ぼすための権限とは，たとえばどういうものがあるか。２つあげなさい。

Ⅲ　次の文章を読み，次頁の統計を参照しながら，下記の問いに答えなさい。

国際収支統計によると，日本の輸出額，輸入額は，1996年以降，ほぼ一貫して増加している。これは，ヒト・モノ・カネが国境を越えて世界を自由に移動する経済の $\boxed{a}$ 化が進んだためである。サービス収支は一貫して赤字であるが，コロナ前まで，赤字額は縮小傾向であった。これは，外国人の訪日が増え，サービス収支の主要項目である旅行の収支が改善しているためである。一方，日本の貿易収支は多くの年で黒字となっているが， $\boxed{b}$ 年には，1996年以降で初めて貿易収支が赤字になった。その年には， $\boxed{c}$ が起こり，その影響で，原子力発電所が停止し，原油や $\boxed{d}$ の $\boxed{e}$ が増え，貿易収支が赤字になった。2020年には，新型コロナウイルス感染症の世界的な大流行が発生した。そのため，対日旅行客が激減し，サービス収支の赤字が再び増加した。2021年の貿易収支は， $\boxed{f}$ 兆円の $\boxed{g}$ であった。また，2021年の経常収支は， $\boxed{h}$ 兆円の $\boxed{i}$ であった。2022年２月には，ロシアがウクライナに侵攻し， $\boxed{d}$ などの価格が上がり， $\boxed{j}$ が増え，貿易収支が再び $\boxed{k}$ になることが懸念されている。

〔問１〕　文中の空欄 $\boxed{a}$ ～ $\boxed{d}$ ， $\boxed{f}$ ， $\boxed{h}$ に当てはまる適切な語句や数値を入れなさい。

〔問２〕　文中の空欄 $\boxed{e}$ ， $\boxed{g}$ ， $\boxed{i}$ ， $\boxed{j}$ ， $\boxed{k}$ について，もっとも適切な語句を下記から１つ選び，その記号を書きなさい。

ア　輸出　　　イ　輸入　　　ウ　黒字　　　エ　赤字

〔問３〕　第一次所得収支の黒字は，長期的に増加傾向にある。次の選択肢①～④のうち，その理由として，もっとも適切な選択肢を１つ選びなさい。

①　自動車や家電などの日本企業の製品が海外で多く売れるようになっているため。

②　日本企業の海外進出が進み，海外現地法人からの配当や利子の受け取りが増えているため。

③ 円安で，外資系企業が日本の株や不動産をより多く購入するようになっているため。

④ 中国やベトナムから日本への出稼ぎ労働者が増えているため。

暦年	輸出	輸入	サービス収支	第一次所得収支	第二次所得収支	資本移転等収支	金融収支
1996	43.0	34.0	−6.7	6.2	−1.0	−0.4	7.3
1997	48.9	36.5	−6.6	6.9	−1.1	−0.5	15.2
1998	48.3	32.2	−6.5	6.6	−1.1	−1.9	13.6
1999	45.3	31.1	−6.3	6.5	−1.4	−1.9	13.1
2000	49.0	36.3	−5.3	7.7	−1.1	−1.0	14.9
2001	46.0	37.2	−5.6	8.2	−1.0	−0.3	10.6
2002	48.9	36.8	−5.7	7.8	−0.6	−0.4	13.4
2003	51.3	38.9	−4.1	8.6	−0.9	−0.5	13.7
2004	57.7	43.3	−4.2	10.3	−0.9	−0.5	16.1
2005	63.0	51.2	−4.1	11.9	−0.8	−0.5	16.3
2006	72.0	61.0	−3.7	14.2	−1.2	−0.6	16.0
2007	80.0	65.8	−4.4	16.5	−1.4	−0.5	26.4
2008	77.6	71.8	−3.9	14.3	−1.4	−0.6	18.7
2009	51.1	45.7	−3.3	12.6	−1.2	−0.5	15.6
2010	64.4	54.9	−2.7	13.6	−1.1	−0.4	21.7
2011	63.0	63.3	−2.8	14.6	−1.1	0.0	12.6
2012	62.0	66.2	−3.8	14.0	−1.1	−0.1	4.2
2013	67.8	76.6	−3.5	17.7	−1.0	−0.7	−0.4
2014	74.1	84.5	−3.0	19.4	−2.0	−0.2	6.3
2015	75.3	76.2	−1.9	21.3	−2.0	−0.3	21.9
2016	69.1	63.6	−1.1	19.1	−2.1	−0.7	28.6
2017	77.3	72.3	−0.7	20.7	−2.1	−0.3	18.8
2018	81.2	80.1	−1.0	21.4	−2.0	−0.2	20.1
2019	75.8	75.6	−1.1	21.6	−1.4	−0.4	24.9
2020	67.3	64.5	−3.7	19.1	−2.6	−0.2	13.8
2021	82.3	80.6	−4.2	20.5	−2.4	−0.4	10.8

出所：財務省「国際収支統計」から抜粋。単位は兆円。
<https://www.mof.go.jp/policy/international_policy/reference/balance_of_payments/bpnet.htm>

Ⅳ 次の文章を読み，下記の問いに答えなさい。

日本の雇用慣行における特徴のひとつは，［ a ］制である。この制度は企業が従業員を定年まで雇用することを指し，日本の大企業を中心に行われてきた。また日本の大企業は，こうした雇用を前提とするとともに，勤続年数に応じて賃金や社内の地位が上がっていく［ b ］賃金という制度をとるようになった。これらの制度により，従業員は会社への帰属意識や勤労意欲を高め，日本企業の高いパフォーマンスを達成できたといわれる。さらに，欧米の産業別組合と違って，日本では［ c ］が組織されてきた。このことにより，石油危機時に，欧米では景気停滞と物価の持続的上昇が同時に起こる［ d ］に陥ったのに対して，日本では賃上げ要求を抑制し，物価上昇を一早く沈静化することができたといわれている。

しかし，1990年代初頭までの［ e ］景気が終わり，日本企業の雇用慣行も見直しを迫られるようになった。その理由のひとつは，1990年代以降，中国をはじめとする新興国の企業が低いコストを武器に台頭する一方で，日本の大企業は［ b ］賃金にもとづいた中高年層の高い賃金を維持することが難しくなってきたからである。多くの日本企業ではコスト削減のために既存の［ f ］雇用者をすぐに解雇することはできないため，新卒の［ f ］雇用者の採用を減らし，(1)低賃金で雇用調整が容易な［ g ］雇用者を増やすことで対応をはかってきた。しかし，［ f ］と［ g ］の雇用者の間で待遇が大きく異なることから，性別や雇用形態などに関係なく同じ業務に従事する労働者に同じ賃金水準を適用する［ h ］の導入が進められた。

また，1990年代以降，デジタル技術が進歩したことにより，世界的に既存の産業を再編・融合した新しい産業や業態が生まれ，商品のライフサイクルは短くなった。これまでの日本企業では，既存の組織内で昇進する人が多く，新しい産業や業態が生まれにくかった。これからは既存組織に欠けるスキルや知識を持つ人材を外部から採用することが必要である。その仕組みとして，(2)諸外国でみられるような，職務内容が事前に明示された［ i ］型の雇用が注目されている。この雇用形態は，日本企業に大きな変化をもたらすといわれる。

〔問1〕 文中の空欄［ a ］～［ i ］にもっとも適切な語句を入れなさい。

空欄 [d] と [i] は，カタカナで答えなさい。

〔問２〕 下線部(1)に関連して，以下のグラフのＢにあたる雇用形態を下記の選択肢①〜④のうちから１つ選びなさい。

① 契約社員・嘱託

② 労働者派遣事業所の派遣社員

③ パート・アルバイト

④ その他

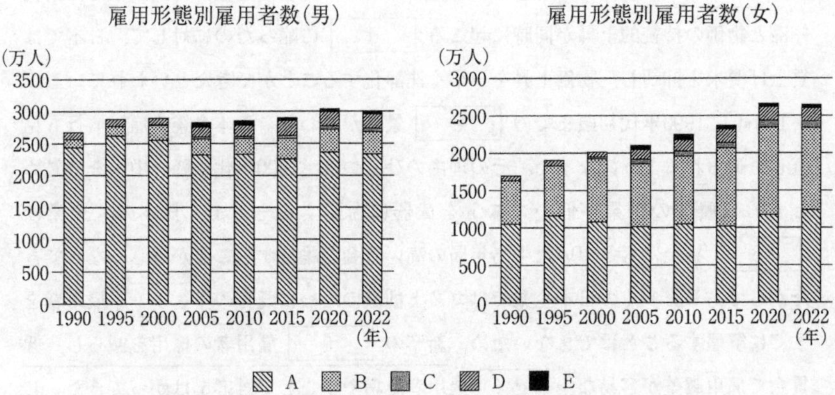

出所：総務省統計局「労働力調査」
<https://www.stat.go.jp/data/roudou/longtime/03roudou.html>

〔問３〕 下線部(2)に関連して，これまでの日本企業の雇用は欧米企業と比べてどのような特徴があったか，次の選択肢①〜④のうち，誤っている選択肢を１つ選びなさい。

① 日本企業では特定の職務に求められる学位や資格よりも，どのような職務に配置されても適応できる潜在能力が求められてきた。

② 日本企業は大学や高校を卒業した人を一括で採用することが多かった。

③ 雇用主は雇用するにあたって職務記述書を提示したうえで，どのような職務に従事するかを明確にして採用してきた。

④ 一つの会社のなかで，部署を異動させて，従業員にさまざまな職務を経験させてきた。

数学

（60分）

I　以下の空欄 $\boxed{\text{ア}}$ から $\boxed{\text{サ}}$ をうめなさい。

(1)　半径1の円を底面とする直円錐に球が内接しており，円錐の底面はその中心で球と接している。この円錐を回転軸を通る平面で切断したときにできる二等辺三角形の底角を θ とする。このとき，球の半径 r，円錐の体積 V，円錐の表面積 S は，θ を用いてそれぞれ $r=$ $\boxed{\text{ア}}$，$V=$ $\boxed{\text{イ}}$，$S=$ $\boxed{\text{ウ}}$ と表される。また，円錐の側面と球の表面とが共有する円の円周の長さは，θ を用いて $\boxed{\text{エ}}$ と表される。

(2)　さいころを3回投げ，出た目3つを3辺の長さとする三角形ができる確率を考える。このとき，正三角形ができる確率は $\boxed{\text{オ}}$，直角三角形ができる確率は $\boxed{\text{カ}}$，正三角形も含み二等辺三角形ができる確率は $\boxed{\text{キ}}$ である。これらを含み一般に三角形ができる確率は $\boxed{\text{ク}}$ である。

(3)　初項 $a_1=9$，漸化式 ${a_{n+1}}^3=3{a_n}^2$ で定義される数列 $\{a_n\}$ がある。ただし，すべての自然数 n に対して $a_n>0$ である。このとき，$b_n=\log_3 a_n$ とおくと，$\{b_n\}$ は初項 $b_1=$ $\boxed{\text{ケ}}$，漸化式 $\boxed{\text{コ}}$ の数列となる。よって，数列 $\{b_n\}$ の一般項が求まり，数列 $\{a_n\}$ の一般項 $a_n=$ $\boxed{\text{サ}}$ が得られる。

Ⅱ　$f(x)=(|x|-1)\,||x|-1|$ として，座標平面において関数 $y=f(x)$ のグラフを考える。点 $(0,\ -1)$ を通り，$x>1$ の範囲に位置する点Pで $y=f(x)$ のグラフと接する直線を ℓ とする。以下の問いに答えなさい。

(1)　直線 ℓ の方程式と点Pの座標を求めなさい。

(2)　$y=f(x)$ のグラフを図示しなさい。

(3)　点Pを通り x 軸に平行な直線と $y=f(x)$ のグラフとで囲まれた図形の面積を求めなさい。

④　涙をかわかした、ハンケチで、ふきて

⑤　涙をかわかしたハンケチで、ふきて

問六　本文前半（5行目「…もらひたし」まで）に示された筆者の「かけ言葉」に関する意見はどのように整理できるか。次の指示に従い、記述解答用紙のⅢ6に記せ。

筆者は「かけ言葉」の存続に［十字以内］。ただし、［十五字以内］。

① とりわけ ② 例外的に ③ 不思議なことに ④ 当然ながら ⑤ ことさらに

問二 空欄2には助動詞「べし」の活用形が入る。もっとも適切なものを次から選び、その数字をマークせよ（解答欄はマークシート [i]）。

① べき ② べから ③ べかり ④ べし ⑤ べけれ

問三 傍線部3の指摘通り、日本語には同音異字を用いた熟語が多数ある。いまその一例として「［カイ］柔策」をとりあげ、［カイ］を漢字に直すとき、それと同一の漢字を用いるものは次のうちどれか。ひとつを選び、その数字をマークせよ（解答欄はマークシート [j]）。

① 人質の［カイ］放 ② ［カイ］護保険 ③ ［カイ］顧録 ④ ［カイ］古趣味 ⑤ ［カイ］気祝い

問四 空欄4に入るもっとも適切な文を次から選び、その数字をマークせよ（解答欄はマークシート [k]）。

① 書を読まずして碁を打つなかれ
② 碁よりも書物を読みたし
③ 読書も囲碁も共にやめよ
④ 書を読むまでは囲碁をやめよ
⑤ 囲碁は読書にまされり

問五 空欄5に入る文としてもっとも適切なものを次から選び、その数字をマークせよ（解答欄はマークシート [l]）。

① 涙を、かわかしたハンケチでふきて
② 涙を、かわかした、ハンケチでふきて
③ 涙を、かわかした、ハンケチで、ふきて

Ⅲ　次の文章を読み、後の問に答えよ。

日本語はいふまでもなく活発勇壮の語に乏しく、其《その》代りに優美にしておとなしきは人の知る所なり。1就中《なかんづく》かけ言葉の如《ごと》きは日本語の特有性にて、省筆法にもなり(即《すなは》ち文章は短くして意味多き程面白いといふ意)またかけ具合にも巧拙ありて詩文小説などには欠く［2］ざる妙味なり。ある人はかけ言葉をいやしみてやめる方がよしといへども、そはかけ様《やう》の悪いものにいふべきこと也。決して廃すべきにあらざる也。注篁村翁《くわうそんをう》の文には処々《しよしよ》にむつかしく突然とかけ言葉を用ひて句調を崩せし処《ところ》多し。こは翁にも似合はざることにて、滑稽文の外はこんなことはやめてもらひたし。又日本文の弊害は3同音の字多きと(これはかけ言葉の起る源故《ゆゑ》文学にはよけれども、実際的に困ること多ければ間違ひやすき語だけは異音の字を用ゆる様にしたきもの也)動詞や形容詞のかかり処の不分明なる也。これは句読の法を厳密に定めて之《これ》に従ふ様になせば幾分か療治し得べし。「書物を読み碁《ご》を打つをやめよ」といふ言葉は［4］とも聞え、又は囲碁をやめて読書せよとも聞ゆ。されど前の方が通例の意味故、かく書きし言は前者を意味するとし、若《も》し後の様な意味を現はさんとならば「書を読みて碁を打つな」とか「碁を打つをやめて書を読め」とか書く様にしたし。又「涙をかわかしたハンケチでふきて」といふ文の「かわかした」といふ言葉は一寸《ちよつと》読みはじめには涙につきし詞《ことば》の様に覚ゆる故、読み直して後ハンケチにつきし言葉とする也。かくの如くにては不都合にもあり、且《か》つ文の味がぬける故箇様《かやう》な処は点を打つか間隙《げき》をおくかして「［5］」とか定めたきもの也。

(正岡子規「筆まかせ」明治二十二年　より)

注　篁村翁《くわうそんをう》　明治期に作家、評論家として活躍した饗庭《あえば》篁村《こうそん》を指す

問一　傍線部1「就中《なかんづく》」の意味としてもっとも適切なものを次から選び、その数字をマークせよ(解答欄はマークシート［h］)。

③　肉体が時として自分のものではないように思われるのと同様に、言語もまた自分の所有物ではないように思われる。

④　意味の多様化した今日では、異なる境遇にある人間同士のほうがかえって意思疎通を図りやすいという場合さえある。

⑤　価値の多様化した今日では、道具風言語観よりもことだま風言語観のほうが言語との関係がより悪化する恐れがある。

Ⅱ

次の1～8の(　　)内のカタカナを漢字に直し、9・10の(　　)内の漢字の読みをひらがなで記せ(記述解答用紙)。

1　(チュウショウ)的な議論はもうやめよう。

2　彼の小説は(ジョウチョ)的な表現が多すぎる。

3　見たこともない(ザンシン)なデザインに驚かされた。

4　念願の勝利に一同(カンキ)の声をあげた。

5　あなたの(キビン)な対応のおかげで大事にいたらずに済みました。

6　春秋時代の人、顔回は孔子の高(テイ)として知られている。

7　日本はいまなお核兵器禁止条約を(ヒジュン)していない。

8　(スンカ)を惜しんで吹奏楽の練習をする。

9　その意見は私には(首肯)しがたい。

10　チームを見事に(統率)する彼女の手腕は称賛に値する。

② 4A や　4B も
③ 4A の　4B へ
④ 4A が　4B が
⑤ 4A も　4B を

問五　空欄5に入るもっとも適切な語を次から選び、その数字をマークせよ（解答欄はマークシート e ）。

① 流動性　② 受動性　③ 不変性　④ 確実性　⑤ 暴力性

問六　空欄6に入るもっとも適切な文を次から選び、その数字をマークせよ（解答欄はマークシート f ）。

① あたりまえである
② ふしぎな意見ではある
③ たぶん本当だろう
④ これはこれでかまわない
⑤ はたしてそうだろうか

問七　傍線部7「おくればせの正常化」とあるが、筆者にとって言語との関係が正常でない状態とはどのような状態か。記述解答用紙のI7に、解答欄に即して十字以内で考えて記せ。

〔解答欄〕 私たちが □□□□□□□□□□ を持たない状態。

問八　本文の内容と合致するものを次からひとつ選び、その数字をマークせよ（解答欄はマークシート g ）。

① 人間がことばと無心につきあうことができた時代は終わりつつあるが、それは必ずしも悲観すべきことではない。
② 文化の危機が叫ばれる今日、私たちはことばへの素朴な信頼を取り戻すためにことばと本気でつきあう必要がある。

①　停滞　　②　浸透　　③　緊張　　④　不足　　⑤　安定

問二　空欄2に入るもっとも適切なものを次から選び、その数字をマークせよ（解答欄はマークシート b ）。

①　ことばにする手立てのない私たちのさまざまの思いや考え
②　ことばにした瞬間に私たちのものでなくなるさまざまの思いや考え
③　ことば以前に私たちの内部にあるらしいさまざまの思いや考え
④　ことば次第で白にも黒にも染まりうる私たちのさまざまの思いや考え
⑤　ことばとともに私たちの心に生じるさまざまの思いや考え

問三　傍線部3「ことだま風言語観もまたひそかな格別のハイ＝フィデリティーへの信頼の上に成立しているはずである」とあるが、そう考えられるのはなぜか。その理由としてもっとも適切なものを次から選び、その数字をマークせよ（解答欄はマークシート c ）。

①　ことばがすなわち事物を体現すると考えるためには、ことばの機能に対する信用が不可欠だから。
②　ことばの意味とは、ことばを用いる人々が抱く信仰心の強さに応じて形成されるものだから。
③　ことばが安定した形をしている時代の人々は、確たる信念をもって自分の思考を表現できるから。
④　ことばには魂がこもっており、その魂こそが私たちの相互的な信頼関係を築いているから。
⑤　ことばとそれが表す事物が同一のものであることについては、客観的な信憑《ぴょう》性があるから。

問四　空欄4A、4Bに入る助詞の組み合わせとしてもっとも適切なものを次から選び、その数字をマークせよ（解答欄はマークシート d ）。

①　4A　は　　4B　と

文化の危機を反映する言語の危機、という言いかたもある。が、考えかたによっては、言語とその意味に甘えるのをあきらめる好機と見えないこともない。ことばとのなれあいをやめて、ときにはことばとたわむれ、ときには喧嘩腰《けんかごし》で、つまり、言語と本気でつきあいはじめるいい機会ではないか。ことによると、ことばへの疑念によってはじめて私たちは本当に《健康な》言語感覚を回復することができるのかもしれない。

申し分なく健康な人は自分の肉体を意識しない、という意見がある。［6］。なるほど歯が痛くなるまで、朝昼晩、私たちは自分がどうやって食べ物を胃のほうへ送り込んでいたのか、考えてみたこともなかった。痛みだした歯は、どことなく自分のものではないように意識される。

というような比喩を言語に適用することはできない。言語（たとえば日本語）は、私たち以前に存在するという点で、また、すべての他人と共有のものであるという点で、元来、私たちの内部の〈他者〉である。だからこそ、歯とふざけ合うことはできなくても、私たちは言語と遊ぶことはできる。しかもそういう言語によらずには、私たちは考えることも語ることもできない。言語に対しては、むしろ、ふだんから、なかば〈他者〉として対することこそ健康な状態なのだ。

言語論が流行しているのではない。自覚的に言語に対する……という意味で、近年の言語への関心の高まりは流行ではなく、7おくればせの正常化なのだ。

（佐藤信夫「ことば」より）

注　ハイ＝フィデリティー　　高度な忠実さ

問一　空欄1に入るもっとも適切な語を次から選び、その数字をマークせよ（解答欄はマークシート［a］）。

しかし、近ごろ、価値の多様化ということがよく言われる。言われるだけならいいが、どうやら私たちを包みこんでいる文化が実際にそういう様相を深刻に示しはじめているようで、それは、なにも大形《おおぎょう》な思想についてばかりではなく、私たち庶民の日常生活にまでおよんでいる。

価値の多様化とは、すべてのものの（そしてとりわけ、ことばの）意味の多様化ということにほかならない。そう言えば、異質の境遇に別れて行った知人と数年ぶりで出会ったら、ことばの意味が通じにくくなっていた……というような当惑が、こともあろうに、しょっちゅう会っている人間同士のあいだにさえ生じやすくなっているらしいのだ。

ことばが不安定になったとは、言いかえれば、私たち［4A］ひとり一さつずつ脳味噌《のうみそ》のなかにもっている無形の国語辞典［4B］年じゅうせわしく改訂増補を強いられているということであり、うかうかしていると、知人関係どころか、きのうの自分ときょうの自分とで話がかみあわないということにもなりそうである。

ことばが妙に気になる時代だとも言える。むかしはことばを、空気のように、信じきって無視していることができた（実は、むかしも本当にことばがそれほど自然なものであったかどうか、あやしいものだけれど）が、こんにちの私たちにとっては、言語に対するA型の安心感もB型のそれもなりたたないようである。

A型の信頼が裏切られると、私たちはことばの［5］にかんしゃくをおこし、コンピュータのほうがましだなどと口走る。B型の信頼が挫折すると、あわててことば抜きの事実信仰へ向かって走り出す。どちらも逆上した失恋者のように、言語を憎悪することになりかねない。

しかし、ことばの否定、言語不信の行きつく先には、たぶん、悟りか暴力しかないのだ。しかも恐ろしいことに私たち凡人にとっては、悟りより暴力のほうがはるかに実用化が容易である！

国語

（六〇分）

I　次の文章を読み、後の問に答えよ。

ことばの意味がきわめて［1］していた時代には——ある同一の語句（たとえば「愛」でも「政治」でも、何でもいい）が、その均質な文化圏に生きるほとんどすべての人々に同じ思いを呼びおこす（はずだと期待しながら安心して暮らすことができそうだ）から——、

A：ことばはものごとをひたすら忠実に伝えるための媒体だとか、コミュニケーションの手段である……というような、のんきな言語観ばかりをいだいていても、あまりさしつかえは生じない。

B：そういう時代なら、逆に、ことばはおおむね事物そのものであると思いこんでいても、やはり別段の不都合はない。

Aのばあいには、［2］を、言語というしっかりした容器か衣装できれいに保護し、そつなく授受すればいいということになる。道具風言語観にしたがえば、思想の受け渡しには、こわれもの注意かハイ＝フィデリティー[注]がいちばんの教訓となる。

Bのばあいには、ことばというほとんど固形の、丈夫な形式のなかに思想や事実がこもっているわけだから、私たちが互いにいだく思いも、それに見合う安定した形をしているはずだと信ずることができる。[3]ことだま風言語観もまたひそかな格別のハイ＝フィデリティーへの信頼の上に成立しているはずである。

解答編

英語

1　**解答**　(a)―1　(b)―4　(c)―3　(d)―3　(e)―2

◆全　訳◆

≪SFが若者に与える力≫

SFやファンタジーを読むことは時間の無駄だというよくある考えに反して，そのようなジャンルを読むことは，新型コロナウイルス感染症の大流行を生き抜くストレスや不安に若者たちがうまく対処する手助けになるかもしれない。多くの人々はSFやファンタジーを「文学的」とは思わないかもしれないけれども，フィクションはどれも批判的思考能力と感情的知性を若い読者たちの中に生み出すことができると研究が示している。SFとファンタジーには独特の力があるのかもしれない。

歴史的に，SFを読む人には，現実に対処できないオタクというレッテルが貼られてきた。この認識は特に，ここ数十年にわたるこのジャンルの変化を知らない人々に根強い。そのような作品は人間の本当の問題を描いていないのでほとんど価値がないという固定観念もある。現実を正確に反映したものを読んだり見たりすることでしか若者たちは人間の問題に対処できるようにはならない，ということをこういった固定観念は前提としている。

しかしながら，SFとファンタジーを読むことは読者が世の中を理解するのに実際に役立つ可能性がある。創造的な物語に触れることは，現実に対処する読者の能力を制限するよりもむしろ，科学にもとづいた現実に関わる能力を発展させるかもしれない。

過去20年で若者たちの間で不安，うつ病，心の健康問題の割合がますます増加していることを考えると，若者たちは実世界の情報過多に苦しんでいるというのが事実なのかもしれない。今日の若者たちは，影響を与えたり変化をもたらしたりする力が彼らにはほとんどないであろう情報に無限にアクセスする。

SFとファンタジーは，深刻な社会的，政治的問題に関する説得力ある話をするために，現実そっくりなものを提供する必要がない。場面設定や登場人物が風変わりであるという事実が，まさにそういった物語が心を強く動かし，有益である理由なのかもしれない。

『ハリー・ポッター』シリーズや『ハンガー・ゲーム』シリーズには，若者がタイミングの良い今日的で重要な社会的，経済的，政治的問題に対処するものの，それが起こるのは非常になじみの薄い場所や時代においてである，という例がたくさんある。

このなじみの薄さが読者に，複雑性に対処し，想像力を使って社会的難題のさまざまな処理方法を検討する能力を与える。私たちを落ち着かない状況に身を置くことに心地よさを感じるようにしたり，不確実性を探ったり，自分の将来を掌握している若者たちを描写したりする物語の形式を使うこと以上に，この時代の不確実性に対処する良い方法があろうか。

SFの中では，若者たちは自分が生き残ったり，自分の問題を解決するための独自の手段を生み出すことを可能にするであろう教訓を学んだりしているのを見ることができる。このコロナ禍の，そして物理的に距離を保つ時代において，現実から若者たちを引き離すように思われる創造的な形式を若者たちが受け入れることを私たちは望まないかもしれない。しかし，こういった類の文学に促された批判的思考は，毎日の生活や現実が一般的には生み出さない強さや創造性を実際に生み出すかもしれない。

◀解　説▶

(a)「この文章の主な話題は，SFは…ということである」

1.「若者たちが実生活の問題に対処するのに役立つ可能性がある」

2.「多くの若者たちにストレスや不安を引き起こす」

3.「実生活を反映したものではないので，有益な類の文学ではない」

4.「現実的なので，若者たちに有益である」

第1段第1文後半（reading such genres…）で，SFを読むことは新型コロナウイルス感染症の大流行に伴うストレスや不安（といった実生活の問題）に対処する手助けになるかもしれないと述べられていることから正解は1。

(b)「SF に関する固定観念は何を示唆しているか」

1.「『ハリー・ポッター』と『ハンガー・ゲーム』は今日の若者たちにとって大きな価値がある」

2.「SF は非常におもしろいので，それを好まない人々はオタクと呼ばれるべきだ」

3.「SF は不安を取り除くのに役立つので，若者たちに適している」

4.「非現実的な題材を読むことでは若者たちは人生について学ぶことはできない」

SF に関する固定観念は第 2 段に述べられており，同段最終文（These stereotypes assume …）には，現実を反映したものを読むことでしか若者たちは人間の問題に対処できるようにならないという固定観念の前提が述べられている。つまり，非現実的なものを読んでいては人間の問題の対処方法がわからないということなので，正解は 4。

(c)「この文章によれば，若者たちにとっての『実世界の情報過多』とは，彼らが…ということを意味している」

1.「現実に関心がなく，今日の問題を無視するほうを好む」

2.「SF とファンタジーの映画や本に触れる機会が多すぎる」

3.「世の中の問題に関して多くを知るが，それらを変化させるには大したことができない」

4.「むしろ世の中の問題に関する現実的な物語を読みたがる」

「実世界の情報過多」が意味することは，その直後の第 4 段第 2 文（Young people today …）で説明されている。彼らは無限の情報を手にしてはいるものの，それを変える力はほとんどないと述べられていることから，正解は 3。

(d)「次のうちのどれが SF を読んだり鑑賞したりすることの 1 つの利点として挙げられていないか」

1.「不確実性に対処することにおける効用」

2.「社会的難題をうまく処理することにおける効用」

3.「学力に関する効用」

4.「批判的思考能力に関する効用」

第 7 段第 1 文（This unfamiliarity gives …）後半にある managing social challenges「社会的難題をうまく処理すること」が 2 に，同段第 2

文（What better way…）にある to deal with the uncertainty「不確実性に対処するため」が1に，最終段最終文（But the critical thinking…）にある the critical thinking…「批判的思考が…」が4にそれぞれ対応することから正解は3。

(e)「若者たちについて，筆者は次のどれに賛意を示すだろうか」

1.「彼らはSFを鑑賞しすぎれば，オタクになる」

2.「彼らはSFを楽しむよう勧められるべきだ」

3.「彼らはこの感染爆発が終息したあとに，SFを読むことを許されるべきではない」

4.「SFを読む人々は，現実に対処するのに役立つ能力が欠けている」

筆者は，第7段第2文（What better way…）で，反語と比較（What better way … than by … ?）を用いてSFの形式が最良だとし，最終段最終文（But the critical thinking…）で，SFに促された批判的思考の利点を述べていることから，SFを肯定的に捉えて勧めていることがわかる。したがって正解は2。

2 解答 (a)―2　(b)―4　(c)―3　(d)―3　(e)―2

◆全　訳◆

≪卒業後の仕事について≫

2人の友人が将来の仕事について話している。

アリア：こんにちは，ベン！　しばらく学校であなたを見かけなかったけど。すべてうまくいってたのよね。

ベン　：そうなんだ，ここ数週間は授業をいくつも欠席したからね。就職活動にとても忙しかったんだ。

アリア：その就職活動はどんな調子？

ベン　：それが，まだだめなんだ。今ちょっと心配しているよ。卒業までに仕事が見つからなければどうなるだろうかってね。

アリア：どんな会社に応募してきたの？

ベン　：あらゆる職種に応募してきたよ。報道機関，コンサルティング会社，マーケティング広告会社，物流会社。いくつか面接を受けて最善を尽くしたと思ったけど，まだ1つも合格できていないんだ。

君はどうなの？　君は就職活動をしていないのかい？　それとも，もうすでに見つかったとか？

アリア：私には別の計画があるわ。

ベン　：大学院？

アリア：いいえ，起業家になりたいの。

ベン　：え，何だって？

アリア：思うようにやるために自分自身の会社を立ち上げたいの。

ベン　：お金はどうするの？

アリア：ここ3年間でアルバイトでいくらかは貯めたわ。それに，両親が私に少し貸すのはかまわないって。

ベン　：でも自分の会社を立ち上げるのはやることがたくさんあるように思えるけど。リスクもあるでしょう？

アリア：そうよ。今年は事業計画に取り組んで，役に立つ助言をくれそうな人に会っているの。私の両親は会社を経営しているから私を手助けしてもくれそうよ。この計画にほんとうにわくわくしているわ。

ベン　：それはすばらしいね！　それなら僕を雇ってもらえないかな。

アリア：それについては断言できないけど，あなたはきっと何か見つかるわよ。

◀解　説▶

(a)「次のうちのどれがベンについて当てはまるか」

1.「彼は学業と就職活動をとてもうまく成し遂げることができている」

2.「彼はさまざまな分野の職業に応募している」

3.「彼は働きたいと思う会社にとてもこだわりがある」

4.「彼は自分の会社を立ち上げたいと思っている」

ベンは3番目の発言（I've applied …）であらゆる職種に応募してきたと述べていることから，正解は2。

(b)「本文によれば，ベンはなぜ不安なのか」

1.「いくつかの授業を欠席したから」

2.「勉強する時間がないから」

3.「就職面接での出来具合に満足していないから」

4.「自分は無職のままかもしれないと思っているから」

ベンが心配している様子は，彼の2番目の発言の第2文（I am a bit …）に表れている。その理由を第3文（What if…）で，卒業までに仕事が見つからなければどうなるだろうかと述べていることから，正解は4。

(c)「アリアは…ので仕事に応募していない」

1．「すでに雇われている」

2．「今のアルバイトを続ける予定である」

3．「会社を立ち上げたいと思っている」

4．「父親の会社に勤めることにしている」

ベンが3番目の発言の最後から2つ目の文（Aren't you …）で，就職活動をしているかどうかをアリアに尋ねたのに対し，アリアは4番目の発言（I have different plans.）で就職活動とは別の計画があると答えている。5番目の発言（No, I want to be …）で起業家になりたいと具体的に考えを述べ，続く6番目の発言（I want to start …）で起業家になるということは自分自身の会社を立ち上げることだとベンに説明していることから，正解は3。

(d)「アリアはなぜ異なる進路を選んだのか」

1．「彼女の両親がそうしなさいと強く勧めたから」

2．「就職面接にひとつも合格しなかったから」

3．「誰かのもとで働きたいとは思っていないから」

4．「起業家になることを勧めてくれるたくさんの人々に会ったから」

就職活動をせずに起業する目的として，アリアは6番目の発言の後半（so that I'll …）で，自分で思うようにやるためだと述べていることから，正解は3。アリアは8番目の発言の第2文（I am working on …）で助言をくれる人に会っていると述べているが，これは起業を決めてから助言を求めているということなので，4は誤り。

(e)「ベンは次のうちのどれをする可能性が高いか」

1．「彼は起業家になるだろう」

2．「彼は就職活動を続けるだろう」

3．「彼は大学院に進学するだろう」

4．「彼はアリアが事業計画を書く手伝いをするだろう」

ベンは最後の発言の第2文（Perhaps you can …）で，アリアに自分を雇うのはどうかと提案しているが，アリアは続く最後の発言（I'm not sure…）でやんわりと断り，ベンが仕事を見つけることを期待している。したがって，正解は2。

3 **解答例** 川瀬教授チームによると，音楽を聞きながら何かをすると，その音楽が集中力や効率に悪影響を与える可能性があるということである。彼らは被験者の右耳に単純な音や音楽を流しながら，左耳に出力した聴覚刺激にボタンを押して反応させる実験を行った。単純な音では影響はなかったが，音楽では音量に関係なく刺激への反応が遅れたことから，音楽が注意をそらしたのだと彼らは考えている。(150～180 字)

◆全　訳◆

≪音楽が注意力に及ぼす悪影響≫

音楽を聞くことは勉強中や車の運転中にリラックスしたり単に気分を良くしたりする完璧な方法だということには，おそらくほとんどの人が賛意を示すだろう。しかし，今やある科学者チームが警鐘を鳴らしている。大音量で，それどころか小さな音量であっても，音楽を鳴らしてくつろぐことは，勉強したり慎重に車を運転したりする人の能力に悪い影響を与えると彼らは語る。「車を運転したり，勉強したり，あるいは，注意を要する他の作業をしたりしながら音楽を聞くことは，たとえそれが大きな音で再生されていなくても，集中力や能率が低下するという結果になりかねない」とチームの一員は語った。

東北大学大学院医工学研究科の生理学教授，川瀬哲明氏とその同僚は，人々が音楽を聞いている間に，その人たちに対する実験を行った。参加者は左右の耳で別々の音が再生されるヘッドフォンを着用した。右耳で単純な音やジャズピアノの曲が再生される間に，左耳で聴覚刺激が聞こえるごとにボタンを押すよう彼らは求められた。彼らの脳波は脳磁図として知られる方法によって調べられた。

右耳で単純な音を聞くことは結果にほとんど影響しなかったが，ジャズを聞くことは音量に関係なく反応を妨げた。このことによって，参加者がボタンを押す時間にわずかな遅れが生じたのだ。川瀬教授のチームによれば，この結果は音楽が参加者の注意を聴覚刺激からそらしたという事実が原因のようだ。

◀解 説▶

本文は3段落で構成されており，第1段で(1)川瀬教授チームの見解，第2段で(2)実験の概要，最終段で(3)実験の結果を述べているので，設問に従い各段落を順にまとめる。なお，最終段最終文（According to …）で実験結果を踏まえて同教授のチームが推察した，音楽が人の能力に悪影響を与える原因もまとめの中に含めるとよい。

4 **解答例** I remember the day when I was heading for a bus stop in a strange city far from my hometown. I noticed on the way that the battery of my smartphone was dead, which meant I was lost and had nothing to rely on. I was busy looking around, when a man came to me. He was speaking, but I didn't understand him because of his dialect. Then he started to search for someone. Few minutes later, he disappeared into the crowd right after he found me a woman who could communicate with me and would help me. I missed the chance to say thank you to him.

I did learn that there are people who are willing to help others even though the help may take some time and effort. The next time I come across a person in trouble, I will do what the man did for me. （100～150語程度）

◀解 説▶

具体例を挙げながら「あなたが困っているときに助けてくれた人のことについて書き，その経験から学んだことを説明しなさい」という指示である。〔解答例〕では，自分が道に迷ったときに手助けをしてくれた男性のことを挙げ，次の段落では，世の中には苦労をいとわず他人を助ける人がいることを学んだとし，今後は困った状況にある人に出会ったら，自分も同じように助けるつもりでいると述べている。

日本史

1

解答　問a．③　問b．③　問c．①　問d．①　問e．①
問f．②　問g．③　問h．④　問i．④　問j．②

◀解　説▶

≪古代の祭祀・信仰≫

問a．③正解。大王家の祖先神を祀る神社は，伊勢神宮である。皇大神宮（内宮）で，大王家の祖先神とされる天照大神を祀る。

問c．史料は『古事記』の序文である。

ア．正文。天武天皇の時代に国史編纂事業が開始され，元明天皇の時代に『古事記』が完成した。

イ．正文。天武天皇は諸家に伝わる「帝紀」「旧辞」に誤りが多いことを指摘し，稗田阿礼に「旧辞」などを読誦させた。元明天皇は，稗田阿礼が天武天皇の命によって読誦した「旧辞」を選んで記録するように命じ，太安万侶が筆録した。

問d．①正解。天皇の即位にあたって大嘗祭が行われた。大嘗祭とは，天皇の即位後，最初に行われる大規模な新嘗祭のことである。

問e．①正文。太政官には国政を審議する太政大臣・左右大臣・大納言の下に事務機関である少納言局，執行機関である左右弁官局が置かれ，諸官庁を統制しながら政策を実現した。

②誤文。八省は太政官の下で行政事務を執行した。

③誤文。勘解由使は地方行政を監査するために設置された令外官である。また，9世紀に令外官である検非違使が設置されると，京職の権限が縮小した。

④誤文。大宰府は西海道諸国の統括などを職務とした。

問f．ア．正文。神宮寺の建立や神前読経などは神仏習合の所産である。

イ．誤文。弘仁・貞観文化の時期には一木造の彫刻技法が流行し，薬師寺僧形八幡神像も一木造でつくられている。

問g．ア．誤文。京都の教王護国寺は真言宗の拠点である。

エ．誤文。空海が最澄に送った書状は「風信帖」である。

問h．④正解。菅原道真は藤原時平の策謀によって大宰権帥として大宰府に左遷され，非業の死を遂げた。その後，御霊信仰の普及の中で菅原道真を天神としてまつる北野神社（北野天満宮）がつくられ，天神信仰が全国へ広がった。

問i．④正解。度会家行によって伊勢神道が大成された。度会家行は伊勢外宮の神官だったこともあり，外宮の地位引き上げをはかった。著書に伊勢神道の思想を集大成した『類聚神祇本源』がある。①の唯一神道は吉田兼倶，②の垂加神道は山崎闇斎，③の復古神道は平田篤胤が唱えた。

2 解答

問a．②　問b．④　問c．①　問d．②　問e．②
問f．③　問g．①　問h．③　問i．③　問j．④

◀解　説▶

≪江戸時代の学者・思想家≫

問a．②正文。中江藤樹は日本陽明学の祖とされる。初め朱子学を学んだが，王陽明の実践主義に出合って開眼し，「近江聖人」と呼ばれた。
①誤文。近世朱子学の祖で京学派を形成し，徳川家康に進講したのは藤原惺窩である。
③誤文。南学派の儒学者で，土佐藩の家老として藩政改革に尽力したのは野中兼山である。
④誤文。古学派の儒学者で，武士の日常道徳として儒学を位置づけたのは山鹿素行である。

問c．①正解。熊沢蕃山は『大学或問』を著し，重農主義の立場から武士の帰農などを説き幕政を批判した。②の『聖教要録』は山鹿素行，③の『政談』は荻生徂徠，④の『玉くしげ』は本居宣長が著した。

問d．ア．正文。町奉行に任命された大岡忠相を中心に江戸の都市政策が進められ，広小路・火除地などの防火施設を設け，町方独自の町火消を組織させた。また，貧民救済のために小石川養生所を設置するなどした。
イ．誤文。人足寄場を設けたのは，老中松平定信を中心とする寛政の改革の時期である。

問e．②正解。青木昆陽は甘藷（サツマイモ）の栽培法を『蕃藷考』に著し，甘藷先生と呼ばれた。

問g．①正解。『解体新書』の刊行は安永3（1774）年である。正確な元号や西暦年を知らなくても，宝暦・天明期（田沼政治期）の文化に該当することを知っていれば，寛政・享保・天保を除いて消去法で選べる。

問ｉ．史料は林子平の『海国兵談』である。

ア．誤文。史料中の「石火矢」とは大砲のことである。また，反射炉を最初に築いたのは佐賀藩である。

イ．正文。長崎に限定した海防体制を批判し，江戸湾の防衛を主張している。

問ｊ．④正文。林子平は寛政の改革が行われていた 18 世紀後半（1791 年）に『海国兵談』を刊行したが，翌年，世間をまどわせたとして幕府が版木を没収した。1792 年，ラクスマンが根室に来航したことによってその価値が見直された。

①誤文。アメリカ商船モリソン号が漂流民の送還のために来航し，幕府が砲撃する事件が起きたのは 19 世紀（1837 年）である。

②誤文。イギリス軍艦フェートン号がオランダ船の拿捕をねらって長崎に侵入し，食料などを強奪したのは 19 世紀（1808 年）である。

③誤文。アメリカ東インド艦隊司令長官ビッドルが浦賀に来航し，日本に対して通商を求めたのは 19 世紀（1846 年）である。

3　解答

問１．石井・ランシング協定　問２．米騒動

問３．⑴与謝野晶子　⑵市川房枝　⑶全国水平社

問４．⑴友愛会　⑵日本農民組合

問５．⑴経済安定九原則　⑵360　⑶シャウプ

問６．過度経済力集中排除法

問７．⑴教育委員会　⑵大岡昇平

◀解　説▶

≪第一次世界大戦勃発後の変化，占領下の日本≫

問１．第一次世界大戦中に日本とアメリカが交わした協定は，石井・ランシング協定である。アメリカは日本の中国進出を警戒しており，第一次世界大戦参戦にあたって太平洋方面の安定を確保する必要があった。これにより，中国における日本の特殊権益をアメリカが認め，日本は中国における領土保全・門戸開放の原則を受け入れた。1917 年に日米間で交わされたこの協定は，ワシントン会議で九カ国条約が成立したのを機に廃棄され

た。

問3．⑴母性保護論争では，主に平塚らいてうと与謝野晶子の間で論争が行われた。母性の社会的保護を唱える平塚らいてうに対し，与謝野晶子は女性の経済的自立を唱えた。社会主義者の山川菊栄らも論争に参加した。

⑵新婦人協会の設立に参加し，のちに婦人参政権獲得期成同盟会の委員長となった人物は，市川房枝である。新婦人協会は女性の政治活動を禁じた治安警察法第5条の撤廃請願を展開し，1922年に一部改正に成功している。

⑶西光万吉らにより設立された，被差別民の差別解消をめざす団体は，全国水平社である。日中戦争の時期に活動を停止するが，戦後の1946年に部落解放全国委員会として復活し，1955年に部落解放同盟と改称した。

問5．⑴1948年，GHQは第2次吉田茂内閣に対して，均衡予算・徴税強化などの経済安定九原則の実行を要求した。翌年，GHQ経済顧問のドッジは，経済安定九原則にもとづき財政赤字を許さない予算を政府に作成させた（ドッジ＝ライン）。

⑵物価安定のため，政府の補助金は廃止され，戦前と比べて大幅な円安となる1ドル＝360円に固定した単一為替レートが1949年に設定され，輸出振興がめざされた。

⑶税収増をめざし，シャウプを代表とする使節団の勧告で，直接税に重点を置く税制改革が実施され，インフレがくいとめられて経済復興の基礎がととのった。

問6．1947年に制定され，巨大独占企業の分割をめざした法律は，過度経済力集中排除法である。325社が指定されたが，実際に分割されたのは日本製鉄・三菱重工業など11社のみであった。

問7．⑴1948年，教育行政の地方分権化をはかることをめざし，都道府県・市町村に公選制の教育委員会が設置された。第3次鳩山一郎内閣は1956年に新教育委員会法を公布し，教育委員を公選制から任命制とし，教育委員会の権限も縮小した。

⑵戦記文学である『俘虜記』は大岡昇平の作品であり，フィリピンでの戦争・捕虜体験が描かれている。大岡昇平は他にも『野火』『レイテ戦記』などの戦記文学を残し，高い評価を得た。

世界史

I 解答　A．カボット〔カボット父子〕　B．カナダ
C．アンリ4世　D．ルイジアナ
E．スペイン継承（アン女王も可）　F．ユトレヒト　G．ハドソン
H．七年　I．1754　J．1763　K．穀物法
問1．トスカネリ　問2．ランカスター家，ヨーク家
問3．(a)ユグノー戦争　(b)カトリーヌ＝ド＝メディシス　(c)ヴァロワ朝
問4．コブデン　問5．リッチモンド　問6．ウェストミンスター憲章

◀解　説▶

≪北アメリカ大陸をめぐるイギリスとフランス≫

A．カボット父子はジェノヴァ出身の航海者で，コロンブスの成功に刺激されてともに航海を行い，ヘンリ7世の時代にニューファンドランドなどに到達した。子はヘンリ8世の時代にハドソン湾に達している。

C．アンリ4世は，ナントの王令（1598年）によってユグノー戦争を終結させた。また，彼の治世下で1604年に東インド会社が設立されている。

D．ミシシッピ川流域は，ラ＝サールが探検した当時のフランス国王ルイ14世にちなんでルイジアナと名づけられた。

E・F．ヨーロッパにおけるスペイン継承戦争は北アメリカではアン女王戦争として戦われ，1713年のユトレヒト条約によって終結した。

問2．イギリスはフランスとの百年戦争後，ランカスター家とヨーク家による内乱が起こった。これをバラ戦争と呼ぶ。ランカスター家のヘンリ7世が勝利してテューダー朝を創始している。

問3．(a)1598年のナントの王令によってユグノーに大幅な信教の自由が与えられた。

(c)ヴァロワ朝は1328年にフィリップ6世から始まり，1589年のアンリ3世の暗殺によって断絶した。

問4．コブデンはブライトとともに，マンチェスターに本部に置く反穀物法同盟に参加し自由貿易の推進を主張した。

問5．アメリカ連合国は，ジェファソン＝デヴィスが大統領に就任し，ヴ

ァージニア州のリッチモンドを首都とした。

II **解答**　A―(あ)　B―(く)　C―(す)　D―(さ)　E―(う)　F―(し)
G―(け)　H―(き)　I―(こ)　J―(お)　K―(か)　L―(え)
M―(い)

ア．ロシア　イ．モロッコ

問1．グリム兄弟　問2．ヴァーグナー　問3．マルクス

問4．パン＝ゲルマン主義　問5．ベルンシュタイン

◀解　説▶

≪1815年から1915年までのドイツ史≫

A．(あ)学生組合（ブルシェンシャフト）は自由とドイツの統一を求めて結成されたが，メッテルニヒによって弾圧された。

C．(す)フランクフルト国民議会では，ドイツ統一方式をめぐってオーストリアを含める大ドイツ主義と含めない小ドイツ主義が対立した。1849年に小ドイツ主義によるドイツ帝国憲法が制定されたが，プロイセン国王がドイツ皇帝就任を拒否したことからドイツ統一は失敗し，翌1850年にプロイセンは保守的なプロイセン欽定憲法を制定している。

D．(さ)ユンカー出身のビスマルクはプロイセン首相に就任すると鉄血政策と呼ばれる軍備拡張政策を推進した。

E．(う)プロイセン＝オーストリア戦争に勝利したプロイセンは，ドイツ連邦に代わりプロイセンを盟主とする北ドイツ連邦を結成した。

G．(け)ヴィルヘルム1世が狙撃される事件が起きたことを口実に，ビスマルクは社会主義者鎮圧法を制定した。

I．(こ)ロシアとの再保障条約更新や社会主義者鎮圧法延長をめぐってヴィルヘルム2世と対立したビスマルクは1890年に宰相を辞職した。

K．(か)ビスマルクが帝国宰相を辞職した1890年に社会主義者鎮圧法が廃止されると，ドイツ社会民主党が台頭して1912年に帝国議会選挙で第1党となった。

L．(え)オーストリア＝ハンガリー帝国の帝位継承者夫妻が暗殺されるサライェヴォ事件が起きると，オーストリアはセルビアに宣戦を布告し，第一次世界大戦が勃発した。

問1．グリム兄弟はゲルマン神話や民話を収集して『グリム童話』を編集

したことで知られる。

Ⅲ 解答

A．UNESCO　B．アンコール＝ワット　C．フランス
D．シハヌーク　E．国際司法裁判所

◀解　説▶

≪カンボジアの世界遺産≫

A．UNESCOは1946年に設立された国際連合の専門機関でパリに本部を置いた。

C．フランスはベトナムの植民地化を進める過程で1863年にカンボジアを保護国とし，その後1887年にフランス領インドシナ連邦を成立させた。

E．国際連合の専門機関である国際司法裁判所は，国際連盟の常設国際司法裁判所を受け継いでオランダのハーグに設置された。

Ⅳ 解答

A．744　B．安禄山　C．ソグド　D．アッバース
E．吐蕃

◀解　説▶

≪安史の乱とウイグル≫

B．安禄山は玄宗の妃である楊貴妃に取り入ったが，楊貴妃の一族である宰相の楊国忠と対立し，安史の乱が発生した。

E．吐蕃は7世紀にソンツェン＝ガンポが建国し，唐の制度を取り入れながら発展した。

地理

I

解答

(1)1－う　2．アグリビジネス

(2)1－う　2－あ　3．1)－A　2)－G

4．米。季節風によって稲の生育に必要な夏の高温と豊富な降水量がもたらされるという特徴。(40字程度)

5－イ　6．カカオ豆：D　綿花：A　7．1)ブラジル　2)－う

8．労働時間に対する収量が人力より大きい高い労働生産性が長所だが，大量に消費する化石燃料の価格変動の影響を受けることや環境負荷が短所。(60字程度)

◀解　説▶

≪農　業≫

(1)1．あ．チューネンは中心都市を取り巻く農地における土地利用と地代に関する農業立地論を提唱した。

い．ケッペンは主要な植生分布に着目し気候区分を考案した。

え．リンネは植物の分類法を提唱し，のちに動植物を属名と種名で表す二名法を確立した。

(2)1．う．正文。

あ．誤文。園芸農業は一般的に，収穫された野菜・果樹・花卉の鮮度を保つため，輸送時間が短くなる消費地の近郊で行われる。

い．誤文。混合農業とは，主穀と飼料作物を輪作により栽培し，家畜飼育と組み合わせた農業である。

え．誤文。粗放的定住農業は焼畑農業に比べ定着性を強めた畑作農業で，耕地は一定の場所で行われる。

2．あ．正文。

い．誤文。遊牧は，おもに乾燥地域や寒冷地域，高山地域のように農作物の生産に不適な地域で行われ，年降水量1,000mm以上の湿潤地域ではほとんどみられない。

う．誤文。伝統的な焼畑農業では，長期間耕作を放棄して植生を回復させてから小規模に火を入れて整地し耕作を営んできたため，自然環境にかか

る負荷が小さく，持続可能な農業を営んできた。

え．誤文。アジア諸国は人口が多く，主食となる穀物消費量が多いため，米だけでなく小麦やとうもろこしも自家消費や国内流通が主である。

3．1）3大穀物の生産に占めるとうもろこしの比重が大きく，また地域別の生産量も最も多いAは，飼料用とうもろこしが大量に消費される北・中央アメリカである。3大穀物の生産に占める小麦の比重が大きいCは，小麦栽培に適した冷涼地域が広がり主食としての消費が多いヨーロッパである。B・Dはともに主食として消費されるとうもろこしの生産量が多く，Dはとうもろこしの原産地の1つでありBより生産量が多い南アメリカ，Bはアフリカである。

2）一般的に農民1人当たりの農地面積は旧大陸より新大陸の方が広く，さらに新大陸でもオーストラリアは突出して広い。農民1人当たりの農地面積が1000haを超えるHはオーストラリア，100haを超えるGはアメリカ合衆国である。E・Fのうち，氷食を受けたやせ地が広がり穀物栽培が困難で牧場・牧草地の割合が高いEは高緯度に位置するアイルランド，混合農業や小麦の大規模栽培がさかんで牧場・牧草地の割合が低いFはフランスである。

4．稲の生育には高い気温と多量の水が必要で，特に植え付け時期には豊富な灌漑用水を必要とする。東アジアから東南アジアや南アジア（モンスーンアジア）では，夏に海から陸に向かって吹く暖かく湿った季節風が大量の降水をもたらし，この地域の稲作を支えている。

5．大麦は寒冷・乾燥に強く，高緯度に位置するロシア・カナダでの生産量が多いAである。ジャガイモはイモ類のうち最も生産量が多く，世界の広い地域で主食にもなっており，人口が多い中国・インドでの生産量が多いCである。ぶどうは地中海性気候下での栽培に適し，ほとんどがワインに利用され，イタリア・スペイン・フランスでの生産量が多いBである。

6．カカオ豆は高温多湿な地域で栽培されるので，特にギニア湾岸のコートジボワールやガーナでの生産量が多いDである。綿花は綿工業のさかんな中国やインド，パキスタンなどで生産量が多いAである。バナナは熱帯ではイモ類と並ぶ重要な食料なので，人口が多いインドや中国で生産量が多いCである。コーヒー豆は年平均気温20℃ほどの地域で雨季と乾季がみられる地域で栽培されるので，ブラジルやベトナムで生産量が多いBである。

7．2)う．正文。

あ．誤文。遺伝子組み換え作物の栽培は大豆・とうもろこし・綿・なたねの4種が中心である。

い．誤文。EU諸国では遺伝子組み換え作物に対する規制が厳しく，2種類の遺伝子組み換え作物しか承認されておらず，またスペインとポルトガルにおいてのみ栽培されている。

え．誤文。遺伝子組み換え作物の栽培面積は増加傾向にはあるが，栽培作物の品種は大豆・とうもろこし・綿・なたねの4種が中心で，大幅に増加してはいない。

8．アメリカ合衆国では，広大な土地で大型農業機械を使い，少ない労働者で耕作するため労働生産性は極めて高く，国際競争力がある。一方で，農業機械の使用により大量の化石燃料が消費されると二酸化炭素の排出量が増加し，地球温暖化に影響を及ぼすなど環境負荷が大きくなることが問題となっている。

Ⅱ　解答

(1)a－い　b．ゴールドラッシュ

(2)1．建造物：オペラハウス　都市名：シドニー

2．1)－X　2)サトウキビ

3．1)オーストラリア：A　フランス：D　2)－い

4．長期間の侵食から取り残された巨大な一枚岩の残丘で，先住民アボリジニの聖地として伝統的な生活が営まれてきたこと。(50字程度)

5．1)－A　2)A．羊　飼育地域：Y

6．旧宗主国イギリスのEC加盟を契機に両国間の貿易量が減少し，アジア・太平洋諸国との経済的な結びつきを強めようとしたから。(60字程度)

◀解　説▶

≪オーストラリアの地誌≫

(2)2．1)図2中の地点Aはシドニー，地点Bはパース，地点Cはダーウィンである。図3の雨温図Zは，気温の年較差が小さく最寒月平均気温が18度以上となる熱帯に属し，最も低緯度に位置する地点Cに該当する。雨温図X・Yのうち，雨温図Yは，夏季に乾燥する地中海性気候に属し，

中緯度の大陸西岸に位置する地点Bに該当する。雨温図Xは，温暖湿潤気候に属し，中緯度の大陸東岸に位置する地点Aに該当する。

3．1)原子力発電はエネルギー資源に乏しい先進国でさかんで，C・Dはドイツ・フランスのいずれか，A・Bは南アフリカ・オーストラリアのいずれかである。特にフランスは原子力に発電の大部分を依存していることから，Dがフランス，Cがドイツである。Aはウランの埋蔵量世界1位のオーストラリア，残るBは南アフリカである。

2)すず鉱は中国から東南アジア，南アメリカに広く埋蔵し，ボーキサイトは熱帯・亜熱帯の高温多湿地域に多く埋蔵しており，Xがすず鉱，Yがボーキサイトである。北部の低緯度地方が熱帯に属し，ボーキサイトの埋蔵量が世界2位のBがオーストラリア，Aが中国である。

4．ウルルは長期間の侵食から取り残された世界で2番目に大きな一枚岩の残丘で，自然と文化の双方に顕著な普遍的価値が認められた数少ない複合遺産である。世界遺産に登録された1987年当初は自然遺産であったが，オーストラリアの先住民アボリジニの聖地として伝統的な生活が営まれてきたという文化面の評価も加えられ，1994年に複合遺産として拡大登録された。

5．1)小麦の自給率が200％を超えるA・Dは小麦の栽培に適する乾燥地域が広がるオーストラリア・カナダのいずれか，B・Cはインド・ブラジルのいずれかである。また，大豆は家畜の飼料となり南北アメリカ大陸での生産量が多いことから，A・Dのうち大豆の自給率が高いDはカナダ，Aはオーストラリアで，B・Cのうち大豆の自給率が高いCはブラジル，Bはインドである。

2)図6の北部のサバナ地域から内陸部の半乾燥地域を含むXでは牛の放牧，比較的降水量の多い都市近郊から内陸部の乾燥地域を含むYでは羊の放牧が行われており，これを手がかりに表2のA・Bを判定する。Bより貿易量が少なく，オーストラリア・ニュージーランドの世界全体に占める輸出量の割合が高いAは羊肉，Bは牛肉である。

6．オーストラリアは，1960年までは旧宗主国であるイギリスとの結びつきが強かったが，1973年にイギリスがヨーロッパ共同体（EC）に加盟した前後から関係が薄れて両国間の貿易量は減少し，日本やアメリカ合衆国との関係が強まった。そのような中で，1989年にオーストラリアの働きかけによりアジア・太平洋諸国との経済的な結合を強化することを目的にアジア太平洋経済協力会議（APEC）が設立され，2000年代以降は中国との経済的結びつきが強まっている。

III 解答

(1)1―う　2―カ　(2)―あ　(3)1―い　2―あ

(4)5つの湖の塩分濃度が異なり，生息範囲が限られた貴重な固有の魚類や多様な魚類が分布する重要な湿地であるから。(50字程度)

◀解　説▶

≪福井県美浜町・若狭町の地形図読図≫

(1)1．A岳（梅丈岳）の山頂の標高は約400m，X地点の標高は約100mであるから，標高差は400m－100m＝300mとなる。

2．Yの湖は写真内でXの左側に見えるので，A岳の山頂から見るとXの東側に位置する菅湖である。よって，Zの地点にある施設はXと菅湖の間の延長上に見られる道の駅である。

(2)BC間の中央は水域にあたるため，うの断面図は不適である。また，BC間の中央よりB寄りに連続した陸地が2カ所，C寄りに連続した陸地が1カ所あるため，い・えの断面図は不適であり，あの断面図が該当する。

(3)1．三方湖周辺の斜面には果樹園（⚲）の地図記号が見られ，選択肢の中では，い．ウメがあてはまる。

2．あ．誤文。三方湖にそそぐ川の河口部に見られる🏛の地図記号は博物館である。

(4)三方五湖は5つの湖の塩分濃度が淡水・海水・汽水とそれぞれ異なっていることから多様な魚類が生息し，また，コイ科を中心とした生息範囲が限られた貴重な固有の魚類が生息している湿地となっている。このような湿地としての重要性が国際的な基準に合致すると認められ，2005年にラムサール条約に登録された。

政治・経済

I 解答

〔問1〕a．法律　b．内閣総理大臣　c．国務大臣　d．衆議院　e．内閣不信任決議案　f．総辞職　g．政令　h．天下り　i．国家公務員倫理法

〔問2〕閣議

〔問3〕(イ)議院内閣制〔責任内閣制〕　(ロ)大統領制

〔問4〕内閣法制局

◀解　説▶

≪内　閣≫

〔問1〕i．「国家公務員倫理法」では，職員の職務に利害関係のある者からの贈与を禁止・制限することなどが定められている。

〔問2〕「閣議」とは，内閣が政治方針を決める会議のことである。原則非公開で行われ，議決は全会一致制をとっている。

〔問3〕(ロ)アメリカの大統領は議会議員を兼職できず，国民に対して直接責任を負う。議会に対しては，教書の送付権と法案の拒否権を持つが，解散権はなく，権力は厳格に分立している。

〔問4〕「内閣法制局」は，法制的な面から内閣を直接補佐する機関で，法律問題に関し内閣総理大臣等に意見を述べる事務（意見事務）と，法律案・政令案および条約案を審査するという事務（審査事務）を担っている。

II 解答

〔問1〕a．法の支配　b．絶対　c．民主　d．単一　e．アメリカ独立戦争　f．ロック　g．モンテスキュー

〔問2〕(イ)権力集中制　(ロ)中国

〔問3〕トクヴィル

〔問4〕教書の送付権，法案の拒否権

◀解　説▶

≪近代政治の基本原理≫

〔問1〕a．「法の支配」とは，権力者の恣意的な支配（人の支配）を否定

し，為政者も国民も法によって拘束されるという考え方のことである。

f.「ロック」は権力を立法・執行・同盟権に分け，そのうち立法の優位を主張し，名誉革命に影響を与えた。

g.「モンテスキュー」はロックの権力分立論を発展させ，立法・司法・行政の三権は抑制と均衡を保つべきと主張した。

〔問2〕(イ)「権力集中制」は，権力集中体制と表現されたり，場合によっては民主集中制という表現が用いられる場合もある。

(ロ)〔解答〕では中国を挙げた。1980年代以降権力集中制が崩壊する国が多い中，現在でも権力集中制が続く国の1つである。

〔問4〕アメリカの大統領は議会への法案提出権を持たないが，国政全般についての報告や法案・予算の審議を勧告する文書である教書を議会へ送付することができる。また，アメリカの大統領は議会が可決した法案を拒否することができるが，上下両院が出席議員のそれぞれ3分の2以上の多数で再可決すると成立する。

Ⅲ 解答

〔問1〕a．グローバル　b．2011

c．東日本大震災

d．天然ガス〔液化天然ガス・LNG〕　f．1.7　h．15.6

〔問2〕e―イ　g―ウ　i―ウ　j―イ　k―エ

〔問3〕②

◀解　説▶

≪日本の国際収支≫

〔問1〕b．表から，2011年の貿易収支は，輸出が63兆円，輸入が63.3兆円であり，0.3兆円の貿易赤字とわかる。

f．表から，2021年の貿易収支は，輸出が82.3兆円，輸入が80.6兆円であり，1.7兆円の貿易黒字になっていることがわかる。

h．経常収支は，貿易収支（輸出－輸入）＋サービス収支＋第一次所得収支＋第二次所得収支で求められる。表から，2021年の経常収支は（82.3－80.6）＋（－4.2）＋20.5＋（－2.4）＝15.6兆円の黒字と計算できる。

〔問3〕②適当。

①誤り。「日本企業の製品が海外で多く売れる」ことは貿易収支の黒字化につながる。

③誤り。「外資系企業が日本の株や不動産をより多く購入」することは，金融収支の赤字化につながる。

④誤り。「日本への出稼ぎ労働者」に日本企業から給料を支払うことは，第一次所得収支の赤字化につながる。

Ⅳ　解答

〔問1〕a．終身雇用　b．年功序列型
c．企業別組合〔企業別労働組合〕
d．スタグフレーション　e．平成〔バブル〕　f．正規
g．非正規　h．同一労働同一賃金　i．ジョブ
〔問2〕③　〔問3〕③

◀解　説▶

≪日本の雇用慣行≫

〔問1〕d.「スタグフレーション」とは景気停滞（スタグネーション）のもとで物価が持続的に上昇（インフレーション）する現象のことである。石油危機時の物価上昇は「狂乱物価」と呼ばれ，全国に混乱をもたらした。

i.「ジョブ」型雇用とは，企業が従業員に対し，職務内容を明確に定義して雇用契約を結ぶことである。それに対して，職務内容などを限定せずに雇用契約を結ぶことはメンバーシップ型雇用と呼ばれる。

〔問2〕グラフのＡは正社員である。ＢからＥは非正社員であり，その割合は男女とも増加傾向にある。特に女性は，年々雇用者数は増加しているが，その形態はパート・アルバイトが中心である。

〔問3〕③誤り。日本では，新卒者を一括に採用し，その適性を見極めて配属を決め，部署を異動させることで幅広い技能を身につけさせ，長期的に会社を支える人材を育成しようとしてきた。

数学

I　解答

(1)ア．$\dfrac{\sin\theta}{1+\cos\theta}$　イ．$\dfrac{\pi\tan\theta}{3}$　ウ．$\dfrac{\pi}{\cos\theta}+\pi$

エ．$2\pi(1-\cos\theta)$

(2)オ．$\dfrac{1}{36}$　カ．$\dfrac{1}{36}$　キ．$\dfrac{23}{72}$　ク．$\dfrac{37}{72}$

(3)ケ．2　コ．$b_{n+1}=\dfrac{2}{3}b_n+\dfrac{1}{3}$　サ．$3^{1+\left(\frac{2}{3}\right)^{n-1}}$

◀解　説▶

≪小問3問≫

(1)　円錐を回転軸を通る平面で切断したときにできる二等辺三角形と円は右図のようになる。右図のように点を定めると，△AOD∽△ACH となるから

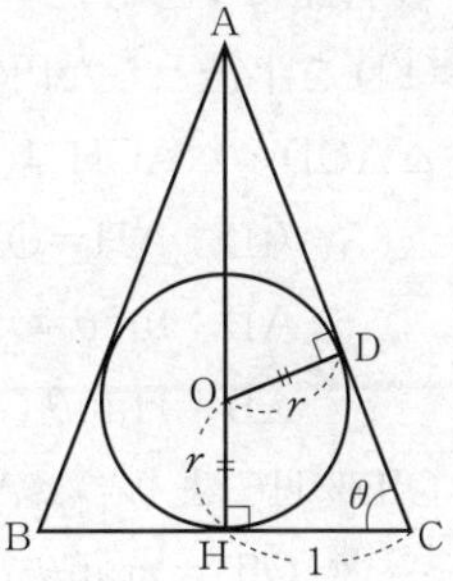

$$\mathrm{AO}:\mathrm{AC}=\mathrm{OD}:\mathrm{CH}\quad\cdots\cdots①$$

ここで，$\mathrm{OH}=\mathrm{OD}=r$ であるから

$$\mathrm{AO}=\mathrm{AH}-\mathrm{OH}=\tan\theta-r$$

$$\mathrm{AC}=\frac{1}{\cos\theta}$$

であり，①より

$$\tan\theta-r:\frac{1}{\cos\theta}=r:1$$

$$\frac{1}{\cos\theta}\cdot r=\tan\theta-r\qquad r=\sin\theta-(\cos\theta)r$$

$$(1+\cos\theta)r=\sin\theta$$

$1+\cos\theta\neq0$ だから

$$r=\frac{\sin\theta}{1+\cos\theta}\quad\to ア$$

円錐の体積 V について

$$V=\frac{1}{3}\cdot\pi\cdot1^2\cdot\tan\theta=\frac{\pi\tan\theta}{3}\quad\to イ$$

円錐の表面積 S について考える。

底面の円周について，側面の扇形の中心角を $x°$ とすると

$$2\pi\cdot 1=2\pi\cdot\frac{1}{\cos\theta}\cdot\frac{x}{360}$$

$$\therefore\quad \frac{x}{360}=\cos\theta$$

側面の扇形の面積は

$$\pi\cdot\left(\frac{1}{\cos\theta}\right)^2\cdot\frac{x}{360}=\pi\cdot\frac{1}{\cos^2\theta}\cdot\cos\theta=\frac{\pi}{\cos\theta}$$

底面の円の面積は π であるから

$$S=\frac{\pi}{\cos\theta}+\pi\quad\to ウ$$

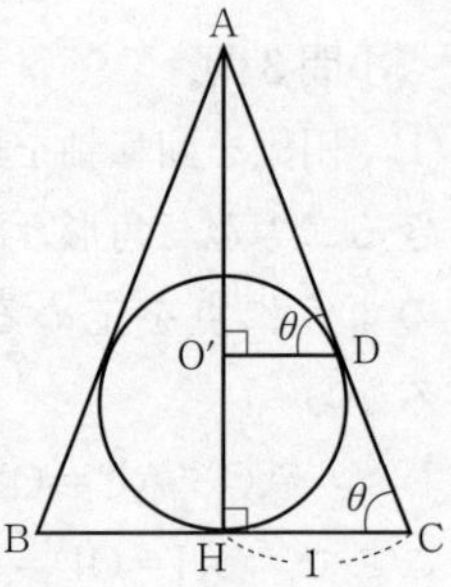

円錐の側面と球の表面とが共有する円は，D から AH に下ろした垂線の足を O′ とするときの，O′D を半径とした円である。

△AOD∽△ACH より

$$\mathrm{AD}:\mathrm{AH}=\mathrm{OD}:\mathrm{CH}$$

$$\mathrm{AD}:\tan\theta=r:1$$

$$\mathrm{AD}=r\tan\theta$$

O′D∥HC より，∠ADO′$=\theta$ であるから

$$\mathrm{O'D}=r\tan\theta\cdot\cos\theta=r\sin\theta$$

したがって，求める円周の長さは

$$\begin{aligned}2\pi\cdot\mathrm{O'D}&=2\pi r\sin\theta\\&=2\pi\cdot\frac{\sin\theta}{1+\cos\theta}\cdot\sin\theta\\&=2\pi\cdot\frac{\sin^2\theta}{1+\cos\theta}\\&=2\pi\cdot\frac{1-\cos^2\theta}{1+\cos\theta}\\&=2\pi\cdot\frac{(1+\cos\theta)(1-\cos\theta)}{1+\cos\theta}\\&=2\pi(1-\cos\theta)\quad\to エ\end{aligned}$$

(2)　さいころを 3 回投げ，出た目の 3 つを a，b，c とする。

$(a,\ b,\ c)$ の決め方は

$$6^3=216\text{ 通り}$$

正三角形となるのは，$a=b=c$ のときで

$$a=b=c=1,\ 2,\ 3,\ 4,\ 5,\ 6$$

の6通りある。

正三角形となる確率は

$$\frac{6}{216}=\frac{1}{36}\quad \to \text{オ}$$

直角三角形となるのは $(a,\ b,\ c)=(3,\ 4,\ 5)$ のときであり，出る目の順序も考えると

$$3!=6\text{ 通り}$$

直角三角形となる確率は

$$\frac{6}{216}=\frac{1}{36}\quad \to \text{カ}$$

正三角形でない二等辺三角形を考える。

等辺でない辺の長さを a とする。このとき三角形の成立条件より

$$|b-c|<a<b+c$$

を得る。

(i)　$b=c=1$ のとき

$$0<a<2$$

となり，$a\neq 1$ より，条件を満たす a の値は存在しない。

(ii)　$b=c=2$ のとき

$$0<a<4$$

となり，$a\neq 2$ より　　$a=1,\ 3$

したがって

$$(a,\ b,\ c)=(1,\ 2,\ 2),\ (3,\ 2,\ 2)$$

の2組ある。

(iii)　$b=c=3$ のとき

$$0<a<6$$

となり，$a\neq 3$ より　　$a=1,\ 2,\ 4,\ 5$

したがって

$(a,\ b,\ c)$

$=(1,\ 3,\ 3),\ (2,\ 3,\ 3),\ (4,\ 3,\ 3),\ (5,\ 3,\ 3)$

の4組ある。

(iv) $b=c=4$ のとき

$0<a<10$

となり，$a\neq4$ より　$a=1,\ 2,\ 3,\ 5,\ 6$

したがって

$(a,\ b,\ c)$

$=(1,\ 4,\ 4),\ (2,\ 4,\ 4),\ (3,\ 4,\ 4),\ (5,\ 4,\ 4),\ (6,\ 4,\ 4)$

の5組ある。

(v) $b=c=5$ のとき

$0<a<10$

となり，$a\neq5$ より　$a=1,\ 2,\ 3,\ 4,\ 6$

したがって

$(a,\ b,\ c)$

$=(1,\ 5,\ 5),\ (2,\ 5,\ 5),\ (3,\ 5,\ 5),\ (4,\ 5,\ 5),\ (6,\ 5,\ 5)$

の5組ある。

(vi) $b=c=6$ のとき

$0<a<12$

となり，$a\neq6$ より　$a=1,\ 2,\ 3,\ 4,\ 5$

したがって

$(a,\ b,\ c)$

$=(1,\ 6,\ 6),\ (2,\ 6,\ 6),\ (3,\ 6,\ 6),\ (4,\ 6,\ 6),\ (5,\ 6,\ 6)$

の5組ある。

(i)〜(vi)より，b，c のときも考えて

$3\times(2+4+5+5+5)=63$ 通り

正三角形も含み二等辺三角形ができる確率は

$$\frac{6+63}{216}=\frac{23}{72}\quad\rightarrow キ$$

正三角形でも二等辺三角形でもない三角形となるときを考える。

$a>b>c$ のとき，満たすべき条件は

$$\begin{cases} a>b>c \\ a<b+c \end{cases}$$

このとき，$c \geqq 1$ であるから

$$b \geqq 2,\ a \geqq 3$$

$a=3$ のとき　満たす $(a,\ b,\ c)$ は存在しない。

$a=4$ のとき　$(a,\ b,\ c)=(4,\ 3,\ 2)$

$a=5$ のとき　$(a,\ b,\ c)=(5,\ 4,\ 3),\ (5,\ 4,\ 2)$

$a=6$ のとき　$(a,\ b,\ c)$

$$=(6,\ 5,\ 4),\ (6,\ 5,\ 3),\ (6,\ 5,\ 2),\ (6,\ 4,\ 3)$$

条件を満たすのは上の7通りある。

$a,\ b,\ c$ の並べかえたものも考えると，正三角形でも二等辺三角形でもない三角形となるのは

$$7\times 3!=42 \text{ 通り}$$

ゆえに，三角形ができる確率は

$$\frac{6+63+42}{216}=\frac{37}{72}\quad \to ク$$

(3)　$b_1=\log_3 a_1=\log_3 9=2\quad \to ケ$

$a_n>0$ より，$a_{n+1}{}^3=3a_n{}^2$ の両辺に底が3の対数をとると

$$\log_3 a_{n+1}{}^3=\log_3 3a_n{}^2$$

$$3\log_3 a_{n+1}=\log_3 3+2\log_3 a_n$$

$$3b_{n+1}=1+2b_n$$

$$b_{n+1}=\frac{2}{3}b_n+\frac{1}{3}\quad \to コ$$

$$b_{n+1}-1=\frac{2}{3}(b_n-1)$$

数列 $\{b_n-1\}$ は初項 $b_1-1=2-1=1$，公比 $\dfrac{2}{3}$ の等比数列であるから

$$b_n-1=\left(\frac{2}{3}\right)^{n-1}$$

$$b_n=1+\left(\frac{2}{3}\right)^{n-1}$$

$$\log_3 a_n=1+\left(\frac{2}{3}\right)^{n-1}$$

$$a_n=3^{1+\left(\frac{2}{3}\right)^{n-1}}\quad \to サ$$

II 解答

(1)　$x>1$ のとき

$$
\begin{aligned}
f(x)&=(|x|-1)\,||x|-1|\\
&=(x-1)|x-1|\\
&=(x-1)(x-1)\\
&=(x-1)^2\\
&=x^2-2x+1
\end{aligned}
$$

このとき

$$f'(x)=2x-2$$

$t>1$ として，$y=f(x)$ 上の点 $(t,\ t^2-2t+1)$ における接線の方程式は

$$y=(2t-2)(x-t)+t^2-2t+1$$

であり，点 $(0,\ -1)$ を通るとき

$$-1=(2t-2)\cdot(-t)+t^2-2t+1$$

$$t^2=2$$

$$t=\pm\sqrt{2}$$

$t>1$ より　　$t=\sqrt{2}$

ゆえに，接線 l の方程式は

$$y=(2\sqrt{2}-2)(x-\sqrt{2})+2-2\sqrt{2}+1$$

$$\therefore\quad y=(2\sqrt{2}-2)x-1\quad\cdots\cdots(\text{答})$$

また，点Pの座標は　　$(\sqrt{2},\ 3-2\sqrt{2})$　……(答)

(2)　$0\leqq x\leqq 1$ のとき

$$
\begin{aligned}
f(x)&=(|x|-1)\,||x|-1|\\
&=(x-1)|x-1|\\
&=(x-1)\cdot\{-(x-1)\}\\
&=-(x-1)^2
\end{aligned}
$$

また

$$
\begin{aligned}
f(-x)&=(|-x|-1)\,||-x|-1|\\
&=(|x|-1)\,||x|-1|\\
&=f(x)
\end{aligned}
$$

より，$f(x)$ は偶関数であり，$y=f(x)$ は y 軸対称である。ゆえに，$y=f(x)$ のグラフは右図のようになる。

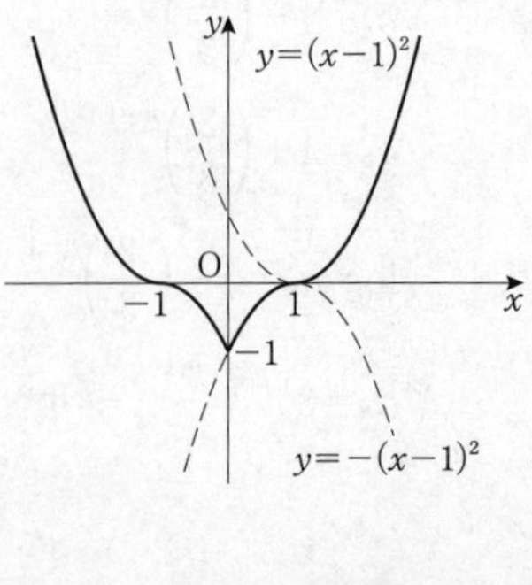

(3) 求める面積は右図の網掛け部分である。

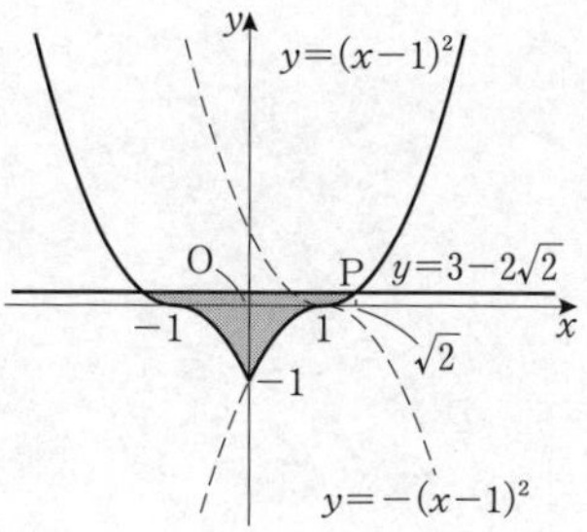

y 軸に関して対称であるから，$x\geqq 0$ の部分の面積は

$$\int_0^1\{(3-2\sqrt{2})+x^2-2x+1\}dx$$

$$+\int_1^{\sqrt{2}}\{(3-2\sqrt{2})-x^2+2x-1\}dx$$

$$=\left[(4-2\sqrt{2})x+\frac{1}{3}x^3-x^2\right]_0^1$$

$$+\left[(2-2\sqrt{2})x-\frac{1}{3}x^3+x^2\right]_1^{\sqrt{2}}$$

$$=(4-2\sqrt{2})+\frac{1}{3}-1+(2-2\sqrt{2})(\sqrt{2}-1)-\frac{1}{3}(2\sqrt{2}-1)+(2-1)$$

$$=\frac{10}{3}-2\sqrt{2}+\frac{10\sqrt{2}}{3}-\frac{14}{3}$$

$$=\frac{4\sqrt{2}}{3}-\frac{4}{3}$$

よって求める図形の面積は

$\dfrac{8\sqrt{2}}{3}-\dfrac{8}{3}$ ……(答)

◀解 説▶

≪絶対値を含む2次関数のグラフと直線で囲まれた部分の面積≫

(1)は $x>1$ の範囲にある接線の方程式を求める。絶対値を1つずつ外すだけなので，丁寧に計算したい。

(2)は $y=f(x)$ が偶関数であることを利用すると場合分けが少なくて済む。$0\leqq x\leqq 1$，$x>1$ のときのグラフを描き，y 軸に対称となるように描けばよい。

問四　空欄後に「又は」とあることから、「囲碁をやめて読書せよ」とは違う解釈となる。「書物を読み」「碁を打つ」のそれぞれが「やめよ」にかかる解釈となるのが適切。

問五　「かわかした」という言葉が「涙」につく言葉ではないことを示したいので、そこには「点を打つか間隙をおく」。また、「かわかした」は「ハンケチ」につく言葉ということを示したいので、そこには点や間隙をおかない。①が最適。

問六　「就中かけ言葉の如きは……妙味なり」「決して廃すべきにあらざる也」から、筆者は「かけ言葉」に肯定的であることがわかる。その旨を前半部で、解答欄の指示する語「存続に」につなぐ表現でまとめる。後半部は、「ただし」とあるので、前半の意見に対する条件を記す。本文の「もらひたし」までという指定があることから、そこまでの記述内容からも拾うようにしてみるとよい。〔解答例〕の他に「詩文小説などのジャンルに限る」などとするのもよいだろう。

すとする記述はない。③第十四段落で肉体に対する比喩は言語に適用することはできないとあり、「同様に」という表現は不適。④第七段落の内容と合致しない。⑤「道具風言語観」と「ことだま風言語観」を、「言語との関係」について比較している記述はない。

II

解答　1、抽象　2、情緒　3、斬新　4、歓喜　5、機敏　6、弟　7、批准　8、寸暇　9、しゅこう
10、とうそつ

III

出典　正岡子規『筆まかせ』〈明治二十二年　日本語ノ利害〉

解答　問一　①　問二　②

問三　④

問四　③

問五　①

問六　（筆者は「かけ言葉」の存続に）概ね肯定の立場である（十字以内）（。ただし、）かけ方が悪ければよくないとする（十五字以内）（。）

▲解　説▼

問一　「就中」を書き下すと「中《なか》に就《つ》く」で、音が変化して「就中《なかんづく》」となった。〃中でもとりわけ。特に〃の意。

問二　空欄2の直後「ざる」は未然形に接続する打消の助動詞である。

問三　設問の例は「〔懐〕柔策」。一致するのは「〔懐〕古趣味」の④。

かったり、ことばにしたあとに変化してしまったりすると述べている。⑤が少し紛らわしいが、「ことばとともに」生じる思いを「言語というしっかりした容器か衣装できれいに保護」する、というつながりがおかしい。③が最適。

問三　②は「信仰心の強さ」、③は「確たる信念をもって自分の思考を表現できる」、④は〈「魂」が人々相互の信頼関係を築く〉、⑤は「客観的な信憑性がある」とわかる記述が、それぞれ本文にない。〈私たちの「思い」は、「ことばというほとんど固形の、丈夫な形式」に見合う安定した形であるはず〉という「ことばの機能」に対する信用が不可欠とする①が最適。

問四　空欄4Aの前後は、直前の「私たち」が主語、「もっている」が述語の構造。この「私たち」から「もっている」までの記述が、「国語辞典」を修飾している。空欄4Bの前後は、「国語辞典」が主語、「強いられている」が述語となる文の構造である。ともに主語に続く助詞となっている④が最適。

問五　「A型の信頼」とは、ことばが〈ものごとを忠実に伝えるための媒体〉であるということ。その信頼が裏切られるとは、〈ことばは常に正確にものごとを伝える〉という伝達の忠実性が損なわれることを示している。①が最適。

問六　空欄6の直前の意見に対して、空欄直後で「なるほど」と同意や納得を示す語が続く文脈にふさわしい表現があてはまる。②、⑤は同意ではない。④は突き放して客観視している。①では、言うまでもなくわかりきっている、という表現になり、提示された意見を受けて納得した、という本文の文脈にはそぐわない。③が最適。

問七　解答欄の前後が「私たちが」「を持たない状態」となっていることから、解答欄には〈言語との関係が正常であれば私たちが持っているはずのもの〉が入ることになる。傍線部の前二段落で〈肉体の場合と異なり、言語に対してはなかば〈他者〉として対することが健康な状態といえる〉と説明されることから、「健康」に注目して本文を見ると、空欄6の前段落に「本当に《健康な》言語感覚を回復することができる」とあり、これが〈正常な状態〉といえる。

問八　①「人間がことばと無心につきあうことができた時代は終わりつつある」は第九段落の内容と合致。「それは必ずしも悲観すべきことではない」は第十二段落の内容と合致する。②「ことばへの素朴な信頼を取り戻す」ことを目指

国語

I

出典　佐藤信夫「ことば」(『レトリックの記号論』講談社学術文庫)

解答

問一　⑤
問二　③
問三　①
問四　④
問五　①
問六　③
問七　(私たちが)《健康な》言語感覚(を持たない状態。)(十字以内)
問八　①

◀解　説▶

問一　空欄1に入る語で示される「ことばの意味」の時代については、第一段落から第五段落で説明されている。しかし、第六および第七段落に、近ごろ「価値の多様化」(=ことばの意味の多様化)が言われる、とあり、続く第八段落冒頭で「ことばが不安定になった」と述べている。空欄1は「不安定」の対義語。⑤が最適。

問二　「Aのばあい」は「ことばはものごとをひたすら忠実に伝えるための媒体」とある。③以外はすべて「ことば」と「さまざまの思いや考え」が、忠実に等質な同じものであるとは述べられていない。「思いや考え」をことばにできな

MEMO

MEMO

MEMO

MEMO

MEMO

2022年度

問題と解答

■一般入試：Ａ日程

問題編

▶試験科目（３教科型）

教　科	科　　目
外国語	コミュニケーション英語Ⅰ・Ⅱ・Ⅲ，英語表現Ⅰ・Ⅱ
選　択	経済（経営・国際経営）学部： 日本史Ｂ，世界史Ｂ，政治・経済，「数学Ⅰ・Ⅱ・Ａ・Ｂ」から１科目選択 その他の学部・学科： 日本史Ｂ，世界史Ｂ，地理Ｂ，政治・経済，「数学Ⅰ・Ⅱ・Ａ・Ｂ」から１科目選択
国　語	国語総合・現代文Ｂ・古典Ｂ（漢文を除く）

▶備　考

- Ａ日程４日程のうち，代表的な１日程を掲載。
- 外国語として，経済（国際経営）学部は中国語を選択可，文（フランス文）・経済（経済）学部はフランス語・中国語を選択可（いずれも省略）。
- 「数学Ｂ」は「数列，ベクトル」から出題する。

▶配点・合否判定

学部（学科）	外国語	地歴・公民・数学	国　語	合否判定
文（英文）・国際（国際キャリア）	偏差値×２	偏差値	偏差値	＊１
文（フランス文・芸術）	150	100	150	＊２
経済（経済・経営）	150	100	100	＊２
経済（国際経営）	200	100	100	＊２
社会・法・国際（国際）	偏差値×1.5	偏差値	偏差値	＊１
心理（心理）	偏差値×1.5	偏差値	偏差値×1.5	＊１
心理（教育発達）	偏差値×1.5	偏差値	偏差値×２	＊１

＊1　偏差値方式…3科目の素点をそれぞれ偏差値に換算し，3つの偏差値の合計の順位により合否を判定する。

＊2　素点調整方式…地歴・公民・数学の素点を平均点が同じになるように調整した後，外国語と国語の素点と合計し，その順位により合否を判定する。

文（英文・フランス文）・法（法律・グローバル法）・心理（心理）学部は，3教科型と英語外部検定試験利用型を合わせた受験者の順位により合否を判定する。

▶試験科目（英語外部検定試験利用型）

文（英文・フランス文）・社会・法・心理（心理）学部にて実施。

教　科	科　　　　目
外国語	文（英文・フランス文）・法（法律・グローバル法）・心理（心理）学部： 得点換算方式（学科が指定した英語外部検定試験の基準スコア（級）に応じ，「外国語（英語）」試験の得点に換算する。大学の「外国語（英語）」を受験した場合はどちらか得点の高いほうを判定に使用する。英文学科は「外国語（英語）」受験必須）。 コミュニケーション英語Ⅰ・Ⅱ・Ⅲ，英語表現Ⅰ・Ⅱ 社会・法（消費情報環境法・政治）学部： 出願資格方式（学科が指定した出願資格基準を満たしていることにより，免除）。
選　択	日本史B，世界史B，地理B，政治・経済，「数学Ⅰ・Ⅱ・A・B」から1科目選択
国　語	国語総合・現代文B・古典B（漢文を除く）

▶備　考

- 同一試験日の3教科型と英語外部検定試験利用型は，同一試験問題を使用する。
- 3教科型と英語外部検定試験利用型（出願資格方式）を併願する場合は，「外国語」の受験が必要になる。
- 英語外部検定試験利用型（出願資格方式）のみ出願した場合は，「外国語」は受験不要。
- 「数学B」は「数列，ベクトル」から出題する。

▶配点・合否判定

学部（学科）	外国語	地歴・公民・数学	国　語	合否判定
文（英文）	偏差値×2	偏差値	偏差値	＊1
文（フランス文）	150	100	150	＊2
法（法律・グローバル法）	偏差値×1.5	偏差値	偏差値	＊1
心理（心理）	偏差値×1.5	偏差値	偏差値×1.5	＊1
社会・法（消費情報環境法・政治）	免除	偏差値	偏差値	＊1

＊1　偏差値方式…得点換算方式：3科目の素点をそれぞれ偏差値に換算し，3つの偏差値の合計の順位により合否を判定する。

出願資格方式：2科目の素点をそれぞれ偏差値に換算し，2つの偏差値の合計の順位により合否を判定する。

＊2　素点調整方式…地歴・公民・数学の素点を平均点が同じになるように調整した後，外国語と国語の素点と合計し，その順位により合否を判定する。

文（英文・フランス文）・法（法律・グローバル法）・心理（心理）学部は，3教科型と英語外部検定試験利用型を合わせた受験者の順位により合否を判定する。

英語

（70分）

1　次の文章を読み，設問（a）～（e）にもっとも適切なものを1～4の中から1つ選びなさい。

The number "6" is a bright shade of pink. Listening to a cello smells like chocolate. And eating a slice of pizza creates a tickly* sensation on the back of your neck. If you have such experiences, you may be one of the special people with an unusual condition of the five senses known as synesthesia*. People with synesthesia experience a "blending" of their senses when they see, smell, taste, touch or hear. Such people have brains that are specially connected. As a result, when something stimulates one of the five senses, another sense also responds. This blending can cause people to see sounds, smell colors, or taste shapes.

Dozens of different combinations of senses exist. Most commonly, numbers, letters or even days of the week appear in their own distinct color. If you have encountered these types of events, you are not alone. Scientists say as many as one in every 200 people may be a synesthete, as people with this condition are called. Synesthesia is known to run in families; it may occur more often among women than men; and many famous people have had it. Among these famous synesthetes were Russian writer Vladimir Nabokov and physicist Richard Feynman.

One thing is certain: most synesthetes treasure their unusual ability. After all, who would not want to experience the world in full, glorious color or sound? "It is absolutely a positive experience," says Patricia Lynn Duffy. She is a synesthete who talked to hundreds of others with the condition while writing a book on the subject. "If you proposed to take away someone's synesthetic ability, I think they would say, 'No, I like it this way!'"

Most synesthetes learn about their amazing gift by accident, and are surprised to discover that not everyone experiences the world as they do. Though it may sound strange to many people, Duffy says their experiences are not scary: people who have synesthesia have always experienced life that way. "For as long as I could remember, each letter of the alphabet had a different and distinct color. That is just part of the way letters look to me," she says. "Until I was 16, I took it for granted that everyone shared those perceptions with me."

Synesthetes do not actively think about their perceptions. Some report that they see such colors internally, in "the mind's eye." Others, such as Duffy, see their visions projected in front of them, like watching an image on a movie screen. Either way, scientists know that, in synesthesia, those colors are real and not just products of an active imagination. Studies show that the colors synesthetes see are highly specific and consistent over time. If the letter "b" is green today, it will always be green.

Adapted from: Gaidos, S. (May 20, 2009). The colorful world of synesthesia. Retrieved from https://www.sciencenewsforstudents.org/article/colorful-world-synesthesia（一部改変）

〔注〕 tickly　くすぐったい　　synesthesia　共感覚

(a) What is this passage mainly about?

1. A mechanism common to most human brains.
2. An uncommon condition that some people have.
3. People who enjoy their life in spite of difficulties.
4. Researchers who specialize in the study of synesthesia.

(b) Which is NOT an example of synesthesia?

1. Feeling hungry when you smell a particular food.
2. Seeing a color when you hear a particular sound.
3. Seeing a color when you see a letter of the alphabet.
4. Smelling a food when you hear a particular sound.

(c) When does synesthesia occur?

1. When a certain part of one's brain gets damaged.
2. When two senses react to the same thing.
3. When you actively think about what you see or hear.
4. When you experience each sense separately.

(d) According to the passage, which of the following is true of synesthesia?

1. It is a rarer condition than we might think.
2. It is common among famous people.
3. It is found more often in men than in women.
4. It is not simply a result of the imagination.

(e) Which statement is true of synesthetes?

1. Many are taught by their parents that they are different from others.
2. Many wish that they did not have synesthesia.
3. They do not regard their condition as a bad thing.
4. They got their special ability after many years of training.

2 次の対話文を読み，設問(a)～(e)にもっとも適切なものを1～4の中から1つ選びなさい。

Two colleagues meet in a school corridor.

Mr. Jones: What's up, Paul? You don't look very happy.

Mr. Cook: Ah, Steve, I just had some students in my office complaining about the Casual Friday program the school was intending to begin next week.

Mr. Jones: Complaining? To the principal?! I thought Casual Friday was the students' idea! Didn't they request that program?

Mr. Cook: They did! They kept protesting that wearing a uniform didn't allow them to express their individual identity, and claimed we weren't respecting their basic human rights. They even sent a letter to the local newspaper.

Mr. Jones: Yes. Then we had that big meeting last month and decided to allow them to wear clothes of their own choice one day a week. So why are they complaining now?

Mr. Cook: They're saying it's too stressful choosing what to wear. Also, they claim it will cause discrimination, bullying even, because some kids' families can't afford the same sort of casual clothes that others can. Some kids will have to wear the same clothes every Friday, while others will have fancy new clothes every week.

Mr. Jones: Which is exactly the point of a uniform — equality! We explained the problems with their idea to them at the meeting. So what will we do?

Mr. Cook: The only thing we can do — postpone the program and have another big meeting.

Mr. Jones: And when will that be?

Mr. Cook: Next Friday!

(a) What is the theme of this conversation?

1. How basic human rights must be protected at any cost.
2. How school uniforms are essential to a proper education.
3. Whether or not wearing school uniforms is a good idea.
4. Who should make decisions regarding school rules.

(b) What is Casual Friday?

1. A popular program that the school finally decided to cancel.
2. A program proposed by teachers but opposed by students.
3. The day on which all important meetings are held at the school.
4. The day on which students may decide their own clothes.

(c) What did teachers do regarding the Casual Friday program?

1. They claimed it stopped students from expressing themselves.
2. They suggested it to the students in the first place.
3. They tried to persuade students against the idea.
4. They wrote a letter about it to the local newspaper.

(d) Why have students changed their mind about the Casual Friday program?

1. They feel anxious about selecting clothes and possible discrimination.
2. They have realized just how expensive it is to buy good clothes.
3. They understood equality as explained to them at the big meeting.
4. They were shocked by the reaction to their letter in the local newspaper.

(e) What do we know about Mr. Cook and Mr. Jones?

1. Both are greatly in favor of the Casual Friday program.
2. Both work at a school and one of them is the current principal.
3. Only one of them attended the big meeting held the previous month.
4. They disagree regarding the merits of wearing a school uniform.

3 食べられる食器の開発について書かれた次の文章を読み，文中で紹介されている企業の取り組みを，150〜180字の日本語でまとめなさい。解答には(1)開発のきっかけ，(2)開発した食器の特徴，(3)完成後の状況，の3点を必ず含めること。

〔解答欄の注〕 ※数字，アルファベットを記入する場合には下の例にならいなさい。

(例)

19	76	年	,	NP	O	は

While tableware* we can throw away is everywhere — chopsticks, straws, cups, plates and so on — tableware we can *eat* has recently become popular. R. J. Café in Osaka, for example, serves edible cups in two types: one type is made of cookies, and the other type is gluten free*. This café and its owners are leading the way in edible tableware.

Ms. A and her husband opened the coffee-specialist café ten years ago, and it is now operated by a company of which she is the president. In 2012, the café took part in an environmentally-friendly event, at which reusable cups and plates were used. But Ms. A became concerned because the organizers were using a lot of water and detergent to clean the dirty tableware. Soon afterwards, she hit on the idea of pouring coffee into a cookie cup — a rethink of the popular way of eating cookies with espresso, which is dipping the biscuit into the beverage. Ms. A used pudding molds* to create cups made of cookie dough*, coating the inside with sugar to make it stronger. The cups were named "Ecopresso" and went on sale to the public in 2016. They became popular after customers began posting photos of them on social media.

The edible cups were initially all handmade, but the company received government financial support and created a machine to make them. The cups are now sold all over the world. Their popularity continues to grow, and Ms. A is currently planning to develop a user-friendly machine to bake the cookie cups so even children can make them at home.

Adapted from: Hashimoto, N. (May 4, 2021). Reduce waste with edible tableware. The Japan News より抜粋，改変

編集部注：問題文には個人名が記載されていましたが，本誌への掲載にあたり，個人情報に配慮して個人名を網掛けし「A」に置き換えています。

〔注〕 tableware 食器 gluten free グルテンフリー

mold 型 dough 生地

4 次のテーマで100～150語程度のエッセーを具体例を挙げながら英語で書きなさい。

If you had a chance to talk to one person who changed the world, whom would you choose, and why?

日本史

（60分）

1 次の文章を読んで，以下の問に答えなさい。

中世は，農業生産力が向上し農民が成長した時代であった。肥料では，自給肥料である草木灰・[a―1]などが使用され，土地の生産力の向上がはかられた。また，二毛作が鎌倉時代には畿内や西日本に普及し$_{b}$，室町時代には東国にまで普及していった。農具では揚水用として水車に加えて，中国から伝来した[a―2]も利用された。栽培作物については原料作物も栽培され，紙の原料である楮，灯油の原料である荏胡麻$_{c}$などに加えて，戦国時代には木綿の栽培も三河地方などで始まったといわれている。

農業生産力の向上を背景に，中小農民が成長するなかで，鎌倉後期ごろから畿内では農民らによって自治的に運営される惣村が形成され，南北朝の動乱期$_{d}$になると各地に広まっていった。惣村では惣掟，地下請，地下検断などを通じて自治的な運営が行われた$_{e}$。また，惣村では農民らが団結して領主に抵抗することも顕著となり，[f―1]で非法を訴えたり，[f―2]などで抵抗したりした。

室町時代には，日明貿易$_{g}$を通じて多量の銭が輸入され，国内では貨幣経済がいっそう発展した。京都では多くの高利貸業者が登場して活動した$_{h}$。貨幣経済はやがて地方農村にも拡大していき，農民のあいだにも浸透していった。貨幣経済の発展は農民の債務累積をもたらし，農民らは金融業などからの借金で困窮していった。そのような状況のなか，農民らは徳政令の発布を要求し，畿内や近国では徳政一揆が展開された$_{i}$。応仁の乱後，下剋上の風潮が高まるなか，徳政一揆とともに，国人と農民らによる国一揆や，一向宗の門徒らによる一向一揆$_{j}$など様々な一揆が頻発した。

問ａ．空欄ａ―１・ａ―２に当てはまる語句の組合せ（ａ―１・ａ―２の順）として適切なものを，次のうちから一つ選びなさい。

① 油粕・龍骨車

② 油粕・踏車

③ 刈敷・龍骨車

④ 刈敷・踏車

問b．下線部bに関連する次の史料に関するア・イの説明について，その正誤の組合せとして適切なものを，下のうちから一つ選びなさい。

〔史料〕

一　諸国の百姓，田稲を苅り取るの後，其の跡に麦を蒔く。田麦と号して，領主等，件の麦の所当を徴取すと云々。租税の法，豈《あに》然るべけんや。自今以後，田麦の所当を取るべからず。宜しく農民の依怙《えこ》たるべし。此の旨を存じ，備後・備前両国の御家人等に下知せしむべきの状，仰せに依て執達《しったつ》件の如し。

　　文永元年四月廿六日　　　　　　　　　　　　武蔵守(注：執権)判

　　　　　　　　　　　　　　　　　　　　　　　相模守(注：連署)判

　　　因幡前司殿

(『新編追加』)

ア　鎌倉幕府が因幡前司に命じたもので，執権の北条泰時と連署の北条時房が署名したものである。

イ　領主らが二毛作の麦を課税対象とすることに対して，鎌倉幕府がそのことを承認したものである。

① ア－正，イ－正　　② ア－正，イ－誤

③ ア－誤，イ－正　　④ ア－誤，イ－誤

問c．下線部cに関連して，荏胡麻の栽培や売買が普及するなかで，やがて油座が結成されるようになった。中世の座に関する説明として誤っているものを，次のうちから一つ選びなさい。

① 商工業の発展を背景に商人や手工業者のなかには座を結成して，朝廷や

寺社を本所と仰いで保護を受けるものもいた。

② 座の構成員は，本所への納付金負担や労働供与などを行うかわりに関銭免除や販売独占権などの特権を認められた。

③ 大山崎離宮八幡宮を本所とする油座の神人，祇園社を本所とする麴座の神人などが活躍した。

④ 織田信長は安土城の城下町に楽市令を出して座の特権を廃止するなどして城下町の繁栄をはかった。

問ｄ．下線部ｄに関連して，南北朝の合体が実現した際の北朝側の天皇として適切なものを，次のうちから一つ選びなさい。

① 後嵯峨天皇　　② 後宇多天皇

③ 後亀山天皇　　④ 後小松天皇

問ｅ．下線部ｅに関する説明として誤っているものを，次のうちから一つ選びなさい。

① 惣村の指導者は，おとな・沙汰人などとよばれた。

② 村民が守るべき規約である惣掟が寄合で定められた。

③ 惣村が年貢納入を一括して請け負う地下請も行われていた。

④ 幕府の裁判の判決を守護が惣内で強制執行する地下検断も行われた。

問ｆ．空欄ｆ—１・ｆ—２に当てはまる語句の組合せ(ｆ—１・ｆ—２の順)として適切なものを，次のうちから一つ選びなさい。

① 百姓申状・逃散

② 百姓申状・村方騒動

③ 国訴・逃散

④ 国訴・村方騒動

問ｇ．下線部ｇに関する説明として適切なものを，次のうちから一つ選びなさい。

① 足利義満は，将軍に就任したことを機に遣明船を派遣して日明貿易を開始した。

② 将軍足利義持は，中国で起こった寧波の乱を契機に日明貿易を一時中断した。

③ 明からは，洪武通宝・永楽通宝などの銅銭が輸入され，宋銭などとともに流通した。

④ 日本からは，石見の大森銀山で採掘された銀や，京都西陣で織られた絹織物などが輸出された。

問ｈ．下線部ｈに関連して，室町時代の高利貸業者として適切なものを，次のうちから一つ選びなさい。

① 問丸　② 振売　③ 札差　④ 土倉

問ｉ．下線部ｉに関連して，次の史料に述べる徳政一揆に関するア・イの説明について，その正誤の組合せとして適切なものを，下のうちから一つ選びなさい。

〔史料〕

…近日，向《(四カ)》辺の土民蜂起す。土一揆と号し，御徳政と称して，借物を破り，少分を以て押して質物を請く。縡《こと》江州より起る。…侍所多勢を以て防戦するも猶承引せず。土民数万の間，防ぎ得ずと云々。…今土民等，代始に此の沙汰は先例と称すと云々。言語道断の事なり。…

（『建内記』）

ア　嘉吉の徳政一揆に関するもので，将軍足利義教が謀殺された直後に近江国から発生したものである。

イ　土民らは将軍の代替わりの徳政令の発布を要求したが，幕府は徳政令を発布せず武力で一揆を鎮圧した。

① ア ― 正，イ ― 正　② ア ― 正，イ ― 誤
③ ア ― 誤，イ ― 正　④ ア ― 誤，イ ― 誤

問ｊ．下線部ｊに関連して，一向宗の門徒らが守護富樫氏を倒して自治的支配を実現した一向一揆として適切なものを，次のうちから一つ選びなさい。

① 加賀の一向一揆　　② 三河の一向一揆

③ 長島の一向一揆　　④ 越前の一向一揆

2 次の文章Ａ・Ｂを読んで，以下の問に答えなさい。

Ａ　1950年，朝鮮民主主義人民共和国が武力統一をめざして北緯38度線を越えて大韓民国に侵攻し，$_{\text{a}}$朝鮮戦争が勃発した。この戦争は日本にも大きな影響を与えた。在日アメリカ軍が朝鮮半島に出撃すると，ＧＨＱの指令によって日本の治安を維持するために［b―1］が創設された。すでに日本共産党の幹部は公職から追放されていたが，朝鮮戦争が勃発すると共産主義者の追放である［b―2］へと拡大していった。朝鮮戦争で日本の戦略的価値を見直したアメリカは，日本を西側陣営に定着させようと対日講和を急いだ。$_{\text{c}}$1951年にサンフランシスコ講和会議が開催されて日本は平和条約を結び，翌年に日本は独立国として西側陣営につくことになった。国内経済に関しては，日本は$_{\text{d}}$ドッジ＝ラインの実施で深刻な不況に苦しんでいたが，アメリカ軍の戦争関係の膨大な特需によって好景気となり，［　e　］。

Ｂ　日本の敗戦後，1946年にインドシナ戦争が勃発したが，1954年に［f―1］が成立し，［f―2］がベトナム支配から撤退した。そのあと，ソ連と中国が北ベトナムを，アメリカが南ベトナムを助けて内戦が継続した。そしてアメリカは1965年から北爆を開始し，戦争は泥沼化していった。こうした状況を背景にアメリカのアジア政策に協力するため$_{\text{g}}$日本は韓国と日韓基本条約を結び，韓国に対して資金供給などの経済援助を行った。また，このベトナム戦争によって日本経済はベトナム特需の恩恵を受けるなどして，$_{\text{h}}$いわゆる「いざなぎ景気」が展開することになった。しかし一方で，沖縄はベトナム攻撃の後方基地となり，爆撃機の墜落など深刻な基地被害がおこり，$_{\text{i}}$1960年代に県民による祖国復帰運動が高まることになった。一方，アメリカはベトナム戦争を終わらせるために，$_{\text{j}}$1972年にニクソン大統領みずからが中国を訪問して米中関係の改善をはかった。その後，アメリカはベトナムから撤退することになった。

問ａ．下線部ａのときの首相として適切なものを，次のうちから一つ選びなさい。

①　鳩山一郎　　②　片山哲　　③　吉田茂　　④　石橋湛山

問ｂ．空欄ｂ―１・ｂ―２に当てはまる語句の組合せ（ｂ―１・ｂ―２の順）として適切なものを，次のうちから一つ選びなさい。

①　警察予備隊・プレスコード

②　警察予備隊・レッドパージ

③　自衛隊・プレスコード

④　自衛隊・レッドパージ

問ｃ．下線部ｃに関する説明として誤っているものを，次のうちから一つ選びなさい。

①　米ソの冷戦状況のなか，日本はアメリカの推す単独講和の路線で会議に出席した。

②　会議には日本との交戦国すべてが出席したが，平和条約を締結できたのは一部の国だけであった。

③　平和条約では，日本は朝鮮の独立を承認し，台湾・澎湖諸島・千島列島・南樺太の領土権を放棄した。

④　平和条約では，日本は沖縄・奄美・小笠原の各諸島についてアメリカを施政権者とすることに同意した。

問ｄ．下線部ｄに関するア・イの説明について，その正誤の組合せとして適切なものを，下のうちから一つ選びなさい。

ア　ドッジは，傾斜生産方式に基づいてインフレを収束させるための経済政策を展開した。

イ　ドッジは，新たに日本に変動相場制を導入して経済状況に合せた対応をとれるようにした。

①　ア ― 正，イ ― 正　　②　ア ― 正，イ ― 誤

③　ア ― 誤，イ ― 正　　④　ア ― 誤，イ ― 誤

問e．空欄eに当てはまる文として適切なものを，次のうちから一つ選びなさい。

①　日本はＩＭＦやＯＥＣＤに加盟して世界経済に復帰した

②　1951年度の『経済白書』に「もはや戦後ではない」と記された

③　地価や株価の暴騰により実体のない経済の膨張が進行した

④　工業生産などが戦前水準を回復した

問f．空欄ｆ―1・ｆ―2に当てはまる語句の組合せ(ｆ―1・ｆ―2の順)として適切なものを，次のうちから一つ選びなさい。

①　ジュネーヴ協定・フランス

②　ジュネーヴ協定・イギリス

③　ベトナム和平協定・フランス

④　ベトナム和平協定・イギリス

問g．下線部gのときの韓国大統領として適切なものを，次のうちから一つ選びなさい。

①　李承晩　②　金日成　③　朴正熙　④　金大中

問h．下線部hに関するア・イの説明について，その正誤の組合せとして適切なものを，下のうちから一つ選びなさい。

ア　日本は，ＧＮＰが資本主義国のなかでアメリカについで第２位の規模になった。

イ　鉄鋼・船舶・自動車などの重化学工業製品の輸出が伸び，大幅な貿易黒字が続いた。

①　ア — 正，イ — 正　②　ア — 正，イ — 誤
③　ア — 誤，イ — 正　④　ア — 誤，イ — 誤

問ｉ．下線部ｉに関連して，沖縄返還までの動向に関するア・イの説明について，その正誤の組合せとして適切なものを，下のうちから一つ選びなさい。

ア　1967年に佐藤栄作首相とケネディ大統領との間で，3年以内の沖縄返還が合意された。

イ　1969年には佐藤栄作首相とニクソン大統領との会談で，1972年に小笠原諸島とともに沖縄を日本に返還する合意が成立した。

①　ア — 正，イ — 正　②　ア — 正，イ — 誤
③　ア — 誤，イ — 正　④　ア — 誤，イ — 誤

問ｊ．下線部ｊに関連して，米中接近のなかで日本政府が調印した外交文書として適切なものを，次のうちから一つ選びなさい。

①　アメリカ合衆国の軍隊の日本国内及びその付近における配備を規律する条件は，両政府間の行政協定で決定する。

②　日本国と中華人民共和国との間のこれまでの不正常な状態は，この共同声明が発出される日に終了する。

③　日本国とソヴィエト社会主義共和国連邦との間の戦争状態は，この宣言が効力を生ずる日に終了し，両国の間に平和及び友好善隣関係が回復される。

④　両締約国は，主権及び領土保全の相互尊重，相互不可侵，内政に対する相互不干渉，平等及び互恵並びに平和共存の諸原則の基礎の上に，両国間の恒久的な平和友好関係を発展させるものとする。…

3　次の文章を読んで，以下の問に答えなさい。

摂関期$_{a}$の宮廷社会を支えたのは，受領国司$_{b}$による任国支配である。公田を名に編成し，そこに耕作する人を負名として把握して徴税する体制，負名体制がその基礎にあった。(中略)

負名体制の成立は，戸籍・計帳による民衆支配$_{c}$が放棄されるので，律令制的支配あるいは律令国家の崩壊を意味すると考えるのが一般的である。しかし，郡司に任じた在地首長層$_{d}$への依拠という律令国家の前提が崩壊したという以上のことではないだろう。かつては，国司は在地首長を媒介にして間接的にしか民衆支配ができなかった。律令制は，現実には在地首長層の伝統的な権力を前提にして支配を行なったのであるが，一方で在地首長層の権力を削り，中央政府による支配の浸透をめざしていたのであるから，在地首長を通さずに負名を把握することを，律令制の支配が展開し，地方支配が強化されたと評価することも可能だろう。受領に任国支配を委任することについても，あたかも中央政府が地方統治を諦めたかのような否定的な評価ではなく(中央貴族の一人が受領に任ぜられ，赴任して統治するのだからそもそもこの理解はおかしい)，律令国家による地方支配が成熟して新たな段階に入り，国司の裁量権が拡大したと理解できるだろう。

新しい税目の［　e　］の成立も同じ方向で考えてみたい。［　e　］・臨時雑役という税制は，租庸調制にかわって成立するので，いままで律令制の個別人身的支配崩壊の象徴的指標とみなされてきた。(中略)

無色で純粋な税が成立するのである。土地を基準として賦課することも，生産を支えた在地首長層の没落により調庸制の崩壊が進む中で，彼らの人格的支配に依拠せずに徴収しようとしたのだろう。律令制の民衆支配が第二段階を迎えると評価できる。$_{f}$

(出典：大津透『日本の歴史06　道長と宮廷社会』講談社学術文庫，2009年。一部改変あり)

問１　下線部ａに関連して，次の文章の空欄ａ―１，ａ―２に当てはまる人物およびａ―３に当てはまる語句を答えなさい。

左大臣の［a—1］が左遷された安和の変を経て，藤原氏北家の勢力は不動のものとなり，摂政や関白の地位には藤原忠平の子孫がつくのが例となった。この地位をめぐる争いとしては，兼道と兼家の兄弟の争い，道長と［a—2］の叔父・甥の争いが有名だが，10世紀末に［a—2］が左遷されて道長が左大臣に進むと，摂関家内部の争いはいったんおさまった。

道長は，４人の娘を中宮(皇后)や皇太子妃とし，30年にわたって朝廷で権勢をふるった。三女，威子が皇后になったことを祝う宴で，「此の世をば我が世とぞ思ふ望月のかけたることも無しと思へば」という和歌を詠んだことが『［a—3］』に記されている。

問２　下線部ｂに関連して，次の文章の空欄ｂ—１，ｂ—２に当てはまる語句およびｂ—３に当てはまる人物を答えなさい。

(1)『［b—1］』は，菅原孝標の女の回想録で，13歳で父の任地上総から帰京する旅から始まり，宮仕え・結婚・夫との死別などを記していた。

(2)『［b—2］』には，信濃守藤原陳忠が，谷底に落ちても生えている平茸をとることを忘れず，「受領は倒るるところに土をもつかめ」といったという，受領の強欲さを物語る説話が残されている。

(3)［b—3］は，土佐守の任を終えてから京に帰るまでの紀行文をかな日記に記した。

問３　下線部ｃに関連して，以下の問に答えなさい。

(1)　律令制において，６年ごとに作成した戸籍を元に，戸を単位に６歳以上の男女に班給された一定額の田を何とよぶか答えなさい。

(2)　902年に，律令制の再建を目指して，違法な土地所有を禁じたり田の班給を命じたりした荘園整理令を出したときの天皇は誰か答えなさい。

問４　下線部ｄに関連して，律令期に郡司が政務・儀礼を行った郡庁や郡司の居館などの施設をもつ郡司の統治拠点を何とよぶか答えなさい。

問5　空欄 e に当てはまる語句を答えなさい。

問6　下線部 f に関連して，次の文章の空欄 f—1 ～ f—4 に当てはまる語句を答えなさい。

Ⓐ　10世紀後半には，有力農民や土着した国司の子孫たちに臨時雑役などを免除して開発が奨励された。11世紀に彼らは f—1 とよばれるようになった。その中には，税の負担を逃れるために中央の権力者に所領を寄進して自らは荘官となるものが現れ出す。こうしてできた荘園を寄進地系荘園とよぶ。

この荘園寄進の構図を示した有名な文書が以下である。

鹿子木の事

一，当寺の相承は， f—1 沙弥寿妙嫡々相伝の次第なり。

一，寿妙の末流高方の時，権威を借らむがために，実政卿を以て f—2 と号し，年貢四百石を以て割き分ち，高方は庄家領掌進退の預所職となる。

一，実政の末流願西微力の間，国衙の乱妨を防がず，この故に願西， f—2 の得分二百石を以て，高陽院内親王に寄進す。……これ則ち f—3 の始めなり。

（東寺百合文書，原漢文）

Ⓑ　1069年，後三条天皇は，荘園整理令を出し， f—4 を設けて荘園の審査を行い，新しい荘園や書類不備の荘園を整理して成果をあげた。これにより，かつての律令制のもとで国・郡・里の上下の区分で構成されていた一国の編成は，荘園と公領で構成される荘園公領制に変化していった。

世界史

（60分）

I　次の文章を読んで，文中の空欄 [A] ～ [Q] にあてはまる最も適切な語句または数字を記入し，下線部(1)～(3)に対応する問1～3に答えなさい。

イギリスは，貿易活動の拡大をねらい，18世紀末から19世紀初めにかけてシンガポール(1)をはじめとするマレー半島の港市を入手し，一時的にジャワも占領した。イギリスはオランダと協定を結び，[A] 海峡を境界とする支配圏の分割を取り決めると，ジャワを返還する一方で，[B] 年には，マレー半島の [C] ・ [A] ・シンガポールを海峡植民地として成立させた。イギリスは，1870年代以降，マレー半島の内紛に介入して支配地域を広げ，[D] 年にはマレー連合州を形成してイギリスの保護領とした。マレー半島では錫の採掘が進展し，20世紀にはゴムの栽培が盛んになったが，錫採掘には中国人，ゴム栽培にはタミル人が労働に動員された。

ビルマでは，パガン朝につづくビルマ人の王朝であった [E] 朝が，一時はタイやラオスにも進出したが，1752年に滅亡し，新たにおこった [F] 朝がビルマを再統一した。しかし，イギリス領インドとの境界問題から，3次にわたるビルマ戦争が起こり，ビルマはインド帝国に併合された。

フィリピンには [G] が進出し，中北部で植民地支配を展開した。[G] は政教一致体制をとり，カトリック教会の教区と町の行政単位はほぼ重なる形になり，教区の司祭が行政においても大きな権限を振るった。また，自由貿易を求める圧力により，1834年に [H] を正式に開港した。それにより，サトウキビ・[H] 麻・タバコなどの商品作物生産が盛んになった。他方で，[G] の支配は，フィリピン南部のミンダナオ島やスールー諸島にまでは及ばず，スールー王国は，中国との交易などで栄えた。

(2)ベトナムでは，16世紀以降 [I] 朝の支配は名目的なものとなり，政治勢力が南北に分裂していたが，1771年，圧政に苦しむ農民の不満を背景に，中部ベトナムの [J] で反乱が起こり，南北両政権が倒されて統一がはかられた。これに対し，阮福暎は，フランス人宣教師 [K] が本国からつれてきた義勇兵や，タイ・ラオス・カンボジアからも援助をうけ， [J] 政権を倒して1802年に全土を統一し阮朝をたてた。阮福暎は，嘉隆帝となり，清に冊封を求め，越南国王として認められた。嘉隆帝の後を継いだ明命帝がキリスト教との対決を鮮明にし，フランス人宣教師を迫害するようになると，フランスはこれを口実に軍事介入をはじめ，サイゴンやメコンデルタなどを奪い，さらに中国へいたるルートを模索した。これに対し， [L] が組織した黒旗軍は，ベトナム北部でフランスに抵抗した。しかし，フランスは，1883年・1884年の [M] 条約によりベトナムを保護国化した。清朝はベトナムへの宗主権を主張して派兵して衝突し，清仏戦争となったが，清は，イギリスの仲介による1885年の [N] 条約でベトナムへのフランスの保護権を承認した。フランスは，1863年以来保護国としてきたカンボジアとあわせて， [O] 年にフランス領インドシナ連邦を成立させた。

東南アジアにおいて，ヨーロッパ諸国による植民地化を回避したのはタイであった。タイでは1782年にチャクリがラーマ1世として即位し，チャクリ朝またはバンコク朝とも呼ばれる [P] 朝がはじまった。ラーマ4世の時代には，中国への朝貢船の派遣が廃止され，(3)イギリスのほか，フランスやアメリカとも修好通商条約が結ばれ，王室による貿易独占は解除された。1868年に王となった [Q] (ラーマ5世)は，イギリスやフランスの圧力に苦しめられながらも，税制や行政・裁判制度などの改革を進めてタイの近代化に成功し，植民地化を回避した。この [Q] が行った改革は，チャクリ改革と呼ばれている。

問1　シンガポールは，1965年にマレーシアから分離・独立するが，これに先立つ1959年の自治政府成立とともに初代首相となって，以後，シンガポールを経済発展させた「建国の父」ともいわれる政治家は誰か。その名前を答えなさい。

問2　北部ベトナムで実権を握っていた莫氏が地方に退いた後， [I] 朝の実権を握り，ベトナム北部を実質的に支配し，南部の阮氏と対立した有力一族の名を答えなさい。

問3　1855年にタイとイギリスとの間で結ばれた修好通商条約の名を答えなさい。

Ⅱ　次の年表の空欄 A ～ I にあてはまる最も適切な事項を，下の事項(あ)～(け)から選び，記号で答えなさい。また下線部(1)～(11)に対応する最も適切な史料を，下の史料(こ)～(と)から選び，記号で答えなさい。

1914年6月	A
1914年7月	B
1914年8月	C イギリス，ドイツに対し宣戦 日本，ドイツに対し宣戦
1914年11月	オスマン帝国，ロシア黒海沿岸都市を攻撃，同盟国側で参戦
1915年1月	(1)「二十一カ条要求」
1915年4月	(2)「ロンドン秘密条約」
1915年5月	D ドイツ潜水艦，イギリス客船ルシタニア号を撃沈，アメリカ市民を含む乗客多数が死亡
1915年10月	(3)「フセイン・マクマホン協定」(マクマホン書簡)
1916年5月	(4)「サイクス・ピコ協定」
1917年2月	ドイツ，無制限潜水艦作戦開始
1917年3月	E
1917年4月	F
1917年8月	イギリスのインド相モンタギュー，物資・兵員提供を条件にインド自治を約束
1917年11月	(5)「バルフォア宣言」 (6)「石井・ランシング協定」 G (7)「平和に関する布告」

1918年1月	(8)ウィルソン議会演説「十四カ条」
1918年3月	(9)「ブレスト＝リトフスク条約」
1918年10月	オスマン帝国降伏
1918年11月	[　H　] ドイツ皇帝ヴィルヘルム2世，オランダに亡命 フランスとの間に「ドイツ休戦条約」成る
1919年5月	[　I　]
1919年6月	(10)「ヴェルサイユ条約」調印
1919年8月	(11)「ドイツ国憲法」(ヴァイマル憲法)制定

【事項】

(あ)　アメリカ，ドイツに宣戦

(い)　イタリア，三国同盟を離脱，オーストリアに対し宣戦

(う)　オーストリア，ドイツの支持のもとにセルビアに対し宣戦

(え)　キール軍港で水兵が全艦出撃命令に反抗，港湾と市を制圧

(お)　サライェヴォで，オーストリアの帝位継承者夫妻が銃撃，暗殺される

(か)　山東のドイツ権益をめぐる中国の要求を講和会議が拒否，これに抗議する北京の学生デモが全土に波及

(き)　ドイツがロシアおよびフランスに対し宣戦，中立国ベルギー領を侵犯

(く)　ペトログラードの労働者ストライキに兵士が呼応，皇帝ニコライ2世は退位(以後も臨時政府は連合国側で戦争を継続)

(け)　レーニンらの率いるボリシェヴィキ，武装蜂起し，権力を掌握

【史料】

(こ)　〔付属図(省略)上の〕青色地域ではフランスが，赤色地域ではイギリスが，それぞれが望むような，あるいはアラブ国家またはアラブ国家連合と合意するのが適切だと考える，直接的または間接的な統治あるいは管理を行うことが認められる。茶色地域では国際管理が行われるが，その形態はロシアそして後には他の同盟諸国，さらにはメッカの太守の代表と協議して決定される。

(さ)　イギリスが同盟国であるフランスの利益を損なうことなしに自由に活動できる境界線内にある地域においては，私はイギリス政府の名の下で次のとおりの保証および貴書簡への返答を与える権限を有しております。すなわち，イギリスは，メッカの太守によって要求されている範囲内すべての地域におけるアラブ人の独立を認め，それを支援する用意がある。……

(し)　イタリアは，フランス，イギリス，ロシアとともに，そのすべての敵に対する共同の戦争を遂行するための，あらゆるものの動員を約束する。……講和条約において，イタリアはトレント，南チロル……を獲得する。イタリアは同様に，ダルマティア地方を獲得する。

(す)　合衆国及日本国両政府は，領土相接近する国家の間には特殊の関係を生ずることを承認す。従て合衆国政府は日本国が支那に於て特殊の利益を有することを承認す。……尤も支那の領土主権は完全に存在するものにして，……合衆国及日本国政府は毫も支那の独立又は領土保全を侵害するの目的を有するものに非ざることを声明す。且右両国政府は常に支那に於て所謂門戸開放又は商工業に対する機会均等の主義を支持することを声明す。

(せ)　国王陛下の政府は，パレスティナにユダヤ人のための民族的郷土を設立することを好ましいと考えており，この目的の達成を円滑にするために最善の努力を行うつもりです。またパレスティナに現存する非ユダヤ人諸コミュニティーの市民および信仰者としての諸権利，ならびに他のあらゆる国でユダヤ人が享受している諸権利および政治的地位が侵害されることは決してなされることはないと明確に理解されています。

(そ)　支那国政府は独逸国が山東省に関し条約其他に依り支那国に対して有する一切の権利利益譲与等の処分に付，日本国政府が独逸国政府と協定すべき一切の事項を承認すべきことを約す。……両締約国は旅順大連租借期限並南満州及安奉両鉄道各期限を，何れも更に九十九年ずつ延長すべきことを約す。……中央政府に政治財政及軍事顧問として有力なる日本人を傭聘せしむること……

(た)　ドイツ，オーストリア＝ハンガリー，ブルガリアおよびトルコを一方とし，ロシアを一方とする両締約国の……双方によって確定された境界線の西に存在し，かつてロシアに属していた領土は，もはやロシアの主権の下に置かれない。確定された境界線は添付地図に記載されている。ロシアはこれらの領土の内政へのいかなる干渉をも放棄する。

(ち)　ドイツ国は共和国である。国家権力は国民に由来する。……議員は普通，平等，直接および秘密の選挙において，比例代表の諸原則に従い，満20歳以上の男女によって選出される。

(つ)　ドイツは海外領土にかかわるすべての権益，権利を放棄し，これらは主要連合国と協調国に与えられる。……ドイツおよびその同盟国の侵略による戦争の結果，連合国とその協調国およびそれらの国民にあらゆる損失と損害を生じさせたことに対し，ドイツとその同盟国が責任を有することを，連合国とその協調国政府は確認し，ドイツはこれを承認する。

(て)　平和の盟約が公開のうちに合意された後は，外交はつねに正直に，公衆の見守る中で進められねばならず，いかなる私的な国際的了解事項もあってはならない。……すべての植民地に関する要求は，自由かつ偏見なしに，厳格な公正さをもって調整されねばならない。主権をめぐるあらゆる問題を決定する際には，対象となる人民の利害が，主権の決定をうけることになる政府の公正な要求と平等の重みをもつという原則を厳格に守らねばならない。

(と)　……労農政府は，すべての交戦諸民族とその政府に対し，公正で民主的な講和についての交渉を即時に開始することを提議する。……公正で民主的な講和と本政府がみなしているのは，無併合(すなわち，他国の土地を略奪することも，他の諸国民を強制的に統合することもない)，無賠償の，即時の講和である。

(歴史学研究会編『世界史史料　第10巻』，外務省編『日本外交年表並主要文書1840-1945』より引用。文章は一部改変)

Ⅲ　次の文章を読んで，文中の空欄 A ～ B にあてはまる最も適切な人名を記入し，下線部(1)～(3)に対応する問1～3に答えなさい。

戦国時代の日本には，ヨーロッパから少なからぬ人々が訪れた。イギリス人の水先案内人ウィリアム＝アダムスは，1603年に征夷大将軍となり幕藩体制の基礎を築いた戦国大名 A に取り立てられて旗本となり，三浦按針と名乗った。彼をモデルにしたジェームズ＝クラベルの小説『将軍』はアメリカでベストセラーとなり，テレビドラマ化もされた。

近年注目されているのは，やはり日本で侍の身分を与えられた黒人の存在である。フランシスコ＝ザビエル(1)は，初めて日本にキリスト教を伝えたが，同じ修道会(2)から派遣されたイタリア人巡察師，アレッサンドロ＝ヴァリニャーノは，来日の際に経由地のインドから黒人の従者を連れてきた。その男は，ポルトガル領東アフリカ(3)の出身であったとされる。1581年，その男は尾張出身の戦国大名 B に謁見した。初めて黒人を見た B は，肌に墨を塗っているのではないかと疑い，着物を脱がせて体を洗わせたところ，肌はより一層黒く光ったという。納得した B は，この黒人に大いに関心を示し，正式な家臣として召し抱え，ゆくゆくは殿（城主）にしようとしていたという。彼は弥助《やすけ》という日本名で記録に残されている。室町幕府を滅ぼし，全国統一を目指した B は，家臣の裏切りにより敗死した。弥助もその場に居合わせたと伝えられるが，その後の消息はよく分かっていない。

ヨーロッパ人が弥助のようなアフリカ出身者を従者または奴隷として連れてきた例は決して少なくなかったようである。彼らの多くは武術の訓練も受けていたと見られ，弥助も解放奴隷や自由人だったとみなす説もあり，歴史家の中でも見解が分かれている。

問1　この人物が日本に来た年を西暦で答えなさい。

問2　フランシスコ＝ザビエルは，1534年に創設された下線部(2)の修道会の創設メンバーである。対抗宗教改革の旗手として海外伝道を積極的に進め，多くの大学を設立するなど教育活動にも熱心だったこの修道会の名前を答えなさい。

問3　この地域は1975年にポルトガルの植民地支配から脱し独立した。独立後の国名を答えなさい。

Ⅳ　次の文章の空欄 [A] ～ [E] にあてはまる最も適切な文を下の選択肢から一つ選び，記号で答えなさい。ただし，同じ選択肢を二度以上用いてはならない。

18世紀末以降，オーストリア・ロシアとの戦争に敗北したオスマン帝国では，様々な国政改革の試みが行われた。セリム3世(在位1789～1807)は，[A]。一方，オスマン帝国のエジプト総督であったムハンマド=アリーは，エジプトにおいて [B]。その後，マフムト2世(在位1808～1839)は，[C]。その後をついだアブデュルメジト1世(在位1839～1861)は，[D]。そして，アブデュルハミト2世(在位1876～1909)は，[E]。

(あ)　オスマン帝国で初めての成文憲法を発布したが，ロシアとの戦争が勃発すると，これを口実に議会を閉鎖して憲法の停止を命じた

(い)　強力な軍隊の編制と中央集権的な統治の回復を目的に，大規模な改革に着手したが，保守派の軍人らの反乱によって廃位され，まもなく殺害された

(う)　それまで実権を握っていた旧勢力のマムルークたちを一掃し，税収の増大と近代的な陸海軍の創設により，近代化を実現しようとした

(え)　「タンジマート」と呼ばれる，司法・行政・財政・軍事にわたる大規模な西欧化の改革を進めた

(お)　伝統的なスルタンの近衛軍であったイェニチェリ軍団を解体し，プロイセンの軍事顧問の下で近代的な常備軍を創設した

地理

（60分）

I　工業の立地について述べた次の文を読み，以下の問いに答えなさい。

工業の立地が，一定のパターンを持つことは，アルフレッド・ウェーバーによる『工業立地論』が契機となって，広く理解されるようになった。

工業の立地は，原料指向型工業と労働力指向型工業などに区別できる。①原料指向型の産業はセメント産業が例として挙げられる。また，原料指向型工業の代表地域として，ルール工業地帯がある。ルール工業地帯は，イギリスからイタリア北部にかけて展開する，三日月形の工業地域である［ a ］の中心に位置する。

労働力指向型の産業は，労働力が必要とされる繊維工業，機械組み立てなどを典型とする。労働力が低コストで調達できるために，東南アジアでは様々な都市に②輸出加工区が設定され，発展した。また，多数の高度専門職を必要とする産業も労働力を重視して立地される傾向がある。大学を中心にＩＣＴ(情報通信)産業を軸に発展してきたアメリカ合衆国の［ b ］州に位置するシリコンバレーが，その例となる。

市場の近くに立地する市場指向型工業という分類も可能である。市場指向型工業の場合，最終製品の輸送費を抑えることができ，消費者の情報にも敏感に対応できる。市場指向型の産業としては，［ X ］産業があげられる。

同一産業が近隣に集まること自体も産業にとって優位性を生じさせることがあり，多くの部品が必要な③自動車工業や機械工業でよくみられ，［ Y ］と呼ばれる。一方で，④立地は新しい工業製品の必要性の高まり，輸送技術の発展や市場動向に合わせて変化する。特に国際的な競争の激化に伴い，日本でも⑤企業の海外進出が進んでいる。

特定産業が集中することにより地域社会の自然環境に深刻な影響を与えることもある。⑥2015年，国連を中心に，企業も主たる担い手のひとつとされる持続可能な開発目標が設定された。グローバルな社会問題を軽減するには企業のかかわりも重要である。

〔問い〕

(1) 文中の空欄について，以下の問いに答えなさい。

1．aとbにあてはまる用語・地名の名称を答えなさい。

2．文中の空欄Xにあてはまる工業として適当でないものを次の選択肢 あ～え の中から全て選びなさい。

【選択肢】

あ　パルプ工業　　い　印刷業

う　自動車工業　　え　清涼飲料産業

3．文中の空欄Yにあてはまる用語として最も適当なものを次の選択肢 ア～エ の中から一つ選びなさい。

【選択肢】

ア　技術革新　　イ　産業集積　　ウ　選択と集中　　エ　企業内分業

(2) 文中の下線部①～⑥に関する以下の問いに答えなさい。

1．下線部①について，原料指向型工業に関してセメント工場が市場近郊ではなく，原材料産地の近くに立地する理由を原料の性質から40字程度で説明しなさい。

2．下線部②について，以下の ア，イ は輸出加工区のある都市についての説明である。ア と イ はともに所在する国の首都である。ア および イ の位置を図1中のA～Dの中からそれぞれ選びなさい。

ア：食品や繊維などが古くからの主要産業であったが，所在している国による開放路線の政策の影響で，郊外に工業団地が多数建設され，重工業やＩＣＴなどの先端技術産業の誘致も進んでいる。

イ：日本からの企業進出が多く，都市周辺に自動車関連産業などの工業団地が建設されている。所在している国では，石油資源などの天然資源に依存していた経済からの移行が進んでいる。

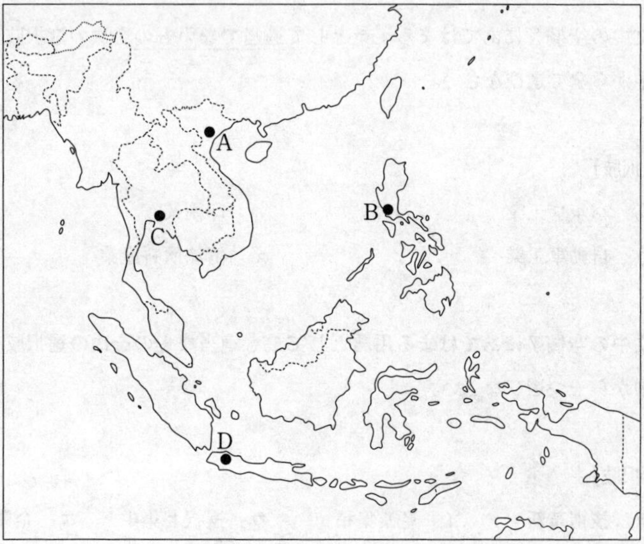

図１　東南アジアの地図

3．下線部③について，表１は韓国，中国，ドイツ，日本，メキシコの機械類の輸出額を表している。表１中で日本とメキシコに当てはまる記号をＡ～Ｄからそれぞれ選びなさい。

表1　機械類の輸出額(2019年)

	一般機械	電気機械	自動車**	航空機***	船舶***	合計(その他共)
中国*	221, 713	874, 449	83, 474	4, 609	25, 005	1, 284, 942
A	248, 253	177, 628	237, 825	42, 292	6, 140	783, 820
B	132, 915	112, 116	147, 120	4, 537	13, 800	451, 983
C	58, 573	167, 560	62, 246	2, 408	18, 888	329, 993
D	44, 238	113, 015	116, 413	672	787	299, 817

単位：百万ドル。

*2018年，**二輪自動車と部品を含む，***部品を含む

『データブック　オブ・ザ・ワールド 2021年版』より作成。

4．下線部④について，1990年代以降，世界各国で成長が著しい工業として電子工業があげられる。日本の半導体の工場は，九州に立地する場合には，ある特定の輸送施設の近くに所在することが多い。この輸送施設が何かを示し，九州に立地することが多い理由を，70字程度で述べなさい。

5．下線部⑤について，以下の問いに答えなさい。

1）海外の各地に拠点をもつ現地法人としての子会社を展開し，原材料の調達や生産・販売活動を世界的な視野から行っている企業をなんと呼ぶか。漢字5文字で答えなさい。

2）次の表2は日本企業の海外現地法人の従業者数の変化を示しており，表中のJ～Nは，アフリカ，ヨーロッパ，アジア，アングロアメリカ，ラテンアメリカのいずれかを表している。このうちアングロアメリカを示す記号を答えなさい。

表2　日本の海外現地法人の従業者数(人)

	1990	2019
J	958, 619	3, 240, 536
K	19, 467	31, 392
L	231, 797	521, 060
M	507, 822	518, 982
N	166, 470	280, 973

『データブック　オブ・ザ・ワールド 2021年版』より作成。

6．下線部⑥について，持続可能な開発目標の略称をアルファベットで答えなさい。

Ⅱ　アフリカについて述べた次の文と地図を読み，以下の問いに答えなさい。なお，文中と地図中の同一記号は同一内容を示している。

アフリカ大陸の多くは台地からなり，低地は10%にも満たない。海岸の低地は狭く，急に標高があがるため，河川には滝が多いことも特色である。北西部にある[a]山脈は，アルプス＝ヒマラヤ造山帯に属する。また，東部には断層陥没帯である①アフリカ大地溝帯が南北に走っている。

[a]山脈の東部が位置する[A]は，地中海に面する都市を首都としており，国土の南部には②サハラ砂漠が広がる。[B]は，全体が乾燥気候に属するが，サハラ砂漠が広がる北部に較べて，南部は雨量が多く，年約500mmの降水がある。

[C]はギニア湾北東岸に位置し，海岸はマングローブと低湿地が広がる。国土の大部分は熱帯で，雨季と乾季が明瞭にある。[D]もまたギニア湾に面した国である。南部は熱帯気候で年中高温であり，北部は雨量が少なく高温が続く乾燥気候である。ヴォルタ川が国土を南流している。

北アフリカからコンゴ盆地までは，比較的低い土地が続いている。アフリカ東部には③ナイル川が流れて，河口に広大な三角州をつくっている。

④赤道直下には，ケニアやコンゴ民主共和国が位置する。アフリカ最大の湖であるヴィクトリア湖も赤道直下にある。南回帰線直下には，ナミブ砂漠，カラハリ砂漠，そしてモザンビーク海峡を隔てて[b]島がある。

アフリカ大陸の南端には南アフリカ共和国があり，その西南端の都市[c]には，テーブルマウンテンがそびえ，そこから市街地が見下ろせる。

先カンブリア時代の地層からなるアフリカ大陸には，多くの鉱産資源が埋蔵されている。一方，プランテーション作物や特定の鉱産資源といった一次産品の輸出に依存する，⑤モノカルチャー経済となっている国が多く存在する。

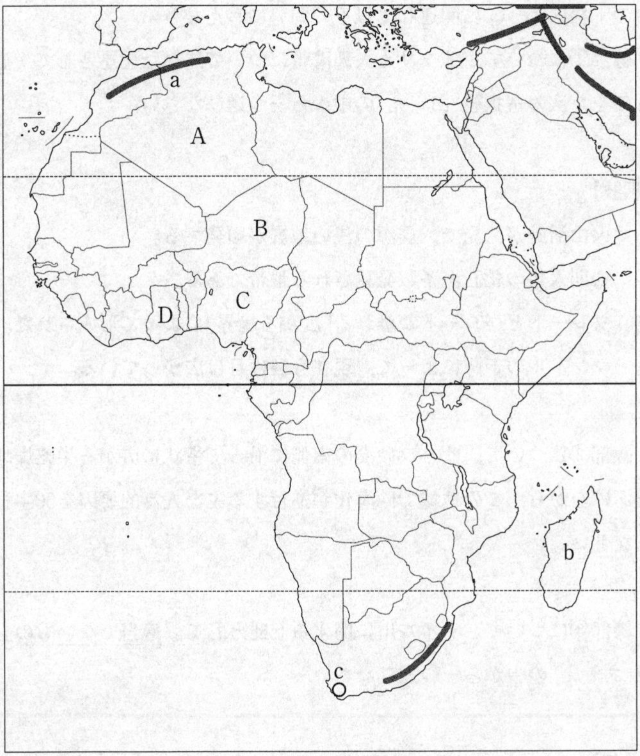

図1　アフリカの地図

〔問い〕

(1)　文中の空欄について，以下の問いに答えなさい。

1．文中の空欄 a ～ c にあてはまる名称，地名を答えなさい。

2．空欄A，Cにあてはまる国名をそれぞれ答えなさい。

3．空欄B，Dでは旧宗主国の言語が公用語とされている。それぞれの公用語を答えなさい。

4．空欄Dを含むギニア湾岸地域一帯で盛んに栽培されており，コートジボワールでは輸出品のうち輸出額が一位となっている商品作物の名称を答えなさい。

(2)　文中の下線部①～⑤に関連して以下の問いに答えなさい。

1．下線部①について，アフリカ大地溝帯について述べた記述として，適当でないものを，次の選択肢 あ～え の中から一つ選びなさい。

【選択肢】

あ　火山活動が活発で，震源の浅い地震が頻発する。

い　初期人類の化石が多数発見される地帯である。

う　プレートとプレートが離れる「広がる境界」によって形成された。

え　マントルの下降によって，現在も裂け目は広がっている。

2．下線部②について，サハラ砂漠の南側に沿って帯状に広がる半乾燥地帯の名称をあげながら，この地域で砂漠化が進行する主な人為的要因を50字程度で説明しなさい。

3．下線部③について，ナイル川に関する記述として，適当でないものを次の選択肢 あ～え の中から一つ選びなさい。

【選択肢】

あ　ヴィクトリア湖に流入する河川を水源として地中海にそそぐ。

い　エジプトでは上流部にダムが完成したことで大きな洪水がなくなったが海岸や河岸の過剰な土壌堆積が問題となっている。

う　エチオピア北西部の山地を水源とする支流の青ナイル川は，スーダンで本流と合流する。

え　ナイル川流域国であるエジプト，スーダン，エチオピアを中心に，水資源をめぐる国際的な水利権争いが生じており，政治問題となっている。

4．下線部④に関連して，以下の問いに答えなさい。

1）次の表1は，ケニア，ナイジェリア，ボツワナ，ザンビアの一人当たり国民総所得，観光客数，輸出上位3品目の割合を示したものである。このなかで，ボツワナに該当するものを，表1中の記号W～Zの中から一つ選びなさい。

表1　4ヵ国の一人当たり国民総所得，観光客数，輸出上位3品目の割合

	一人当たり国民総所得（ドル）	観光客数（人）	輸出上位3品目の割合(%)	
W	1,460	107万人	銅 化学薬品 切手類	75.2 2.5 2.1
X	7,410	162万人	ダイヤモンド 機械類 牛肉	90.5 2.8 1.2
Y	1,970	527万人	原油 液化天然ガス 船舶	82.3 9.9 2.4
Z	1,600	136万人	茶 野菜と果実 切り花	22.7 9.8 9.5

『データブック　オブ・ザ・ワールド 2021年版』より作成。
一人当たり国民総所得はすべて2018年のデータ。
Wの輸出上位3品目の割合は2018年，観光客数は2018年のデータ。
Xの輸出上位3品目の割合は2019年，観光客数は2017年のデータ。
Yの輸出上位3品目の割合は2018年，観光客数は2016年のデータ。
Zの輸出上位3品目の割合は2016年，観光客数は2017年のデータ。

2）コンゴ民主共和国をはじめとするアフリカの国々について述べた記述として，<u>適当でないもの</u>を，次の選択肢 あ～え の中から一つ選びなさい。

【選択肢】

あ　コンゴ民主共和国は，銅・ダイヤモンド・コバルトなどの鉱物資源が豊富であるが，1990年代に始まった内戦などの影響で経済活動が低迷し，近年は復興の途上にある。

い　セネガルは，旧宗主国であったフランスと，独立後も良好な関係を保ち，現在でもフランスとの政治的・経済的関係が深い。

う　タンザニアには，アフリカ最高峰のキリマンジャロ山などの世界遺産をはじめ，豊かな自然が存在する。

え　モロッコは，イギリスからの独立直後から内戦が続いたが，内戦が終結してから比較的政情は安定している。

5．下線部⑤について，モノカルチャー経済の問題点を，国際市場との関係に言及して，50字程度で説明しなさい。

Ⅲ　別紙の国土地理院の電子地形図「潟町」を参照しながら，以下の問いに答えなさい。

〔問い〕

(1)　この地域は新潟県上越市に位置し，日本列島の地体構造に関して，重要な境界線が通っている。なお，この境界線の西縁は糸魚川市にある。その境界線の名称をカタカナで答えなさい。

(2)　地点A付近と地点B付近に共通する土地利用の目的を答えなさい。

(3)　保倉川に関して，以下の問いに答えなさい。

1．保倉川の旧河道には該当しない地点を，地点C～Fの中から全て選びなさい。

2．地点G付近の集落が立地している地形を答えなさい。

(4)　地点Hに関して，以下の問いに答えなさい。

1．この地点付近のように主要道路に沿って発達している集落形態をなんというか，漢字2文字で答えなさい。

2．この地点付近の集落が成立した時期はいつ頃であるかを，次の選択肢 あ～え の中から一つ選ぶとともに，そのように判断した理由を30字程度で答えなさい。

【選択肢】

あ　平安時代　　い　鎌倉時代　　う　室町時代　　え　江戸時代

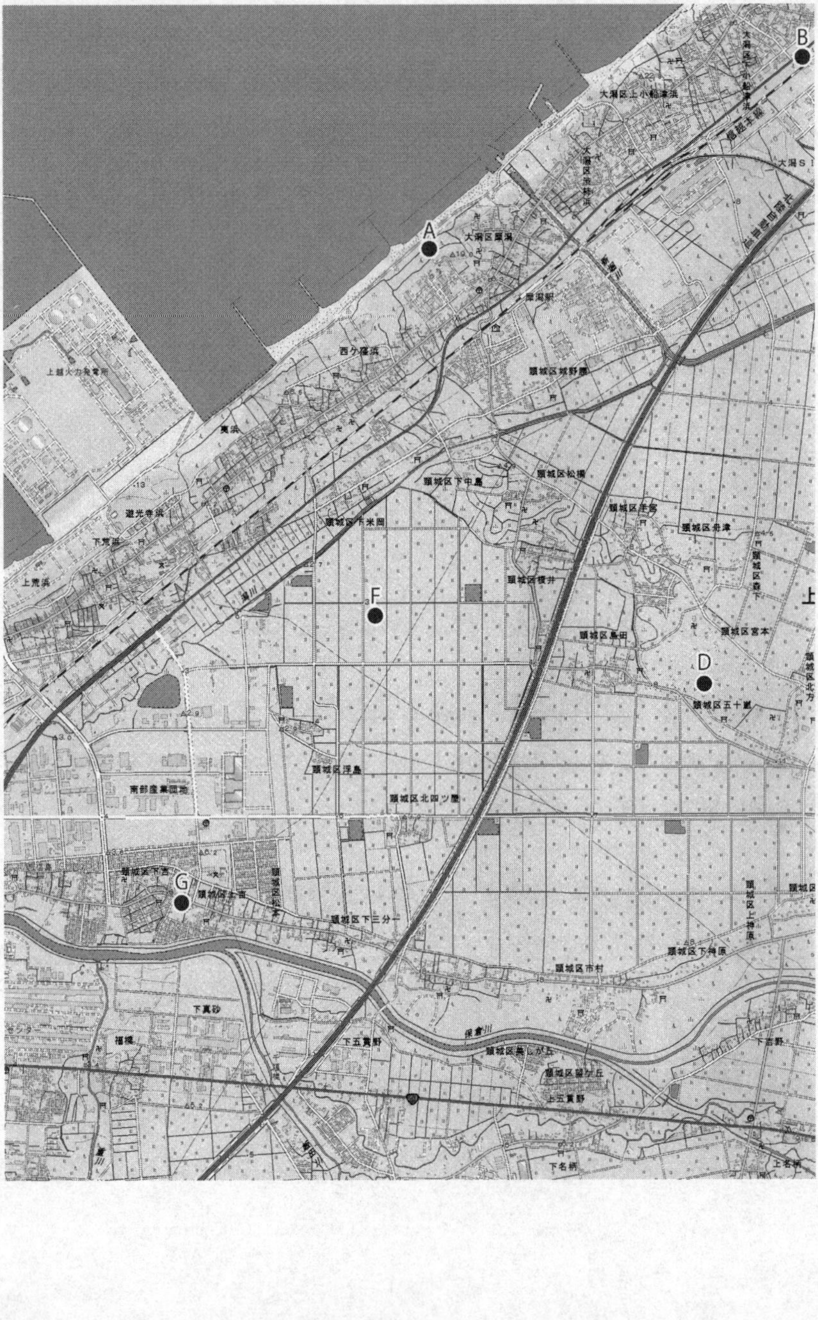
A
B
D
F
G
大潟区上小船津浜
大潟区下小船津浜
大潟区犀潟
大潟区渋柿浜
信越本線
北陸自動車道
大潟ＳＩ
犀潟駅
上越火力発電所
西ケ窪浜
頸城区城野腰
裏浜
頸城区松橋
頸城区下中島
遊光寺浜
頸城区下米岡
下荒浜
上荒浜
頸城区手宮
頸城区舟津
頸城区森下
頸城区榎井
頸城区島田
頸城区宮本
頸城区五十嵐
頸城区北方
上
頸城区浮島
南部産業団地
頸城区北四ツ屋
頸城区下吉
頸城区上吉
頸城区松本
頸城区下三分一
頸城区上神原
頸城区下神原
頸城区市村
下真砂
センター
福橋
下五貫野
保倉川
頸城区美しが丘
頸城区望ケ丘
上五貫野
下吉野
下名柄
上名柄

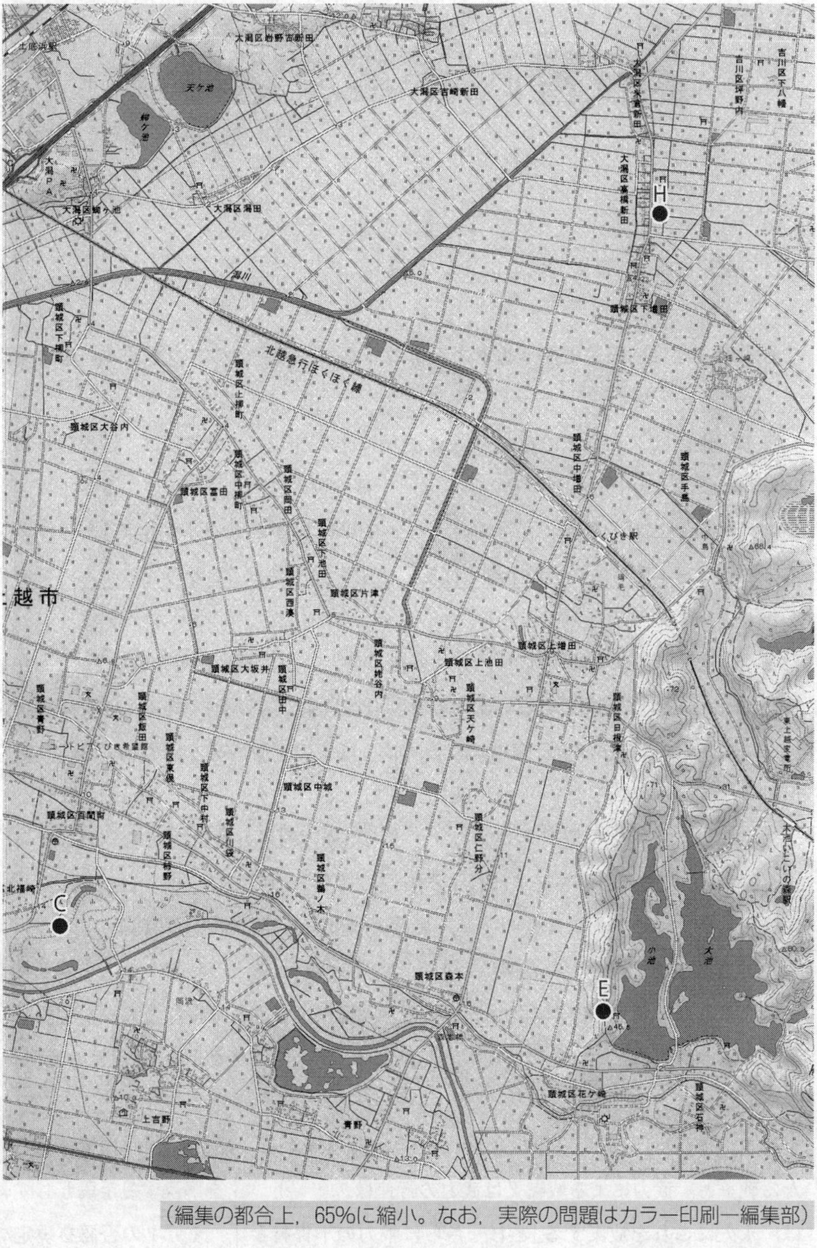

（編集の都合上，65%に縮小。なお，実際の問題はカラー印刷－編集部）

政治・経済

(60分)

I　次の文章を読み，下記の問いに答えなさい。

日本国憲法は，国民主権，基本的人権の尊重，平和主義の3つを基本原理とする。

日本国憲法は，その前文で，「主権が国民に存する」とし，「国政は，国民の厳粛な信託によるものであって，その［ a ］は国民に由来し，その［ b ］は国民の代表者がこれを行使し，その［ c ］は国民がこれを享受する」としている。これは日本国憲法が国民主権と間接民主制を採用することをうたったものである(1)。

日本国憲法は，基本的人権(2)は「人類の多年にわたる自由獲得の努力の成果」であり(第97条)，「侵すことのできない永久の権利」(第11条，第97条)であるとしている。「この憲法が国民に保障する自由及び権利は，国民の不断の努力によって，これを保持しなければならない」(第12条)としている。そのうえで，国民は権利を［ d ］してはならず，「常に［ e ］のために利用」(第12条)しなければならず，「生命，自由及び幸福追求に対する国民の権利については，［ e ］に反しない限り，立法その他の国政の上で，最大の尊重を必要とする」(第13条)としている。この幸福追求権などを根拠に，［ f ］の権利(個人の私的な生活をみだりに公開されない権利)や環境権などの新しい人権が主張されている。大日本帝国憲法には基本的人権という発想はなく，国民には［ g ］の範囲内で「臣民の権利」があるだけであった。

日本国憲法は「恒久の平和を念願」するという立場から，第9条で，「国権の発動たる戦争と，武力による威嚇又は武力の行使は，［ h ］を解決する手段としては，永久にこれを放棄する」とし，さらに戦力の不保持と［ i ］の否認を規定している。日本政府は，日本が主権国家である以上，日本国憲法は自衛権の行使を否定していないとして，自衛隊は「自衛のための必要最小限度の［　j　］」であり，第9条で保持を禁止されている戦力にはあたらないとしている。

〔問1〕 文中の空欄［　a　］～［　j　］にもっとも適切な語句を入れなさい。

〔問2〕 下線部(1)について，国民主権をふまえた制度の説明として正しいものを次から1つ選びなさい。

① 日本国憲法は間接民主制を採用しているため，国民が国民投票によって直接に国政上の決定をおこなうことはない。

② 地方自治体における住民投票は，地方自治体が条例を制定することで実施できる。

③ 最高裁判所裁判官の国民審査において，罷免すべきとする国民の意見が3分の2以上であれば，その裁判官を罷免することができる。

④ 最高裁判所裁判官の国民審査は参議院議員選挙ごとに実施される。

〔問3〕 下線部(2)について，次の空欄［　ア　］と［　イ　］にもっとも適切な語句を入れなさい。

日本国憲法は，国民の自由や権利が侵害された場合に救済を求める権利として，裁判所において裁判を受ける権利(第32条)，公務員の不法行為に対する［　ア　］(第17条)，裁判で無罪の判決を受けた人が抑留又は拘禁されていた場合の［　イ　］(第40条)などについて規定している。

Ⅱ　次の文章を読み，下記の問いに答えなさい。

現代の立憲主義諸国家は国民主権の原則を掲げているのが通例である。そこでは，政治は主権者である国民の意思，民意にもとづいておこなわれなければならないとされている。

民意を政治に反映させる手続きとして選挙がある。日本の衆議院議員選挙の例で見ると，(1)1890年の時点では総人口に対する有権者の比率は1.13％にとどまっていたが，その後，(2)様々な制度改革によって，有権者比率は拡大していった。このようにして，できるだけ広範な民意を政治の世界にくみ上げようとしてきたのである。

ただし，政治参加の拡大に対しては，19世紀以来，懸念の声はあった。有権者数が増えてもその多くが政治について無知無関心であった場合，ごく少数の人間が大多数の有権者の投票行動を自由にコントロールして，多数者の支持の名の下に専制をおこなうこともありうると考えられたのである。『自由論』を書いたイギリスの思想家 [a] も「多数者の専制」の可能性を危惧したひとりである。

また，選挙結果が示している民意とはなにかを考えてみることも重要である。(3)一般に選挙では，選挙区における候補者という個人単位で投票がなされているだけで，特定の政策への賛否が直接投票にかけられているのではないからである。日本の衆議院議員選挙では，2005年から，各政党が有権者に対して政策の具体的な内容や数値目標などを盛り込んだ [b] を掲げて選挙戦を戦うようになった。しかし，(4)落選者に投じられた票もあるのだから，民意は当選した者の立場のみに現れていると単純に見なすこともできないのである。

民意を確認する手続きとして，選挙とともに重視されているのは世論調査である。世論とは，社会の中で優勢な意見のことをいう。既に，1922年に [c] は『世論』という題の書物を公刊して，その重要性を指摘している。世論は時に応じて変化していくと考えられており，今日では，様々なマスメディアがそれぞれの手法を駆使して随時調査を実施してその結果を公表している。ただし，世論が形成されていく過程では，マスメディア自体の果たす役割の大きいことも指摘されており，(5)マスメディアが政治からどのように自立しているかは常に問われることである。

2010年代に入ると，ソーシャルメディアの果たす役割が急激に拡大し，政治にも大きな影響を与えるようになっている。たとえば，2011年の「アラブの春」では，ソーシャルメディアでの呼びかけを通じて市民運動が活発化し，エジプトの［ d ］大統領が退陣に追い込まれた。(6)ソーシャルメディアは誰でも容易に情報発信できるところに大きな長所がある。しかし，同時に，そこには深刻な問題の可能性も含まれていることには注意が必要であろう。

〔問1〕 文中の空欄［ a ］～［ d ］にもっとも適切な語句や人名を入れなさい。

〔問2〕 下線部(1)について，このような比率にとどまっていたのはなぜか，このときの選挙権の資格要件を2つあげなさい。

〔問3〕 下線部(2)について，日本の衆議院議員選挙では，1946年と2017年の選挙で，人口に対する有権者の比率がその前の選挙に比べて大きくなっている。それぞれ，どのような選挙制度改革によるものか，答えなさい。

〔問4〕 下線部(3)について，現在の日本の選挙制度で，候補者の個人名ではなく政党名を記入して投票することができるのは，次のうちどれか。

① 衆議院議員補欠選挙
② 市町村議会議員選挙
③ 参議院議員選挙
④ 都道府県議会議員選挙

〔問5〕 下線部(4)について，落選者に投じられた票を何というか。

〔問6〕 下線部(5)については，マスメディア自体が1つの巨大な権力となっているという批判もある。このようなマスメディアは何と呼ばれるようになったか。次の中から選びなさい。

① 生権力
② 不可視の権力
③ 善意の権力

④　第4の権力

〔問7〕　下線部(6)について，ソーシャルメディアを用いた情報発信に関し，正しいものを1つ選びなさい。

①　政治家がソーシャルメディアを用いて敵対者の陰謀を告発する行為は，その政治的責任に基づく重要な政治活動であるので，規制されない。

②　アメリカではソーシャルメディアはもっとも重要な選挙運動の手段になってきているが，日本でも，選挙運動期間中に候補者がソーシャルメディアを使って情報発信することは認められるようになった。

③　ソーシャルメディアを通じて得た情報を引用して再発信することは，自分自身の発信とは区別されるので，それが誤った情報であっても責任を問われることはない。

④　市民がソーシャルメディアを通じて犯罪者の個人情報を公開することは，日本国憲法の定める表現の自由によって保障された正当な権利の行使である。

Ⅲ　次の文章を読み，下記の問いに答えなさい。

地球環境問題を解決することは，我々人類にとって最も重要な課題の一つであり，国際的な取り組みは1970年代から行われている。(1)1972年，(2)国連人間環境会議で［ a ］が採択され，これを受け，国際連合総会は，国連諸機関の環境に関する活動を総合的に調整する機関として，［ b ］（UNEP）の設置を決議した。さらに，1971年に水鳥の保護を目的とした［ c ］条約，1973年に絶滅の恐れがある野生動植物の取引を規制する［ d ］条約などが採択され，国連などを中心に国際協力が試みられた。

冷戦終結後，1992年に「［ e ］な開発」を基本理念として，国連環境開発会議（地球サミット）が開かれ，具体的な行動計画として［ f ］が策定された。また，地球温暖化を防ぐため温室効果ガスの排出削減に関しても様々な取り組みが行われており，1997年には(3)京都議定書が採択された。しかしながら，地球温暖化対策を巡っては，先進国と発展途上国との間で対立が続いており，根本的な解決には至っていないのが現状である。

地球環境を保全するためには，限られた資源を有効活用する必要がある。そのため，日本では2000年に「循環型社会［　g　］」を制定し，循環型社会の形成についての基本原則などを定めている。また，日本は，国内資源に乏しく，様々な資源を輸入に頼っているため，エネルギー安全保障の観点からも，再生可能エネルギー(4)の開発や省エネルギー技術のさらなる発達が求められている。

資源の再利用をはかるために３Ｒ運動(これに［　h　］を加えて４Ｒと呼ぶ場合もある)が提唱されており，日常生活の中でも循環型社会の形成に寄与することが求められている。

〔問１〕 下線部(1)の年に，ローマクラブが発表した，資源の有限性を示した報告書のタイトルは，①から④のうちどれか。正しい選択肢の番号を書きなさい。

① 「環境の限界」　② 「成長の限界」

③ 「資源の限界」　④ 「地球の限界」

〔問２〕 下線部(2)のキャッチフレーズを書きなさい。英語，日本語どちらでも構わない。

〔問３〕 文中の空欄［　a　］～［　h　］に，もっとも適切な語句をいれなさい。但し，［　h　］は，アルファベットで書きなさい。

〔問４〕 下線部(3)について，①から⑤の中で正しい内容の文章を１つ選び，その番号を書きなさい。

① 2004年に発効した。

② 1990年を基準として2008年から2012年の平均で，日本は５％の温室効果ガス排出量削減の義務を負う。

③ 2012年の第18回締約国会議では，京都議定書の８年間の延長が決定した。

④ 2004年にアメリカが批准した。

⑤　2001年にロシアが離脱した。

〔問5〕　下線部(4)について，2019年時点で太陽光発電の設備容量について，左から多い国順に並べた場合，適切な選択肢を選び，その番号を書きなさい。

①　アメリカ — 中国 — 日本　　②　アメリカ — 中国 — ドイツ
③　中国 — アメリカ — 日本　　④　中国 — ドイツ — アメリカ
⑤　アメリカ — 中国 — インド

Ⅳ　次の文章を読み，下記の問いに答えなさい。

通貨の交換比率である為替レートは，海外との取引に大きな影響を及ぼす。たとえば，円を売ってドルを買う動きが強まると円［ a ］・ドル［ b ］となる。その場合，日本でつくった製品は，日本円での値段が変わらなくてもドルに換算すると［ c ］くなるから，日本からアメリカへの輸出が［ d ］ことになる(ただしこのとき，両国の物価水準は変わらないものとする)。

為替レートを決める要因にはさまざまあるが，ここでは［ e ］説について取り上げることにしよう。この考え方は，両国の物価動向を反映して，物価が相対的に上がった国の通貨が割安になるように為替レートが決まるとする見方である。

たとえば，仮に世界中のマクドナルドで売られているビッグマックが同一製品だとすると，［ e ］によって予測される為替レートは次のように計算される。アメリカで売られているビッグマックの価格が5ドルであり，日本のビッグマックの価格が350円であったとするならば，［ e ］から1ドルあたり［ f ］円の為替レートが予測される。後に，アメリカのビッグマック価格が7ドルに改訂されて，日本の価格は350円のまま据え置かれたとすると，1ドルあたり［ g ］円になると予測される。このようにアメリカで相対的に物価が上がってビッグマックの価格が上がったとすると，アメリカのドルは日本円に対して，［ h ］くなると考えられる。

ここまでは，世界中の商品が同一の製品で，ヒト・モノ・カネが国境を越えて世界を自由に行き来する状況を想定してきた。そこでは，製品の規格，会計制度，経済制度などが標準化された [i] が世界中で適用されると考えられる。

しかし実際には，多くの国にまたがって世界的規模で活動する [j] 企業であっても，地域によって異なる製品を提供している。たとえば，マクドナルドは世界の多くの地域に進出しているが，インドでは [k] 教徒が多いという宗教上の理由から牛肉を提供することができずに，チキンを使ったマハラジャマックを提供している。このように [j] 企業は進出先の文化に適応することもある。

〔問1〕 文中の空欄 [a] ～ [k] にもっとも適切な語句または数値を入れなさい。

〔問2〕 下線部に関連して，次の選択肢①～④のうち，誤っている選択肢を1つ選びなさい。

① 経済制度や会計制度は，国ごとに違いがないほうが便利なので，国際的に共通化できる部分は共通化する傾向にある。

② 会社法や税法などの法律は，国ごとに作られてきたため，今でも世界で単一の法律を適用しているわけではない。

③ 会計制度は，国ごとの法律と密接にかかわりあっている部分があるため，国際的に統一化されたルールが全世界で適用されている。

④ 国境を越えてカネが行き来すると言われるが，実際には世界的に統一化された機関が市場を監督するというのではなく，国ごとに機関が市場を監督している。

〔問3〕 下のグラフは，1980年からの1ドルあたりの円相場の推移を示している。次の選択肢①～④のうち，誤っている選択肢を1つ選びなさい。ただし，グラフ内の丸数字は選択肢に対応している。

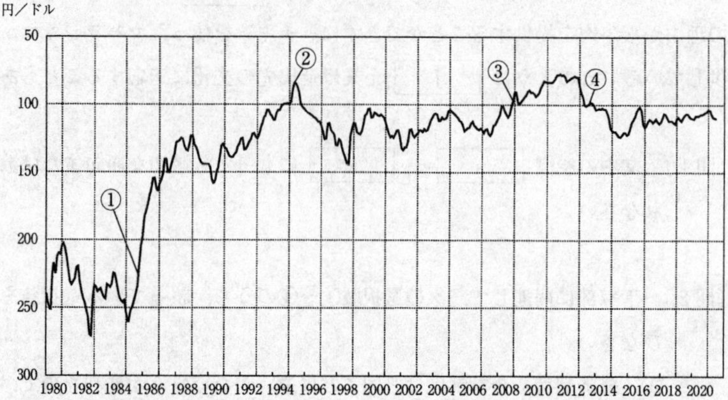

出所　日本銀行時系列統計データ（https://www.stat-search.boj.or.jp/）

① アメリカ，イギリス，西ドイツ，フランス，日本は，為替市場への協調介入で，ドル高を是正することに合意し，急激な円高が進んだ。

② バブル崩壊後の不況で，内需が落ち込み，輸出が増加し，円高になった。

③ ギリシャ財政危機の深刻化により，欧州の金融不安が高まり，その結果，円高が始まった。

④ 日本銀行による過去最大の金融緩和の影響で円安となった。

数学

(60分)

I　以下の $\boxed{\quad}$ を埋めなさい。

(1)　2次不等式 $ax^2 + bx - 3 < 0$ の解が $-3 < x < \dfrac{1}{3}$ であるとき，
$a = \boxed{\text{ア}}$，$b = \boxed{\text{イ}}$ である。

(2)　$\log_{10}2 = 0.3010$ とする。このとき，2^{2022} は $\boxed{\text{ウ}}$ 桁の数であり，
一の位の数字は $\boxed{\text{エ}}$ である。

(3)　整数 a に対して，整式 $P(x) = x^3 - ax^2 + ax - 1$ とする。このとき
$P(x)$ を $x - 1$ で割ったときの商は $\boxed{\text{オ}}$ である。また，3次方程式
$P(x) = 0$ の実数解がすべて整数となる a の値をすべて求めると $\boxed{\text{カ}}$
となる。

(4)　自然数 n に対して，数列 $\{a_n\}$ の一般項を $a_n = \displaystyle\sum_{k=1}^{n} 2^{k-1}$ とする。このとき，a_{2n} を a_n で割ったときの商は $\boxed{\text{キ}}$ である。また，a_{30} と a_{10} の最大公約数は $\boxed{\text{ク}}$ であり，a_{30} と a_{25} の最大公約数は $\boxed{\text{ケ}}$ である。

Ⅱ　x, y, z は実数とする。このとき，以下の問いに答えなさい。

(1)　$2^x+\dfrac{16}{2^x}$ の最小値を求めなさい。また，そのときの x の値を求めなさい。

(2)　$\left(2^x+\dfrac{25}{3^y}\right)\left(3^y+\dfrac{4}{5^z}\right)\left(5^z+\dfrac{9}{2^x}\right)$ の最小値を求めなさい。また，そのときの x, y, z の値を求めなさい。

問三　傍線部3「喙《くちばし》を容《い》るる」を五字以内でわかりやすく言い換えよ。

問四　傍線部4「女性の頭上にも被《かうむ》るべき」とはどういう意味か。解答欄に入る漢字二字を文中から抜き出せ。

（解答欄：女性にも□□がある）

問五　この文章における筆者の主張を四十字以上、六十字以内で要約（要点を自分なりの表現で簡潔にまとめること）せよ。

決すといひ、至善至美なる立憲の政体を布《し》くといふも、誰か首肯するものあらんや。

（清水紫琴「泣て愛する姉妹に告ぐ」より）

補注1　身分的支配層が被治者の意思や要望とは無関係に統治をおこなうこと。本文の場合は、江戸時代の幕府と藩による支配体制を指している。

補注2　当時は女性に選挙権、被選挙権が与えられていなかった。

補注3　「万機《ばんき》を衆議に決す」とは慶応《けいおう》四（一八六八）年に天皇が示した明治政府の基本方針「五箇条《ごかじょう》の御誓文《ごせいもん》」の第一条「広く会議を興《おこ》し、万機公論に決すべし」を念頭においたものであり、「至善至美なる立憲の政体を布《し》く」は明治八（一八七五）年の明治天皇の命令「立憲政体の詔書」を意識した記述である。

問一　傍線部1「婦人の分限外なれば」の意味としてもっとも適切なものを次から選び、記号で答えよ。

イ　婦人には利害の及ばないことなので

ロ　婦人には難解すぎて理解できないので

ハ　婦人の身の程を超えたことなので

ニ　婦人の社会的地位を危《あや》うくするので

ホ　婦人は分際《ぶんざい》をわきまえているので

問二　傍線部2「つやつや」の意味としてもっとも適切なものを次から選び、記号で答えよ。

イ　なんとなく　　ロ　まったく　　ハ　半《なか》ばは　　ニ　積極的には　　ホ　申し訳ないが

III　明治二十三（一八九〇）年十一月、第一回帝国議会が開会された。これにさきだって公布された規則案の一条について、自由民権運動家清水紫琴《しきん》（二十二歳の女性）が、同世代の女性読者にむけて、その決定を批判する文章を書いた。これを読み、以下の問いに答えよ（問題文の一部について［　　　］で語意を補った）。

切《せつ》に敬愛しまつる姉妹達よ、貴嬢《きぢやう》等は這回《このたび》発布せられたる、衆議院規則案第十一章、傍聴人規則中、其《その》第百六十五条に「婦人は傍聴を許さず」と特筆大書しあるを見給ひし乎《か》（中略）。

思ふに是《これ》は、婦人の傍聴者を気遣《きづか》はれたるにはあらで、婦人は国会を傍聴するの必要なしと認められたるものならむ乎。然《しか》れ共《ども》必要なきと必要あるとは、何に由《よ》りて識別せられしにや。今もし国会の議事は[1]婦人の分限外なればといふことあらんに、儂《わたくし》は[2]つやつや承服し難《がた》きなり。むかし君主[補注1]専制の治の行はれたる時分には、人民が政治の事に[3]喙《くちばし》を容《い》るるは、定《さだめ》し其分限を侵《おか》したる事と思惟《しい》せられしならむ［考えられたのであろうが］、然れ共今日よりして之《これ》を考ふれば、却《かへり》て治者が被治者の権限を、侵し居《ゐ》たるものなりしは、云《い》ふ迄もなき事と分りしならずや。されば今迄の習慣を基礎として、婦人が国会を傍聴するは無要《むよう》の事なり、其分限を超ゆるものなりと論断するは（中略）甚だしき誤想［誤った考え］にあらずや。

加之《しかのみ》ならず、もともと国会てふものは、何の為《ため》に開かるるものか。一部の人間が恣《ほしいまま》に一部の人間を支配することが、道理に合はぬといふより［誤った思想だという見解のもとで］、人々個々の権利を重んじて、一国の大事を相談せらるるには非《あら》ずや。然るに今もし、国会は開かれたるも、女性[補注2]は自己の代表者を国会に差出し能《あた》はざるのみか［それに加えて］、[4]女性の頭上にも被《かうむ》るべき一般の国家の利害得失に関する議事をも傍聴することを得ずといふ。されば矢張《やはり》男子てふ一部の人間が恣《ほしいまま》に女子てふ一部の人間を圧制するの実あるものには非ずや［圧迫しているのが実態だと言わざるを得ないのではないか］。斯《かく》の如《ごと》くにして、万機《ばんき》[補注3]を衆議に

Ⅱ

次の1〜8の（　　）内のカタカナを漢字に直し、9・10の（　　）内の漢字の読みをひらがなで記せ。

1　雨が（カンダン）なく降り続き、洪水が発生した。

2　区役所で（ズイイ）契約の実績を閲覧する。

3　古代遺跡を訪ねて、（オウジ）の繁栄をしのぶ。

4　（ドキ）を帯びた声が皆を震え上がらせた。

5　インターネットを駆使して（ハンロ）を開拓する。

6　歴史に名を残す人には（タイキ）晩成型も少なくない。

7　大学の授業で（オンイン）論について学んだことがある。

8　その村は紅葉で知られる県内屈指の（ケイショウ）地だ。

9　詩人は心の（内奥）を言葉にする。

10　植物の（種苗）を購入する。

ハ　言語を生業とする芸術家には、ボクシングや剣道の奥深さを理解することが困難だから。

ニ　実在の精髄とはどこまでも具象的なものであり、はじめから概念化する必要がないから。

ホ　肉体の痛みというものは、言語化したところで他人と共有できるとはかぎらないから。

問六　二箇所の空欄6に入る漢字四字の語を文中から抜き出して答えよ。

問七　本文の内容に合致するものを次から一つ選び、記号で答えよ。

イ　実在の本質に近づくためには、敵に見られずに敵を見なければならない。

ロ　実在の本質に近づくためには、極力具体的な表現を心がける必要がある。

ハ　一般に、創造とは敵に見られる可能性のない地点に成り立つものである。

ニ　作者と読者は「見る・見られる」という共犯関係によって結ばれている。

ホ　芸術家には他人の痛みを自分の痛みとして感じる想像力が不可欠である。

イ　しかし　　ロ　それゆえ　　ハ　なるほど　　ニ　まして　　ホ　なぜなら

問三　傍線部3「表現とは、物を避け、物を作ることだ」とあるが、その具体例として適切でないものを次から一つ選び、記号で答えよ。

イ　馬の絵や映像を参考にして、馬が走る様子を表現すること。
ロ　人間の心の醜さから目を背け、善良さを強調して表現すること。
ハ　ペットを失った友人の悲しみを自分なりに想像して表現すること。
ニ　自分では訪れたことのない町を、訪れた人の証言をもとに表現すること。
ホ　目の前のリンゴをよく観察せず、頭の中のイメージでリンゴを表現すること。

問四　傍線部4において、「想像力」と「芸術家の表現行為」はいずれも批判的に言及されている。次の文章は、両者が批判の対象となる理由を明らかにしつつ、傍線部4を言い換えたものである。空欄4A～4Cに入る語句をそれぞれ六字以上八字以内で文中から抜き出して答えよ。

人は想像力によって［4A］と［4B］を混同し、結果的に［4B］と向き合わなくなるだろう。そこには、［4C］を避けつつ、言語によって［4C］を生み出そうとする芸術家の表現行為と同様の欺瞞《ぎまん》がある。この両者の結びつきから生まれるのが芸術であり、かくして芸術によって目の前の現実は歪められてきたのである。

問五　傍線部5「抽象化による具体表現を全的に拒否する」とあるが、その理由としてもっとも適切なものを次から選び、記号で答えよ。

イ　拳や竹刀の先にあるものとは、即物的な態度でしか向き合うことができないから。
ロ　拳や竹刀がもたらす痛みを言葉にすると、その抽象性が薄まってしまうから。

エッセンス、実在の精髄と感じられることからもわかった。それはいかなる意味でも影ではなかった。拳の彼方、竹刀の剣尖《けんせん》の彼方には、絶対に抽象化を拒否するところの、（5ましてや抽象化による具体表現を全的に拒否するところの）、あらたかな実在がぬっと頭をもたげていた。

そこにこそ行動の精髄、力の精髄がひそんでいると思われたが、それというのも、その実在はごく簡単に「敵」と呼ばれていたからである。

敵と私とは同じ世界の住人であり、私が見るときには敵は見られ、敵が見るときには私が見られ、しかも何ら想像力の媒介に頼らずに対し合い、相互に行動と力の世界、すなわち「見られる」世界に属していた。敵はいかなる意味でも観念《イデア》ではなかった。何故なら、イデアへ到達するためにわれわれは一歩一歩 [6] の階梯《かいてい》を昇りつめ、ひたすらイデアを見つめることによって、光明に盲《めし》いるまでにいたるであろうが、イデアは決してわれわれを見返すことがない。われわれが見る一瞬毎につねに見返されている世界では、[6] の暇は与えられることがない。表現者はその世界の外に位置しなければならない。そうすればその世界全体は、表現者を見返すことがないから、表現者は、見、かつ、言語を以てゆっくり表現する暇を与えられる。しかし彼は、「見返す実在」の本質には決して到達することができないのである。

（三島由紀夫『太陽と鉄・私の遍歴時代』より）

注　ロゴス　論理、理性。

問一　傍線部1「あらたかな」の意味としてもっとも適切なものを次から選び、記号で答えよ。

イ　特殊な　　ロ　神々しい　　ハ　新しい　　ニ　著しい　　ホ　真正な

問二　空欄2A～2Cに入るもっとも適切な語を次から選び、記号で答えよ（重複不可）。

で、それを「表現」することはできるだろう。 2C 表現には媒体が要り、私の場合は、その媒体たる言葉の抽象作用がすべての妨げをなすと考えられたから、表現という行為自体の疑わしさからはじめた者が、表現で満足する筈《はず》はなかった。

言葉に対する呪咀《じゅそ》は、当然、表現行為の本質的な疑わしさに思い及ぶにちがいない。何故、われわれは言葉を用いて、「言うに言われぬもの」を表現しようなどという望みを起し、或る場合、それに成功するのか。それは、文体による言葉の精妙な排列が、読者の想像力を極度に喚起するときに起る現象であるが、そのとき読者も作者も、想像力の共犯なのだ。そしてこのような共犯の作業が、作品という「物」にあらざる「物」を存在せしめると、人々はそれを創造と呼んで満足する。

現実において、言葉は本来、具象的な世界の混沌《カオス》を整理するためのロゴス[注]の働きとして、抽象作用の武器を以て登場したのであったが、その抽象作用を逆用して、言葉のみを用いて、具象的な物の世界を現前せしめるという、いわば逆流する電流の如きものが、表現の本質なのであった。あらゆる文学作品が、一つの美しい「言語の変質」だと、私が前に述べたのも、このことと照応している。3表現とは、物を避け、物を作ることだ。

想像力という言葉によって、いかに多くの怠け者の真実が容認されてきたことであろうか。肉体をそのままにして、魂が無限に真実に近づこうと逸脱する不健全な傾向を、想像力という言葉が、いかに美化してきたことであろうか。他人の肉体の痛みをわが痛みの如く感ずるという、想像力の感傷的側面のおかげで、人はいかに自分の肉体の痛みを避けてきたことであろうか。又、精神的な苦悩などという、価値の高低のはなはだ測りにくいものを、想像力がいかに等しなみに崇高化してきたことであろうか。4そして、このような想像力の越権が、芸術家の表現行為と共犯関係を結ぶときに、そこに作品という一つの「物」の擬制が存在せしめられ、こうした多数の「物」の介在が、今度は逆に現実を歪《ゆが》め修正してきたのである。その結果は、人々はただ影にしか接触しないようになり、自分の肉体の痛みと敢《あえ》て親しまないようになるであろう。

拳の一閃、竹刀の一打の彼方にひそんでいるものが、言語表現と対極にあることは、それこそは何かきわめて具体的なものの

国語

（六〇分）

I

次の文章を読み、後の問に答えよ。

……思想の形成は、一つのはっきりしない主題のさまざまな言い換えの試みによってはじまる。釣師がさまざまな釣竿《つりざお》を試し、剣道家がさまざまな竹刀を振ってみて、自分に適した寸法と重みを発見するように、思想が形成されようとするときには、或《あ》るまだ定かでない観念をいろいろな形に言い換えてみて、ついに自分に適した寸法と重みを発見したときに、思想は身につき、彼の所有物になるのであろう。

私は力の純粋感覚を体得したとき、正にそれこそ私の思想の核となる予感があったが、言うに言われない喜びが生れて、自分はそれを一つの思想として身につける前に、存分にそれと戯れてやろうという愉《たの》しみを心に抱いた。(中略)力の純粋感覚の言い換えが、拳の一閃《いっせん》や、竹刀の一撃へ向うのは当然だった。拳の一閃の先、竹刀の一撃の先に存在するものこそ、筋肉から放たれる不可見の光りのもっとも1あらたかな確証だったからだ。それは肉体の感覚器官の及ぶ紙一重先にある、「究極感覚」ともいうべきものへの探究の試みであった。

そこには、何もない空間に、たしかに「何か」がひそんでいた。力の純粋感覚を以てしても、その一歩手前へまでしか到達できないのだが、 2A 知性や芸術的直観では、その十歩二十歩手前へさえ行けないのである。 2B 芸術は何らかの形

解答編

英語

1　**解答**　(a)―2　(b)―1　(c)―2　(d)―4　(e)―3

◆全　訳◆

≪共感覚の色鮮やかな世界≫

数字の「6」は鮮やかな色合いのピンク。チェロを聴くとチョコレートのようなにおいがする。そして，ピザを1切れ食べると首の後ろにくすぐったい感覚が生まれる。もしそのような経験があれば，あなたは共感覚として知られている，五感に関する珍しい症状を持つ特別な人の一人かもしれない。共感覚を持つ人々は，ものを見たり，におったり，味わったり，触ったり，聞いたりするときに感覚が「混ざり合う」のを経験する。そのような人々は特別につながりあった脳を持っている。その結果，何かが五感の1つを刺激すると，別の感覚も反応する。この混ざり合いによって，人々は音が見えたり，色ににおいがしたり，形に味を感じたりすることがある。

多数のさまざまな感覚の組み合わせが存在する。もっともよくあるのは，数字や文字，あるいは曜日すら，それらが持つ鮮明な色で現れる。もしあなたがこのような類の出来事を経験したことがあるなら，それはあなただけではない。200人に1人もの人が，この症状を持つ人が呼ばれているような共感覚者かもしれない，と科学者たちは言う。共感覚は遺伝すると言われ，男性よりも女性によく生じることがあり，多くの有名人も共感覚を経験している。そうした有名な共感覚者の中には，ロシア人作家ウラジーミル＝ナボコフや物理学者リチャード＝ファインマンがいる。

1つのことがはっきりしている。たいていの共感覚者は自分たちの珍しい能力を大切にしているのだ。結局のところ，豊かで華麗な色や音で世界を経験したいと思わない人がほんとうにいようか。「それは実に好ましい経験です」とパトリシア＝リン＝ダフィーは言う。彼女はこのテーマに関する本を執筆しながら，この症状を持つ多数の人たちと話をした共感覚者だ。「もしあなたが誰かの共感覚能力を取り除こうと提案すれば，彼らは『結構です，私はその感じが好きなのですから！』と言うだろうと私は思います」

たいていの共感覚者は偶然に自分のすばらしい能力について知り，必ずしも全員が世界を自分たちと同じようには経験していないと知って驚く。多くの人にとって不思議に思われるかもしれないが，ダフィーは自分たちの経験は恐ろしいものではないと言う。共感覚を持つ人は絶えずそのように人生を経験してきた。「私が思い出せる限りでは，アルファベットの一文字一文字が別々の鮮明な色を持っています。それが私にとっての文字の見え方なのです」と彼女は言う。「16歳まで，誰もがそのような知覚を私と共有しているのが当然だと考えていました」

共感覚者は自分の知覚について積極的に考えることはしない。内面的に，つまり，「心の目」でそのような色を見ていると報告する人もいる。ダフィーのように，映画のスクリーンで映像を見るように，目の前に映し出された映像を見ているという人もいる。いずれにしても，共感覚においては，それらの色は現実のもので，豊かな想像の単なる産物ではないと科学者たちは知っている。共感覚者が見る色は，非常に明確で，時を経ても変わらないと研究が示している。もし「b」の文字が今日は緑ならば，それは今後もずっと緑なのだ。

◀解　説▶

(a)「この文章は主に何に関するものか」

1.「たいていの人間の脳に共通の仕組み」

2.「一部の人が持つまれな症状」

3.「困難にもかかわらず自分の人生を楽しむ人々」

4.「共感覚の研究を専門にする研究者」

すべての段落において，synesthesia「共感覚」，synesthetes「共感覚者」といった単語が見られる。第1段第4文（If you have …）後半に，共感覚が珍しい症状だと述べられていることから，正解は2。

(b)「共感覚の例でないのはどれか」

1.「特定の食べ物のにおいをかいだとき，空腹を感じる」

解答編

2.「特定の音を聞いたとき，ある色が見える」
3.「アルファベットの文字を見たとき，ある色が見える」
4.「特定の音を聞いたとき，食べ物のにおいがする」

第1段第5文（People with synesthesia …）に共感覚者は五感（視覚，嗅覚，味覚，触覚，聴覚）が混ざり合うことが述べられているが，それに空腹感は含まれていないので，正解は1。

(c)「共感覚はいつ発生するか」
1.「脳のある一部分が損傷を受けるとき」
2.「2つの感覚が同じものに反応するとき」
3.「見たり聞いたりするものについて積極的に思案するとき」
4.「それぞれの感覚を別々に経験するとき」

第1段第7文（As a result, …）に，何かが五感の1つを刺激すると，別の感覚も反応する，と述べられていることから，2が正解。

(d)「この文章によれば，次のどれが共感覚に当てはまるか」
1.「それは私たちが思うよりもまれな症状だ」
2.「それは有名人によくあることだ」
3.「それは女性よりも男性に現れることが多い」
4.「それは単に想像の結果ではない」

最終段第4文（Either way, scientists …）の後半（and not just products …）より，共感覚において見える色について，「(そういった色は）豊かな想像の単なる産物ではない」と述べられていることから，正解は4。

(e)「どの記述が共感覚者に当てはまるか」
1.「他人と違うということを，多くの人は親から教わる」
2.「共感覚がなければいいのにと多くの人は願っている」
3.「彼らは自分たちの症状を悪いことだとは考えていない」
4.「彼らは長年の訓練の後に特別な能力を獲得した」

第3段第1文コロン以下（most synesthetes …）に，共感覚者が自分たちの珍しい能力を大切にしているということが述べられていることから，正解は3。

2 解答 (a)―3　(b)―4　(c)―3　(d)―1　(e)―2

◆全　訳◆

≪制服登校と私服登校のどちらがよいか≫

2人の先生が学校の廊下で会って話す。

ジョーンズ先生：やあ，ポールさん。なんだかうかない顔ですね。

クック先生：ああ，スティーブ，学校が来週から始めようとしているカジュアルフライデーの企画について不満を言う何人かの生徒がちょうど僕の部屋にいたんだ。

ジョーンズ先生：不満ですって？　校長先生に?!　カジュアルフライデーは生徒たちの案だと思っていましたよ！　彼らがその企画を要請したのではないのですか？

クック先生：そうなんだ！　制服を着ることでそれぞれの個性を表現できなくなると彼らは言い張り，私たちが彼らの基本的人権を尊重していないと主張したんだ。彼らは地元の新聞社に手紙を送りさえしたんだよ。

ジョーンズ先生：そうでしたね。それで私たちは先月あの大きな会議を開き，週に1日好きな服を着ることを許可すると決めたのです。それで，なぜ今彼らは不満を言っているのでしょうか？

クック先生：着るものを選ぶのがとても負担に感じると彼らは言っているよ。また，一部の子どもの家庭は，ほかの家庭が買うことのできるものと同じ類のふだん着を買うことができないので，その企画は差別を，そしていじめまでも引き起こすだろうと主張しているんだ。毎週金曜日に同じ服を着なければならない子どももいれば，凝った新しい服を毎週着る子どももいるだろう。

ジョーンズ先生：それがまさに制服の重要なところ，つまり平等性です！私たちは彼らの考えの問題点を会議で彼らに説明しましたよ。では，どうしましょうか？

クック先生：私たちができるのはただ1つ――この企画を延期して，もう一度大きな会議を開くことだ。

ジョーンズ先生：では，それはいつになるのですか？

クック先生：次の金曜日だよ！

◀解　説▶

(a)「この会話の主題は何か」

1．「基本的人権はいかにして犠牲を払ってでも守られるべきか」

2．「適切な教育にとって学校の制服がいかに必要不可欠なのか」

3．「学校の制服を着ることがよい考えなのか否か」

4．「校則に関して誰が決定すべきか」

本文では，「私服を認めるべき」と「制服にするべき」という両方の要望が生徒から上がってきており，それについての議論が中心になっている。よって3が適切である。

(b)「カジュアルフライデーとは何か」

1．「この学校がついに中止することを決定した人気の企画」

2．「先生たちによって提案されたが，生徒たちによって反対を受けた企画」

3．「すべての重要な会議がこの学校で行われる日」

4．「生徒たちが自分の服を決めることができる日」

ジョーンズ先生は2番目の発言の第3文（I thought Casual Friday …）で，カジュアルフライデーは生徒たちの案だということ，第4文（Didn't they request …）でその企画を要請したのが生徒側だったということを述べている。その結果，ジョーンズ先生は3番目の発言（Yes. Then we had …）で自分たちが生徒たちに対して週に1日，好きな服を着ることを許可したと述べていることから，正解は4。

(c)「カジュアルフライデー企画に関して，先生たちは何をしたか」

1．「それは生徒が自己表現をするのを妨げると主張した」

2．「元はと言えば，彼らがそのことを生徒たちに提案した」

3．「その案に反対して生徒たちを説得しようとした」

4．「そのことに関する手紙を地元の新聞社に書き送った」

ジョーンズ先生は4番目の発言の第2文（We explained …）で彼らの考え（＝カジュアルフライデー）の問題点を会議で生徒たちに説明したと述べていることから，正解は3。

(d)「生徒たちはなぜカジュアルフライデー企画に関する考えを変えたのか」

1．「服を選ぶことや起こりうる差別を不安に感じているから」

2．「立派な服を買うことにいったいどれほどお金がかかるのかに気づいたから」

3．「大きな会議で説明された平等性を理解したから」

4．「地元の新聞に載った自分たちの手紙への反響に衝撃を受けたから」

クック先生は3番目の発言（They're saying …）で生徒たちが服を選ぶのにストレスを感じていること，また，生徒たちはこの企画が差別を引き起こすだろうと主張している，と述べていることから，正解は1。

(e)「クック先生とジョーンズ先生に関して私たちがわかることは何か」

1．「2人ともカジュアルフライデー企画に大いに賛成している」

2．「2人とも学校に勤務していて，そのうちの1人は現校長である」

3．「2人のうち1人だけが前の月に催された重要な会議に参加した」

4．「彼らは学校の制服を着ることの長所に関して意見が異なる」

クック先生は1番目の発言（Ah, Steve, I just had some students …）で，自分が生徒からの不満に対応したと述べている。ジョーンズ先生は2番目の発言（Complaining? …）で生徒たちが不満を伝えたのは校長先生だと述べていることから，クック先生が校長だと判断できる。また，ジョーンズ先生の3番目の発言の第2文（Then we had …）で自分も含めた複数の人たちが会議を開いたと述べていることから，ジョーンズ先生も学校に勤務していると判断できる。したがって，正解は2。

3　**解答例**　あるカフェの女性経営者は，参加したイベントの主催者が再利用可能な食器を大量の水と洗剤で洗っていたことから，食べられるカップを開発した。クッキー生地と砂糖でできているそのカップは，SNSの投稿がきっかけで人気となった。当初は手作りされていたが，現在は機械で製造されており，世界中でそのカップが販売されている。また，家庭向けの機械の開発も計画されている。(150～180字)

◆全　訳◆

≪食べられる食器の開発経緯≫

おはし，ストロー，カップ，皿など私たちが捨てることのできる食器はどこにでもあるが，私たちが「食べる」ことのできる食器が最近評判になってきた。例えば大阪にあるR. J. Caféは食べることのできるカップを2

種類，1つはクッキーで，もう1つはグルテンフリーでできているものを提供している。このカフェとその経営者たちは食べることのできる食器の分野で先端をいっている。

A さんと彼女の夫は 10 年前にコーヒー専門のカフェを開き，今その店は彼女が社長をしている会社によって運営されている。2012 年，このカフェは環境保護のイベントに参加したが，そこでは再利用可能なカップと皿が使われていた。しかし，主催者が汚れた食器をきれいにするのに大量の水と洗剤を使っていたので，A さんは心配するようになった。その後まもなく，彼女はコーヒーをクッキーのカップに注ぐ考えをふと思いついた。エスプレッソと一緒にクッキーを食べるよくある方法は，ビスケットを飲み物にちょっと浸すのだが，その考えはこの方法を考え直したものだったのだ。A さんはプリン型を使ってクッキー生地で作られたカップを開発し，内側を砂糖の膜で覆って強化した。そのカップは「エコプレッソ」と名付けられ，2016 年に一般の人々に販売された。それは客がソーシャルメディアに写真を投稿し始めてから人気が出た。

食べられるカップは，当初はすべて手作りだったが，会社は行政の資金援助を受けて，それを作る機械を開発した。そのカップは今では世界中で販売されている。その人気は高まり続け，A さんは子どもでも家でクッキー生地のカップを作ることができるように，利用者に使いやすい，それを焼くための機械を開発しようと目下計画している。

◀解　説▶

紹介されている企業は，第1段第2文（R. J. Café in …）に述べられている。(1)の開発のきっかけは主人公の経験が述べられている第2段第2文（In 2012, …）と続く第3文（But Ms. A became …）を参照する。(2)の開発した食器の特徴は第2段第5文（Ms. A used …）に素材と工夫が述べられている。(3)の完成後の状況は，第2段の最終文（They became popular …）および最終段（The edible cups … at home.）を短くまとめるとよい。

4

解答例 I would choose Steve Jobs to speak with if I had a chance for the following reasons. First, I would like to ask him about how he keeps up his motivation. I've read a book about him, and it says, "You've got to find what you love." I love studying English, but when I come across some difficult problems, I feel discouraged and find it hard to keep my motivation high. Second, I would like him to give me some tips on making a good presentation. I'm not good at speaking in public, but I want to overcome this weakness. When I saw him making a presentation, it was so good that I remained speechless with admiration. With his advice, I would be able to improve my own skills in making presentations, which would also help me in many more other ways. (100～150語程度)

◀解　説▶

具体例を挙げながら「世界を変えた人物と話す機会があれば，誰と話すか，またその理由は」と問われている。〔解答例〕では，その話をしたい人物としてスティーブ＝ジョブズを挙げ，彼を選んだ２つの理由（１つはモチベーションの保ち方で，もう１つはプレゼンテーションスキルを向上させる秘訣を尋ねるもの）について述べている。それぞれに関して自分の経験を踏まえながら具体的に話を展開し，質問してみたい内容を述べる構成である。

日本史

1

解答　問a．③　問b．④　問c．③　問d．④　問e．④
問f．①　問g．③　問h．④　問i．②　問j．①

◀解　説▶

≪中世の社会・経済≫

問a．③正解。空欄a－1には刈敷が入る。中世には自給肥料として，刈り取った草葉を地中に埋めて発酵させた刈敷や，草木を焼いて灰にした草木灰などが使用された。空欄a－2には龍骨車が入る。揚水機として中国から伝来した龍骨車は中世から近世にかけて使用されたが，破損が多かったため，18 世紀頃には足踏み式の小型水車である踏車が広く普及した。

問b．ア．誤文。史料文中に「文永元年」とある。1274（文永 11）年の文永の役に対応したのが８代執権北条時宗であることを考えれば，文永元年の執権が３代執権北条泰時ではないと判断できるだろう。このときの執権は６代執権北条長時であり，連署は北条政村（のちの７代執権）である。

イ．誤文。史料文中の「自今以後，田麦の所当を取るべからず。宜しく農民の依怙たるべし」という部分に着目する。今後は田麦の年貢を取ることを禁じ，農民の収益にするように命じている。

問c．③誤文。祇園社を本所としていたのは綿座の神人である。麴座の神人は北野天満宮を本所としていた。

問e．④誤文。幕府の裁判の判決を守護が強制執行する権限は使節遵行とよばれる。地下検断（自検断）とは，治安の維持や裁判を惣（惣村）で自治的に行うことである。

問f．空欄f－1には百姓申状が入る。百姓の領主に対する訴状である百姓申状には，代官の非法を訴えるもの，年貢の減免や徳政を要求するものなどがあった。国訴は江戸時代後期の合法的な訴願闘争である。f－2には逃散が入る。逃散とは，年貢減免などの要求が受け入れられない場合に，百姓が団結して他領や山野へ一時的に逃亡することである。村方騒動は江戸時代後期の村政内部の紛争や改革運動である。

問g．③正文。明からは洪武通宝・永楽通宝・宣徳通宝などが輸入され，従来の宋銭も使用されたが，需要の増大とともに粗悪な私鋳銭も流通するようになった。

①誤文。足利義満は1401年に祖阿・肥富らを明に派遣して国交を求め，1404年に日本国王として明の皇帝に朝貢し，その返礼品を受け取る形で日明貿易が開始された。1394年に足利義持が4代将軍になっているので，日明貿易を開始したときに足利義満は将軍ではない。

②誤文。4代将軍足利義持は朝貢形式に反対し日明貿易を一時中断した。寧波の乱は1523年に大内氏の船団と細川氏の船団が衝突した事件である。

④誤文。日本からは銅・硫黄・刀剣などが輸出され，明からは銅銭・生糸・絹織物などが輸入された。

問ｉ．ア．正文。嘉吉の変での6代将軍足利義教謀殺を受け，「代始めの徳政」を要求する蜂起が近江で起こり，京都周辺にも波及した。史料文中の「江州」とは近江国のことである。

イ．誤文。室町幕府は嘉吉の徳政一揆を武力で鎮圧することを断念し，初めて公式に徳政令を発布した。

2 解答

問ａ．③　問ｂ．②　問ｃ．②　問ｄ．④　問ｅ．④
問ｆ．①　問ｇ．③　問ｈ．①　問ｉ．④　問ｊ．②

◀解　説▶

≪朝鮮戦争とベトナム戦争の影響≫

問ｂ．空欄ｂ－1には警察予備隊が入る。朝鮮戦争が勃発し，在日米軍が国連軍の主力として出動すると，その軍事的空白を埋めるために，GHQの指令で警察予備隊が設置された。空欄ｂ－2にはレッドパージが入る。GHQは日本共産党の幹部を公職から追放し，官公庁・企業から多数の共産党員・支持者を追放した。

問ｃ．②誤文。サンフランシスコ講和会議には日本との交戦国すべてが出席したわけではない。中華人民共和国・中華民国・大韓民国・朝鮮民主主義人民共和国は招待されず，インド・ビルマ・ユーゴスラヴィアは参加を拒否した。

問ｄ．ア．誤文。ドッジ＝ラインは第3次吉田茂内閣の時期に展開された。傾斜生産方式は第1次吉田茂内閣が決定した経済政策である。

イ．誤文。日本に変動相場制が導入されたのは1973年であり，田中角栄内閣の時期である。

問ｅ．④正文。朝鮮戦争勃発後，アメリカ軍による特需により日本経済は好況を迎え，1951 年に鉱工業生産が戦前水準を超えた。

①誤文。IMF 加盟は 1952 年だが，OECD 加盟は高度経済成長期の 1964 年である。

②誤文。「もはや戦後ではない」と記されたのは 1956 年の『経済白書』であり，神武景気の時期である。

③誤文。地価や株価の暴騰は 1980 年代後半から進行し，実体のない経済の膨張はバブル経済とよばれた。

問ｆ．空欄ｆ－１にはジュネーヴ協定が入る。1946 年から続いていたインドシナ戦争の休戦の話し合いが 1954 年に始められ，ジュネーヴ協定が成立した。空欄ｆ－２にはフランスが入る。ディエンビエンフーで解放勢力に敗れていたフランスは，ベトナム民主共和国とジュネーヴで協定を結びインドシナから撤退した。

問ｈ．ア．正文。「いざなぎ景気」は 1966～70 年の好景気であり，この期間中の 1968 年に日本は資本主義諸国のなかでアメリカにつぐ世界第２位の国民総生産（GNP）を実現した。

イ．正文。鉄鋼・船舶・自動車などはアメリカの技術革新の成果を取り入れて設備の更新がなされていた。1960 年代後半以降は重化学工業製品中心に輸出が伸び，大幅な貿易黒字が続いた。

問ｉ．ア．誤文。1967 年に佐藤栄作首相との間で３年以内の沖縄返還に合意した大統領は，ケネディではなくジョンソンである。

イ．誤文。小笠原諸島の返還は 1968 年に実現した。

問ｊ．②正文。米中接近のなかで田中角栄内閣が 1972 年に調印した日中共同声明である。

①誤文。第３次吉田茂内閣が 1951 年に締結した日米安全保障条約である。駐留軍の最大限度をはじめとする「配備を規律する条件」は日米行政協定で決めるとして，この条約では規定しなかった。

③誤文。鳩山一郎内閣が 1956 年に調印した日ソ共同宣言である。

④誤文。福田赳夫内閣が 1978 年に調印した日中平和友好条約である。

3 **解答**　問1．a－1．源高明　a－2．藤原伊周
a－3．小右記

問2．b－1．更級日記　b－2．今昔物語集　b－3．紀貫之

問3．(1)口分田　(2)醍醐天皇　問4．郡家〔郡衙〕　問5．官物

問6．f－1．開発領主　f－2．領家　f－3．本家
f－4．記録荘園券契所〔記録所〕

◀解　説▶

≪律令制支配の変質≫

問1．空欄a－1には源高明が入る。源高明は醍醐天皇の皇子で左大臣になっていたが，源満仲から為平親王擁立の陰謀があると密告があり，大宰権帥に左遷された（安和の変）。空欄a－2には藤原伊周が入る。藤原伊周は藤原道隆の子で若くして公卿となったが，道隆の死後，道隆の弟道長と対立し，大宰権帥に左遷された。空欄a－3には小右記が入る。『小右記』は藤原実資の日記であり，摂関期の政治・社会についての重要史料である。藤原道長の「此の世をば我が世とぞ思ふ望月の……」の歌も記されている。

問4．律令期に郡司が政務・儀礼を行った郡庁や郡司の居館などの施設をもつ郡司の統治拠点は郡家（郡衙）とよばれる。10世紀に入り国司の権限が強化されると権限を失い，衰退した。

問6．鹿子木荘の史料では，開発領主の寄進によって荘園が成立する様子が記されている。開発領主の僧寿妙の子孫が荘園を代々相続し，寿妙の孫の中原高方のときに藤原実政を領家とし，高方は預所職となった。実政の後，願西の時代になると，国衙による収公を防ぎきれなくなり，領家分のうち二百石を高陽院内親王に寄進したことが記されている。領家が寄進した後の上級領主は一般に本家とよばれる。よって，空欄f－1には開発領主，空欄f－2には領家，空欄f－3には本家が入る。空欄f－4は，後三条天皇が発した延久の荘園整理令により設立された役所である記録荘園券契所（記録所）が入る。荘園の券契（土地に関する証文）を直接中央政府で審査するために太政官に付属しておかれた。

世界史

I 解答

A．マラッカ　B．1826　C．ペナン　D．1895
E．タウングー　F．コンバウン　G．スペイン
H．マニラ　I．黎　J．西山　K．ピニョー　L．劉永福
M．ユエ〔フエ〕　N．天津　O．1887　P．ラタナコーシン
Q．チュラロンコン
問1．リー＝クアンユー　問2．鄭氏　問3．バウリング条約

◀解　説▶

≪東南アジアの植民地化≫

A．イギリス＝オランダ協定（1824年）ではマラッカ海峡を境界とし，マレー半島・シンガポールがイギリスの，ジャワなど諸島部がオランダの勢力圏となった。

E・F．ビルマではパガン朝に続くビルマ人の王朝として1531年にタウングー朝が成立，その滅亡後，コンバウン朝がおこった。

J・問2．16世紀以降，黎朝のベトナムでは北部の鄭氏政権と南部の阮氏（広南王国）に政治勢力が分裂していたが，18世紀に起きた西山の乱により両者が倒された。

問3．ラーマ4世の時代に，タイはイギリスと修好通商条約であるバウリング条約（1855年）を結び，翌年，アメリカ・フランスとも同様の条約を結んだ。

II 解答

A－(お)　B－(う)　C－(き)　D－(い)　E－(く)　F－(あ)
G－(け)　H－(え)　I－(か)
(1)－(そ)　(2)－(し)　(3)－(さ)　(4)－(こ)　(5)－(せ)　(6)－(す)
(7)－(と)　(8)－(て)　(9)－(た)　(10)－(つ)　(11)－(ち)

◀解　説▶

≪第一次世界大戦≫

C．(き)1914年8月ドイツが中立国ベルギーに侵攻したことに対し，イギリスがドイツに宣戦した。

D．(い)ロンドン秘密条約により，1915年5月イタリアが三国同盟を離脱し，オーストリアに宣戦した。

F．(あ)1917年2月ドイツが無制限潜水艦作戦を開始したことを理由に，同年4月アメリカがドイツに宣戦した。

H．(え)1918年11月キール軍港の水兵反乱をきっかけにドイツ革命が起こり，ドイツ皇帝ヴィルヘルム2世がオランダに亡命した。

I．(か)1919年，山東のドイツ権益をめぐる中国の要求がパリ講和会議で拒否されたことに対し，五・四運動が起きた。

(1)(そ)山東省の旧ドイツ権益の日本への譲渡，日本人の政治・財政・軍事顧問を招聘することなどを中国に要求する内容から「二十一カ条要求」と判断できる。

(4)(こ)フランス，イギリス，ロシアで勢力範囲を決め，茶色地域（パレスチナ）の国際管理を決めている内容から「サイクス・ピコ協定」である。

(6)(す)アメリカが日本の中国における権益を承認し，日米両国は中国の領土保全，門戸開放，機会均等を支持するという内容から「石井・ランシング協定」である。

(7)(と)すべての交戦国に無併合・無賠償の即時の講和を提議するという内容からソヴィエト政権の「平和に関する布告」である。

(8)(て)秘密外交の廃止，植民地問題の公正な解決，民族自決を述べていることからウィルソンの「十四カ条」である。

(9)(た)同盟国とロシアの条約で，ドイツ側が優勢の時期に結ばれたため，ロシアに不利な内容となっていることから「ブレスト＝リトフスク条約」である。

III　解答

A．徳川家康　B．織田信長

問1．1549年　問2．イエズス会

問3．モザンビーク

◀解　説▶

≪戦国時代に西欧から訪日した人々≫

問1．フランシスコ＝ザビエルは1549年に鹿児島に上陸した。

問3．ポルトガル領東アフリカは1975年にモザンビークとして独立した。

Ⅳ

解答　A－(い)　B－(う)　C－(お)　D－(え)　E－(あ)

◀解　説▶

≪オスマン帝国の近代化改革≫

A．(い)セリム3世は新軍隊ニザーム＝ジェディットを設立するなど西欧化改革を断行したが，保守勢力によって廃位され殺害された。

C．(お)マフムト2世はイェニチェリ軍団を廃止し，西欧化改革を推進した。

D．(え)アブデュルメジト1世は「タンジマート」を開始した。

E．(あ)アブデュルハミト2世はミドハト憲法を発布したが，ロシア＝トルコ戦争が起きるとこれを口実に議会を閉鎖，憲法を停止した。

地理

I

解答 (1)1．a．ブルーバナナ〔青いバナナ〕

b．カリフォルニア

2－あ・う　3－イ

(2)1．原料の石灰岩は産地が限られ，セメントに加工すると重量が減少し，輸送費を低減できるから。(40字程度)

2．ア－A　イ－D　3．日本：B　メキシコ：D

4．九州各地に高速道路や空港が整備され，製品の空輸に便利であることに加え，半導体製造に必要な良質な水が豊富で，労働力や広い用地が確保できたから。(70字程度)

5．1)多国籍企業　2)－M　6．SDGs

◀解　説▶

≪工業の立地≫

(1)1．b．シリコンバレーはカリフォルニア州サンフランシスコ近郊のサンノゼに位置する。

2．あ・う．不適。パルプ工業は原料指向型や用水指向型，自動車工業は集積指向型の工業である。

(2)1．工業では原材料を工場で加工して製品を作り，市場で販売する。工業生産において利潤を大きくするためには，輸送費や労働費，地代などの生産費を節約する必要があり，その中でも輸送費が最低となる地点に工場が立地する。セメントは石灰岩を原料とし，石灰岩は産地が限られる局地原料であり，製造過程で製品の重量が原料に対して軽くなる重量減損原料でもある。このため，セメントは原料産地で製品化すれば輸送費を抑えられる。日本のセメント工業は原料の石灰石産出地の近くに立地することが多く，原料指向型工業の典型である。

2．図1中のAはベトナムのハノイ，Bはフィリピンのマニラ，Cはタイのバンコク，Dはインドネシアのジャカルタである。アは「開放路線の政策の影響」とあることから，1986年から社会主義型市場経済を目指してドイモイ（刷新）政策が行われたベトナムである。イは「石油資源などの天然資源に依存していた」とあることから，かつてはOPEC（石油輸出国機構）に加盟し，石油輸出が多かったインドネシアである。

3．船舶の輸出額が多いのは東アジアの中国・韓国・日本であり，B・Cは韓国・日本のいずれか，A・Dはドイツ・メキシコのいずれかである。Bは自動車の輸出額が多い日本，Cは電気機械の輸出額が多い韓国である。AはEU域内での分業により航空機が生産され輸出額が多いドイツ，残るDはメキシコである。

4．半導体は小型・軽量で製品の価格が高く，生産費に占める輸送費の割合が小さいため，製品を空輸することが可能である。九州は半導体の製造に必要な良質な水が豊富で，労働力や広い用地を確保しやすく，高速道路や空港の整備が進むにつれて，半導体メーカーが九州に多く進出するようになった。その結果，1980 年代に九州はシリコンバレーにちなんで，シリコンアイランドと呼ばれ，首都圏と並ぶ半導体生産の中心となった。

5．1)多国籍企業は利潤を最大化するため，企業内での最適な分業体制をとる。企業内分業には，一つの製品の工程を分割する工程間分業と，製品の内容・技術レベルにより生産国を振り分ける製品間分業がある。

2)2019 年の従業員数が最大のＪは日本の近隣地域であるアジア，最小のＫは日本との結び付きが弱く経済水準が低いアフリカである。L・M・Nのうち，1990 年の従業員数が最大のMは当時の日本にとって最も経済的な関係が深いアングロアメリカである。残るL・Nのうち，1990 年から 2019 年にかけての増加率が高いLはヨーロッパ，残るNはラテンアメリカである。

6．SDGs（Sustainable Development Goals）は，2001 年に策定されたミレニアム開発目標（MDGs）の後継として，2015 年の国連サミットで採択された「持続可能な開発のための 2030 アジェンダ」に記載された，2030 年までに持続可能でよりよい世界を目指す国際目標である。17 のゴールから構成され，地球上の「誰一人取り残さない（leave no one behind）」ことを謳っている。

Ⅱ　解答

(1)1．a．アトラス　b．マダガスカル
c．ケープタウン

2．A．アルジェリア　C．ナイジェリア

3．B．フランス語　D．英語　4．カカオ豆

⑵1－え

2．サヘルでは人口増加に伴う過耕作や過放牧，薪炭材の過伐採により裸地化が進み，表土が流出し植生が失われる。(50字程度)

3－い　4．1)－X　2)－え

5．天候不順による農作物の不作，景気変動による国際価格の下落などの影響を受けやすく，経済が安定しない。(50字程度)

◀解　説▶

≪アフリカの地誌≫

⑵1．え．誤文。アフリカ大地溝帯はマントルの上昇によって形成されたプレートの広がる境界である。マントルの上昇流が大地溝帯の周囲の地殻を押し上げ，地殻にあたったマントルが東西方向に流動することで，アフリカ大陸東部を東西に分離する力が生じていると考えられており，大地溝帯の中央部には大きな谷，周囲には火山が分布する。

2．砂漠化が進むサヘルに位置する国としては，セネガル・モーリタニア・マリ・ブルキナファソ・ニジェール・ナイジェリア・チャド・スーダン・南スーダン・エリトリアがあげられる。これらの国々では，人口増加で食料や燃料消費が増加し，休閑期間の短縮による地力低下（過耕作)，草地の再生能力をこえる家畜の放牧（過放牧)，薪炭材の過剰な伐採（過伐採）などにより裸地化が進み，その結果，風雨による侵食で表土が流出し植生が失われている。

3．い．誤文。ナイル川に1960年代に建設されたアスワンハイダムによって，ナイル川の氾濫が抑制されるとともに，農業用水が確保されて灌漑農地の拡大が進み，水力発電により電力供給量が増加した。しかし，過剰な灌漑による塩害の発生，下流域への肥沃な土壌供給量の減少，河口付近の土壌侵食や河口部での漁獲量減少などの問題も発生した。

4．1)Wは輸出額に占める銅の割合が高いことからザンビア，Xは輸出額に占めるダイヤモンドの割合が高いことからボツワナ，Yは輸出額に占める原油の割合が高いことからナイジェリア，Zは高原の年中温暖な気候を活かし，輸出額に占める茶などの農作物の割合が高いことからケニアである。

2)え．誤文。モロッコではなく，ナイジェリアの説明である。モロッコは1956年にフランスから独立した。

５．モノカルチャー経済は特定の一次産品に依存する経済であり，農作物では洪水や干ばつなどの異常気象，病害虫による不作，鉱産資源では枯渇などの問題により生産量が安定せず，また，景気変動による国際価格の下落などの影響も受けやすいため，経済が不安定となる。

Ⅲ　解答

(1)フォッサマグナ　(2)防風・防砂

(3)１－Ｅ・Ｆ　２．自然堤防

(4)１．路村

２．選択肢：え

理由：新田の地名が見られ，江戸時代の新田開発で成立したと考えられるから。(30 字程度)

◀解　説▶

≪新潟県上越市の地形図読図≫

(1)フォッサマグナはユーラシアプレートと北アメリカプレートの境界にあたると考えられ，日本列島を西南日本と東北日本に分け，本州の中央部を南北に横断する地溝帯である。フォッサマグナの西縁は糸魚川・静岡構造線で，東縁は，明瞭ではないが関東山地の西縁あたりとされている。

(2)地形図中の北西の沿岸部は海岸線に平行して針葉樹林，集落，鉄道などの土地利用が見られる。地点Ａ・地点Ｂでは針葉樹林が見られ，これらの森林は防風林・防砂林として，海からの暴風や潮風，海岸からの飛砂を防ぐことで，内陸部の集落での災害防止，塩による線路の劣化防止に大きな役割を果たしている。

(3)地点Ｃの北側と保倉川をはさんで南側，地点Ｄの北側と南側，地点Ｇには列状に集落が見られ，周辺よりやや標高が高いことから，これらの集落は自然堤防上に位置すると考えられる。したがって，地点Ｃと地点Ｄは自然堤防に挟まれた保倉川の旧河道であったと考えられる。地点Ｆは保倉川の後背湿地，地点Ｅは標高 30～40ｍほどの丘陵地にあたり，保倉川の旧河道には該当しない。

(4)戦国時代末期から江戸時代前期にかけて，信濃川などの下流域では湿地や水辺を開墾して田畑にする新田開発が行われ，人々が低湿地に定住するようになり多くの村が生まれた。この時期に開発された集落には「新田」の地名が見られることが多い。

政治・経済

I 解答

〔問1〕a．権威　b．権力　c．福利　d．濫用
e．公共の福祉　f．プライバシー　g．法律
h．国際紛争　i．交戦権　j．実力

〔問2〕②

〔問3〕ア．国家賠償請求権（損害賠償請求権も可）
イ．刑事補償請求権

◀解　説▶

≪日本国憲法≫

〔問1〕g．大日本帝国憲法における人権は，法律に基づく限り必要な制限を加えることができるというものであった。

j．1972年の田中角栄内閣の政府見解では，憲法が禁じる戦力とは，自衛のための必要最小限度を超える実力のことを指し，それ以下の実力の保持は禁じられていないとしている。

〔問2〕①誤文。憲法の改正は国会の発議の後，国民投票で承認することが必要である（日本国憲法第96条1項）。

③誤文。最高裁判所裁判官の国民審査は，罷免すべきとする国民の意見が過半数であれば，その裁判官を罷免することができる（憲法第79条3項）。

④誤文。最高裁判所裁判官の国民審査は，任命後初めて行われる衆議院議員総選挙の際と，その後10年を経過した後初めて行われる衆議院議員総選挙の際に行われる（憲法第79条2項）。

〔問3〕ア．公務員の不法行為の他，国や地方公共団体が管理する道路・河川などの安全上の不備によって国民に損害が生じたとき，国は賠償責任を負う（憲法第17条）。

イ．刑事補償請求権とは，無罪が確定したときに，その抑留・拘禁期間に応じて国が賠償責任を負う制度である（憲法第40条）。

II 解答

〔問1〕a．J.S.ミル　b．マニフェスト
c．リップマン　d．ムバラク

〔問2〕(1)直接国税を15円以上納めていること

(2)25歳以上の男子であること

〔問3〕(1946年) 20歳以上の男女による普通選挙が実現したこと

(2017年) 選挙権年齢が18歳以上に引き下げられたこと

〔問4〕③　〔問5〕死票　〔問6〕④　〔問7〕②

◀解　説▶

≪国民主権の実現≫

〔問1〕a．J.S.ミルは『自由論』で，議会制民主主義が最善の仕組みであるとしながらも，多数者による少数者の排斥をもたらす可能性を指摘した。

d．「アラブの春」において，エジプトでも反政府デモが発生し，30年続いたムバラク政権が崩壊した。

〔問3〕20歳以上の男女による普通選挙が実現した1946年の選挙では，有権者の全人口に対する比率は48.7%に達した。また，選挙権年齢が18歳以上に引き下げられた後，初めて行われた選挙では，有権者の全人口に対する比率は83.7%に達した。

〔問4〕③参議院の選挙制度は，定数が1～6名の都道府県を単位とした選挙区制（鳥取県・島根県および徳島県・高知県は合区）と全国単位の比例代表制からなる。有権者は1人1票を持ち，選挙区では候補者に，比例代表制では政党か候補者に投票する。

〔問6〕④マスメディアの社会における影響力が増大しており，司法・立法・行政の三権に加えて，「第4の権力」といわれる。

〔問7〕②日本ではインターネットを使った選挙運動が2013年に解禁された。これにより候補者は，有権者に対し投票を呼びかけるメールを送付することや，SNSで考えを表明することが可能になった。

III　解答　〔問1〕②

〔問2〕かけがえのない地球あるいはonly one earth

〔問3〕a．人間環境宣言　b．国連環境計画　c．ラムサール

d．ワシントン　e．持続可能　f．アジェンダ21

g．形成推進基本法　h．Refuse

〔問4〕③　〔問5〕③

◀解　説▶

≪地球環境問題≫

〔問2〕「かけがえのない地球（only one earth）」とは，たった一つしかない地球を大切なものとして守っていこうという意味である。

〔問3〕b．国連環境計画（UNEP）は本部をケニアのナイロビに置き，環境保護のための条約づくりを推進する国連機関である。

f．「アジェンダ21」は，リオ宣言の原則を実現するために，国際機関・国・企業などがとるべき具体的な行動計画のことである。

h．Reduce，Reuse，Recycle の頭文字をとった「3R」に加えて Refuse を加えた 4R が注目されている。

〔問4〕京都議定書は，温室効果ガス排出量削減の数値目標を国別に設定しており，2008年から2012年の間に先進国全体で1990年比5.2％（日本は6％）を削減目標としていた。2001年にアメリカが離脱したが，2004年にロシアが批准したことにより，2005年に発効した。

Ⅳ　解答

〔問1〕a．安　b．高　c．安　d．増える
e．購買力平価　f．70　g．50　h．安
i．国際会計基準　j．多国籍　k．ヒンドゥー

〔問2〕③　〔問3〕②

◀解　説▶

≪為替相場のしくみ≫

〔問1〕a～d．例えば，為替レートが1ドル＝100円から1ドル＝120円になったとき，日本で作った1200円の製品はドルに換算すると，12ドルから10ドルになる。アメリカにとっては買いやすくなるため，日本からの輸出が増加すると考えられる。

〔問2〕③世界共通の会計基準を設けることが目指されているが，国際的に統一されたルールが全世界で適用されているとはいえない。

〔問3〕グラフ横軸の短い目盛りが偶数年を表すことに注意。①正文。1985年，先進5カ国財務相・中央銀行総裁会議（G5）において，ドル高を是正するための為替市場への協調介入が合意された（プラザ合意）。

②誤文。内需が落ち込み，輸出が増加したことで円高になったわけではない。1994年末に発生したメキシコの通貨危機等が原因である。

数学

I　解答

(1)ア．3　イ．8

(2)ウ．609　エ．4

(3)オ．$x^2-(a-1)x+1$　カ．-1，3

(4)キ．2^n+1　ク．1023　ケ．31

◀解　説▶

≪小問4問≫

(1)　$-3<x<\frac{1}{3}$ を解にもつ2次不等式のうち，x^2 の係数が1のものは

$$(x+3)\left(x-\frac{1}{3}\right)<0$$

$$x^2+\frac{8}{3}x-1<0 \quad \cdots\cdots①$$

$ax^2+bx-3<0$　……② の定数項が -3 だから，①の両辺に3をかけて

$$3x^2+8x-3<0$$

よって，②の左辺の係数と比較して

$$a=3,\ b=8 \quad (\toア，イ)$$

(2)

$$\log_{10}2^{2022}=2022\log_{10}2$$
$$=2022\cdot 0.3010$$
$$=608.622$$

これより

$$608<\log_{10}2^{2022}<609$$

底 $10>1$ より

$$10^{608}<2^{2022}<10^{609}$$

よって，2^{2022} は609桁の数。（→ウ）

2^n（$n=1,\ 2,\ 3,\ \cdots$）の一の位の数字を順に調べると

$$2,\ 4,\ 8,\ 6,\ 2,\ 4,\ 8,\ 6,\ 2,\ \cdots$$

と，2，4，8，6がくり返される。

$2022=505\times4+2$ より，2^{2022} の一の位の数字は　4　（→エ）

(3)　$x^3-ax^2+ax-1=(x-1)\{x^2-(a-1)x+1\}$

であるから，$P(x)$ を $x-1$ で割ったときの商は

$x^2-(a-1)x+1$　(→オ)

$P(x)=0$ の実数解がすべて整数となるとき，それは

$x^2-(a-1)x+1=0$ の実数解がすべて整数となるとき

である。その解を α，β (α，β：整数) とおき，解と係数の関係から

$$\begin{cases}\alpha+\beta=a-1 & \cdots\cdots① \\ \alpha\beta=1 & \cdots\cdots②\end{cases}$$

α，β は整数より，②から

$(\alpha,\ \beta)=(1,\ 1),\ (-1,\ -1)$

$(\alpha,\ \beta)=(1,\ 1)$ のとき，①から

$1+1=a-1 \qquad a=3$

$(\alpha,\ \beta)=(-1,\ -1)$ のとき，①から

$-1-1=a-1 \qquad a=-1$

以上より

$a=-1,\ 3$　(→カ)

(4)　$a_n=\sum_{k=1}^{n}2^{k-1}=\frac{2^n-1}{2-1}=2^n-1$

であるから

$$\begin{aligned}a_{2n}&=2^{2n}-1\\&=(2^n)^2-1\\&=(2^n-1)(2^n+1)\\&=a_n(2^n+1)\end{aligned}$$

よって，a_{2n} を a_n で割ったときの商は　2^n+1　(→キ)

$a_{30}=2^{30}-1$，$a_{10}=2^{10}-1$ より

$$\begin{aligned}2^{30}-1&=(2^{10})^3-1\\&=(2^{10}-1)\{(2^{10})^2+2^{10}+1\}\end{aligned}$$

$a_{30}=a_{10}(2^{20}+2^{10}+1)$

したがって，a_{30} と a_{10} の最大公約数は

$a_{10}=2^{10}-1=1023$　(→ク)

$2^{30}-1=(2^{25}-1)2^5+2^5-1 \Longleftrightarrow a_{30}=a_{25}\times 2^5+a_5$

ユークリッドの互除法により a_{30} と a_{25} の最大公約数は a_{25} と a_5 の最大公約数に等しく

$$a_{25}=2^{25}-1=(2^5-1)(2^{20}+2^{15}+2^{10}+2^5+1)$$

$$a_{25}=a_5(2^{20}+2^{15}+2^{10}+2^5+1)$$

したがって，a_{30} と a_{25} の最大公約数は

$$a_5=2^5-1=31 \quad (\to ケ)$$

II **解答** (1)　$2^x>0$，$\dfrac{16}{2^x}>0$ であるから，相加平均・相乗平均の関係から

$$2^x+\frac{16}{2^x} \geqq 2\sqrt{2^x\cdot\frac{16}{2^x}}=2\cdot 4=8$$

等号が成立するのは

$$2^x=\frac{16}{2^x} \qquad 2^x\cdot 2^x=16$$

$$4^x=4^2 \qquad x=2$$

したがって，$2^x+\dfrac{16}{2^x}$ は $x=2$ のとき最小値 8 をとる。……(答)

(2)　$2^x=X$，$3^y=Y$，$5^z=Z$ とおくと，$X>0$，$Y>0$，$Z>0$ で

$$\left(2^x+\frac{25}{3^y}\right)\left(3^y+\frac{4}{5^z}\right)\left(5^z+\frac{9}{2^x}\right)$$

$$=\left(X+\frac{25}{Y}\right)\left(Y+\frac{4}{Z}\right)\left(Z+\frac{9}{X}\right)$$

$$=XYZ+\frac{900}{XYZ}+4X+\frac{225}{X}+9Y+\frac{100}{Y}+25Z+\frac{36}{Z}$$

相加平均・相乗平均の関係より

$$XYZ+\frac{900}{XYZ} \geqq 2\sqrt{XYZ\cdot\frac{900}{XYZ}}=60,$$

$$4X+\frac{225}{X} \geqq 2\sqrt{4X\cdot\frac{225}{X}}=60,$$

$$9Y+\frac{100}{Y} \geqq 2\sqrt{9Y\cdot\frac{100}{Y}}=60,$$

$$25Z+\frac{36}{Z} \geqq 2\sqrt{25Z\cdot\frac{36}{Z}}=60$$

で，等号が成り立つのはそれぞれ

$$XYZ=\frac{900}{XYZ},\ 4X=\frac{225}{X},\ 9Y=\frac{100}{Y},\ 25Z=\frac{36}{Z}$$

$$\Longleftrightarrow X=\frac{15}{2},\ Y=\frac{10}{3},\ Z=\frac{6}{5},\ XYZ=30$$

で，これは同時に成り立つ。よって，求める最小値は

$$2^x=\frac{15}{2}\Longleftrightarrow x=\log_2\frac{15}{2}=\log_2 15-1,$$

$$3^y=\frac{10}{3}\Longleftrightarrow y=\log_3\frac{10}{3}=\log_3 10-1,$$

$$5^z=\frac{6}{5}\Longleftrightarrow z=\log_5\frac{6}{5}=\log_5 6-1$$

のとき，60＋60＋60＋60＝240 をとる。……(答)

別解　$2^x>0,\ \frac{25}{3^y}>0$ より，相加平均・相乗平均の関係から

$$2^x+\frac{25}{3^y}\geqq 2\sqrt{2^x\cdot\frac{25}{3^y}}\quad\cdots\cdots①$$

等号が成立するのは，$2^x=\frac{25}{3^y}$　……② のとき。

$3^y>0,\ \frac{4}{5^z}>0$ より，相加平均・相乗平均の関係から

$$3^y+\frac{4}{5^z}\geqq 2\sqrt{3^y\cdot\frac{4}{5^z}}\quad\cdots\cdots③$$

等号が成立するのは，$3^y=\frac{4}{5^z}$　……④ のとき。

$5^z>0,\ \frac{9}{2^x}>0$ より，相加平均・相乗平均の関係から

$$5^z+\frac{9}{2^x}\geqq 2\sqrt{5^z\cdot\frac{9}{2^x}}\quad\cdots\cdots⑤$$

等号が成立するのは，$5^z=\frac{9}{2^x}$　……⑥ のとき。

①，③，⑤より

$$\left(2^x+\frac{25}{3^y}\right)\left(3^y+\frac{4}{5^z}\right)\left(5^z+\frac{9}{2^x}\right)$$

$$\geqq 2\sqrt{2^x\cdot\frac{25}{3^y}}\cdot 2\sqrt{3^y\cdot\frac{4}{5^z}}\cdot 2\sqrt{5^z\cdot\frac{9}{2^x}}$$

$$=8\sqrt{25\cdot4\cdot9}=240$$

$$\therefore\quad \left(2^x+\frac{25}{3^y}\right)\left(3^y+\frac{4}{5^z}\right)\left(5^z+\frac{9}{2^x}\right)\geqq240$$

等号が成立するのは

②かつ④かつ⑥

が成り立つときである。

②，④より

$$2^x=25\cdot\frac{5^z}{4}$$

⑥より

$$2^x=\frac{25}{4}\cdot\frac{9}{2^x}\qquad(2^x)^2=\left(\frac{5\cdot3}{2}\right)^2$$

$2^x>0$ より

$$2^x=\frac{5\cdot3}{2}\quad\cdots\cdots⑦$$

⑥，⑦より

$$5^z=9\cdot\frac{2}{5\cdot3}\qquad5^z=\frac{3\cdot2}{5}\quad\cdots\cdots⑧$$

④，⑧より

$$3^y=4\cdot\frac{5}{3\cdot2}\qquad3^y=\frac{2\cdot5}{3}\quad\cdots\cdots⑨$$

⑦で，両辺 2 を底とする対数をとると

$$\log_2 2^x=\log_2\frac{5\cdot3}{2}$$

$$x=\log_2 5+\log_2 3-1$$

⑧で，両辺 5 を底とする対数をとると

$$\log_5 5^z=\log_5\frac{3\cdot2}{5}$$

$$z=\log_5 3+\log_5 2-1$$

⑨で，両辺 3 を底とする対数をとると

$$\log_3 3^y=\log_3\frac{2\cdot5}{3}$$

$$y=\log_3 2+\log_3 5-1$$

したがって

$$(x,\ y,\ z)=(\log_2 5+\log_2 3-1,\ \log_3 2+\log_3 5-1,\ \log_5 3+\log_5 2-1)$$

のとき，$\left(2^x+\dfrac{25}{3^y}\right)\left(3^y+\dfrac{4}{5^z}\right)\left(5^z+\dfrac{9}{2^x}\right)$ は最小値 240 をとる。　……(答)

◀解　説▶

≪指数関数と相加平均・相乗平均の関係≫

⑴は相加平均・相乗平均の関係を利用する。最小値は等号が成立するときであるから，その条件を考えればよい。

⑵も同様であるが，相加平均・相乗平均の関係を複数回使うことになるので，等号が同時に成り立つことを確認する。

問五　「要点を自分なりの表現で簡潔に」という但し書きに注意しながら、要点を書き出し、指定字数内にまとめる。リード文もヒントに、「婦人は（国会の）傍聴を許さず」という条文に対する批判であることを踏まえて、どのような点で「甚だしき誤想」だと言っているのかを押さえる。

で否定されている。ハ、「創造」は想像力の共犯によって生じるため（第四段落）、想像力の媒介に頼らない「見られる」世界（最終段落）には属さない。ハが合致する。

Ⅱ

解答

1、間断　2、随意　3、往時　4、怒気　5、販路　6、大器　7、音韻　8、景勝　9、ないおう
10、しゅびょう

Ⅲ

出典　清水紫琴「泣て愛する姉妹に告ぐ」

解答

問一　ハ

問二　ロ

問三　口出しする（五字以内）

問四　権利

問五　個人の権利を重視して国の大事を決めるはずの国会に、女性は代表者も出せず傍聴もできないとは、承服できない誤った考えである。（四十字以上、六十字以内）

◀解　説▶

問一　「分限」は〝みのほど、自分の身分や能力の程度、物事を行う能力や限度〟の意。

問二　〝（下に打消の語を伴って）少しも、まったく、一向に〟の意。

問三　他人のすることや言うことに対して、横からあれこれ口をさしはさむことをいう。

問四　傍線部4を含む文の一つ前の文で、国会は本来どういうものであるべきかを述べており、その主張の中から適語が見つかる。

抽象作用を持つ言葉のみを用いて、具象的な物の世界を現前せしめること〉と述べている。イは馬、ハは友人の悲しみ、ニは町、ホはリンゴをそれぞれ想像し抽象化された言葉で具象化しようとする例であるが、ロは「物を作る」にあたる具象化の対象が曖昧であり、また「物を避け」が抽象化の例ではなく性質の相違の例となっている。

問四　4A・4Bは傍線部の二つ前の文に「他人の肉体の痛みをわが痛みの如く感ずるという、想像力の感傷的側面」により、人は「自分の肉体の痛み」を避けた、傍線部の直後の文に「自分の肉体の痛みと敢て親しまないようになる」とあるのに着目する。4Cは「芸術家の表現行為」について述べた前の段落に着目。傍線部3に「物を避け、物を作ること」とある。ここでいう「物」について説明する語句が同じ段落内から見つかる。

問五　傍線部5は、その前後の〈拳や竹刀の剣尖の彼方には〉「絶対に抽象化を拒否する」〈実在がある〉という表現を補足する形式で記述されている。その他にも段落中に〈彼方にあるものは〉「言語表現と対極」「きわめて具体的」「実在の精髄」と記されている。イは「即物的な態度」が不適、ロの「拳や竹刀がもたらす痛み」については記述がない。ハの理由説明と合致する記述はない。ホの「肉体の痛み」を「他人と共有」することについてはここでは触れていない。ニが最適。

問六　一つ目の空欄6は、「イデアへ到達するため」に積み重ねる事象を指す。空欄の一つ前の文に「敵はいかなる意味でも観念《イデア》ではなかった」と記されており、また「敵」は〈拳や竹刀の剣尖の彼方にある〉「実在」を指している。二つ目の空欄は〈見られる世界〉では与えられる暇のない事象であり、その世界の外にいる表現者には与えられるものとされている。「敵」は「言語表現と対極」にあり、また「表現者」には「言語を以てゆっくり表現する暇」が与えられるとある。

問七　イ、最終段落「私が見るときには敵は見られ、敵が見るときには私が見られ」と合致しない。ロ、傍線部5の「抽象化による具体表現を全的に拒否する」と合致しない。ニ、作者と読者は想像力の共犯関係（第四段落）だが、「見る・見られる」関係（最終段落）ではない。ホ、「他人の痛みを自分の痛みとして感じる想像力」は傍線部4の段落

国語

I

出典　三島由紀夫「太陽と鉄」（『太陽と鉄・私の遍歴時代』中公文庫）

解答

問一　ニ

問二　2A―ニ　2B―ハ　2C―イ

問三　ロ

問四　4A、他人の肉体の痛み　4B、自分の肉体の痛み　4C、具象的な物の世界

問五　ニ

問六　言語表現

問七　ハ

◀解　説▶

問一　主に薬の効果や神仏の霊験などについて用いられる語。

問二　ここでは、ひそんでいる「何か」に対して到達する程度について、「力の純粋感覚」と「知性や芸術的直観」とを比較している。2Aでは、「力の純粋感覚」は「一歩手前」だが、「知性や芸術的直観」は「十歩二十歩手前」と、より劣るという文脈で述べており、〈なおさら〉の意のニが最適。2Bおよび2Cは、2B以下でいったん価値を認めつつも、2C以下でその価値を否定する形となる、論文で主張を述べる際に多く用いられる構文である。

問三　傍線部3は、傍線部3を含む段落の冒頭文の内容の言い換えであり、〈表現の本質とは、具象的な混沌を整理する

2021年度 問題と解答

■一般入試：Ａ日程

問題編

▶試験科目（３教科型）

教　科	科　　　　目
外国語	コミュニケーション英語Ⅰ・Ⅱ・Ⅲ，英語表現Ⅰ・Ⅱ
選　択	経済（経営・国際経営）学部： 日本史Ｂ，世界史Ｂ，政治・経済，「数学Ⅰ・Ⅱ・Ａ・Ｂ」から１科目選択 その他の学部・学科： 日本史Ｂ，世界史Ｂ，地理Ｂ，政治・経済，「数学Ⅰ・Ⅱ・Ａ・Ｂ」から１科目選択
国　語	国語総合・現代文Ｂ・古典Ｂ（漢文を除く）

▶備　考

- Ａ日程４日程のうち，代表的な１日程を掲載。
- 外国語として，経済（国際経営）学部は中国語を選択可，文（フランス文）・経済（経済）学部はフランス語・中国語を選択可（いずれも省略）。
- 「数学Ｂ」は「数列，ベクトル」から出題する。

▶配点・合否判定

学部（学科）	外国語	地歴・公民・数学	国　語	合否判定
文（英文）・国際（国際キャリア）	偏差値×２	偏差値	偏差値	＊１
文（フランス文・芸術）	150	100	150	＊２
経済（経済・経営）	150	100	100	＊２
経済（国際経営）	200	100	100	＊２
社会・法・国際（国際）	偏差値×1.5	偏差値	偏差値	＊１
心理（心理）	偏差値×1.5	偏差値	偏差値×1.5	＊１
心理（教育発達）	偏差値×1.5	偏差値	偏差値×２	＊１

＊1　偏差値方式…3科目の素点をそれぞれ偏差値に換算し，3つの偏差値の合計の順位により合否を判定する。

＊2　素点調整方式…地歴・公民・数学の素点を平均点が同じになるように調整した後，外国語と国語の素点と合計し，その順位により合否を判定する。

文（英文・フランス文）・法（法律）・心理（心理）学部は，3教科型と英語外部検定試験利用型を合わせた受験者の順位により合否を判定する。

▶試験科目（英語外部検定試験利用型）

文（英文・フランス文）・社会・法（法律・消費情報環境法・政治）・心理（心理）学部にて実施。

教　科	科　　　目
外国語	文（英文・フランス文）・法（法律）・心理（心理）学部： 得点換算方式（学科が指定した英語外部検定試験の基準スコア（級）に応じ，「外国語（英語）」試験の得点に換算する。本学の「外国語（英語）」を受験した場合はどちらか得点の高いほうを判定に使用する。英文学科は「外国語（英語）」受験必須）。 コミュニケーション英語Ⅰ・Ⅱ・Ⅲ，英語表現Ⅰ・Ⅱ 社会・法（消費情報環境法・政治）学部： 出願資格方式（学科が指定した出願資格基準を満たしていることにより，免除）。
選　択	日本史B，世界史B，地理B，政治・経済，「数学Ⅰ・Ⅱ・A・B」から1科目選択
国　語	国語総合・現代文B・古典B（漢文を除く）

▶備　考

- 同一試験日の3教科型と英語外部検定試験利用型は，同一試験問題を使用する。
- 3教科型と英語外部検定試験利用型（出願資格方式）を併願する場合は，「外国語」の受験が必要になる。
- 英語外部検定試験利用型（出願資格方式）のみ出願した場合は，「外国語」は受験できない。受験しても審査対象外となる。
- 「数学B」は「数列，ベクトル」から出題する。

▶配点・合否判定

学部（学科）	外国語	地歴・公民・数学	国　語	合否判定
文（英文）	偏差値×2	偏差値	偏差値	＊1
文（フランス文）	150	100	150	＊2
法（法律）	偏差値×1.5	偏差値	偏差値	＊1
心理（心理）	偏差値×1.5	偏差値	偏差値×1.5	＊1
社会・法（消費情報環境法・政治）	免除	偏差値	偏差値	＊1

＊1　偏差値方式…得点換算方式：３科目の素点をそれぞれ偏差値に換算し，３つの偏差値の合計の順位により合否を判定する。
出願資格方式：２科目の素点をそれぞれ偏差値に換算し，２つの偏差値の合計の順位により合否を判定する。

＊2　素点調整方式…地歴・公民・数学の素点を平均点が同じになるように調整した後，外国語と国語の素点と合計し，その順位により合否を判定する。

文（英文・フランス文）・法（法律）・心理（心理）学部は，３教科型と英語外部検定試験利用型を合わせた受験者の順位により合否を判定する。

英語

（70 分）

1　次の文章を読み，設問（a）～（e）にもっとも適切なものを1～4の中から1つ選びなさい。

The recent global health crisis has caused many changes in society. One significant change occurred when teachers around the world were required to conduct classes entirely online. Some teachers felt technology-driven education should have been started earlier; others, however, struggled with setting up and running online classes.

The fact that some Japanese teachers worried about starting classes online is perhaps not wholly surprising. Though Japan is one of the world leaders in developing digital technology, it is behind other countries in actually using it. Japan seems to be resisting the so-called global "digital shift." This applies not only to education, but also to other areas of society. For example, the proportion of cashless payments made in Japan remains relatively small.

Many students, however, were ready for online learning. This is understandable. Recent research shows that the majority of teenagers conduct their social lives online. While studies warn that students absorb more information when reading on paper as opposed to reading on a screen, textbook publishers are already adopting a "digital first" sales strategy. They charge higher prices on printed books, and offer special free add-ons* such as additional audio and on-screen pop-up quizzes.

Nevertheless, online learning can result in a lack of genuine social contact. Even when watching others' faces in real time on a screen, learners can feel less involved and less motivated. Technical issues are also a challenge: in one recent study, almost half of the teachers admitted they had experienced "significant technical problems" while teaching online. But these problems may be solved with practice and experience. A change to a new technology can cause anxiety at first. Forty years ago, some people were opposed to the rise of mobile phones and predicted they would never catch on, but they did.

Though online classes are not likely to replace face-to-face learning, they can benefit the way we study. The goal of education should be not just the transfer of knowledge, but also the development of behaviors that enable individuals to function well in society. We hope that Japan, and the rest of the world, can look back on the recent health crisis and reflect that, although there was much suffering, society learned from the crisis and, in some ways, took a turn for the better.

〔注〕 add-ons　付属品

(a) What is the main purpose of this passage?

1. To describe the ways Japanese society resists changes to education.
2. To discuss one way in which a worldwide crisis affected education.
3. To explain the problems that most people have with digital technology.
4. To predict the disappearance of face-to-face learning.

(b) Which of the following is true of the "digital shift"?

1. It has happened more quickly in Japan than in most other countries.
2. It has made cashless payments extremely popular in Japan.
3. It is a global trend away from greater use of new technology.
4. It is the worldwide acceptance of new technology.

(c) What does the passage suggest about online learning?

1. It can have a negative effect on a student's desire to study.

2．It will not become popular until publishers stop printing books.

3．Its advantages are greatly exaggerated.

4．Its problems are too often ignored.

（d） What does the passage say about changing to new technology?

1．It is important to replace traditional ways of learning as quickly as we can.

2．It takes some time for a new technology to be accepted in society.

3．Teachers all over the world are too slow to react to a crisis.

4．The popularity of mobile phones tells us everything about human nature.

（e） One of the key ideas of the passage is that ______.

1．online classes are better than traditional face-to-face education

2．people live in harmony even when times are hard

3．the goal of education is the transfer of knowledge

4．we can adapt to new ways of learning

2 次の対話文を読み，設問(a)～(c)にもっとも適切なものを1～4の中から1つ選びなさい。

Two students walking home from school.

Nick: Hey, look at that! They're cutting the trees on that property over there.

Jessica: Still? I saw them working there yesterday, but I thought they were just pruning some of the branches. I guess I was wrong.

Nick: What's pruning?

Jessica: My dad says to keep a tree healthy, you should cut off some of its branches on a regular basis. That's called "pruning." We do it once a year on the apple tree in our backyard. But these guys... they sure are taking off a lot of limbs. Too many for just regular pruning, I think. I guess they're getting ready to cut some of the trees down completely.

Nick: That's not good. We should be encouraging urban greening, not getting rid of trees. You think they're going to cut them all down?

Jessica: I'm not sure, but if the owner is planning to sell the property, they might. That kind of thing is happening everywhere. Real estate companies are buying up cheap land like this and then building apartments on it. It's pretty sad, but people have to live somewhere.

Nick: I think it's terrible! If we keep allowing this, our city will eventually be nothing but concrete. No green anywhere!

Jessica: Yeah, but what can we do?

Nick: People could live outside of town and commute into the city to work.

Jessica: Hey, maybe you should move out there. There's definitely more green in the countryside.

(a)　What is this conversation mainly about?

1. Living in the city.

2. Moving to the countryside.

3. Selling property.

4. Taking care of trees in urban areas.

(b)　Jessica uses the word "limbs" to refer to ______.

1. the branches of a tree

2. the green areas in the city

3. the leaves of a tree

4. the trees themselves

(c)　How does Jessica know what pruning is?

1. She grew up in the countryside.

2. She learned from her father.

3. She saw workers cutting the trees.

4. She studied urban greening.

(d)　Which of the following is probably true about Jessica?

1. She agrees with Nick that we should never cut down trees in the city.

2. She does not care about trees and thinks they should be replaced with homes.

3. She values trees, but thinks building homes is also important.

4. She wants to move to the countryside so that she can be around more green.

(e)　Which statement would Nick probably agree with?

1. Living in the countryside would be much too difficult for everyone.

2. Living outside the city would help protect urban trees.

3．More parking lots are needed for people commuting from the countryside.

4．Stricter urban greening laws in the city would not be effective.

3　「パレイドリア(pareidolia)」について書かれた次の文章を読み，パレイドリアとは何か，150～180字の日本語で説明しなさい。解答には(1)メカニズムについて，(2)典型例，(3)その他の特徴，の3点を必ず含めること。

〔解答欄の注〕

※数字，アルファベットを記入する場合には下の例にならいなさい。

(例)

19	76	年	，	NP	O	は

Have you ever seen an angel, a castle, a dog, or a face in the clouds? We have all seen everyday things that look like something or someone else. The tendency to look at objects and see familiar things in them is a common phenomenon called "pareidolia," a word from the Greek meaning "resembling an image."

Pareidolia comes from our need to organize random information into patterns. That is why, when glancing at something simple like the front of a car, most people would agree that it looks like a face.

Pareidolia pops up everywhere — in clouds, tree bark, and on a piece of toast. The best places to look include spots with random patterns, like the shapes made by a rock formation. When you look at the Moon, you can also see several famous pareidolic images, including the Man in the Moon. The Moon's smiling face is actually patches of light and dark areas. Among those spots of light and dark, people have seen a variety of different things, including a man with a gun and dog, a rabbit, and a woman. There are even some fascinating images of faces on Mars.

This search for patterns is not only limited to sight. While it is much more common to see a face or object in a random place, people can also hear pareidolia. If you have ever listened to a sound, for example, the roar of your vacuum cleaner, and thought you heard someone speaking, you have experienced pareidolia with your ears.

Adapted from: Kanuckel, A. (2015). Do you see faces in the clouds? The science of pareidolia. *Farmers' Almanac.* Retrieved from http://www.farmersalmanac.com/is-that-a-face-in-the-clouds-pareidolia-21911

4 次の課題について，具体例を挙げながら100～150語程度の英語で答えなさい。

Discuss something that you can do *personally* in order to improve society.

日本史

（60分）

1　次の文章を読んで，以下の問に答えなさい。

古代には，中国大陸・朝鮮半島と日本とのあいだを数多くの僧侶が往来し，盛んな交流が展開された。

7世紀初めには，遣隋使の小野妹子に随行して，学問僧の旻 a や南淵請安らが隋にわたって中国の政治・学問などを学んで帰国した。また，同じころ，朝鮮半島からは b—1 が来日して暦法を伝えるとともに， b—2 が来日して彩色の技法を伝えた。

遣唐使の派遣 c が開始されると，遣唐使に随行して多くの僧侶が唐にわたったり，日本に来日したりした。653年には道昭 d が学問僧として遣唐使に随行して入唐した。717年には玄昉 e が学問僧として入唐して735年に帰国した際，経論・諸仏像を招来するなど盛唐文化の移入に貢献した。733年には栄叡・普照らの僧侶が戒律の師を招くために遣唐使にしたがって入唐し，鑑真 f に来日を請うて苦難のすえにこれを実現した。

平安時代に入ると，遣唐使に随行して最澄 g や空海が入唐した。最澄は804年に入唐し，道邃や行満から天台の教えを受けるなどして帰国した。空海も同年に入唐し青竜寺の恵果から密教の伝授を受けるなどして帰国した。その後，天台僧の円仁・円珍 h らも入唐し，天台教学の密教化をはかった。

唐の衰退・滅亡 i 後，中国を再統一した宋に対して，日本人の渡航は禁止されていたが，一部の僧侶には許可されることもあった。10世紀末には東大寺僧の奝然が宋の商船に乗り入宋し，宋版大蔵経や釈迦如来像 j などを日本にもたらした。

問a．下線部aは帰国後，大化の新政権で国博士に任命された。大化の新政権で新たに設置された役職として適切なものを，次のうちから一つ選びなさい。

①　参議　　②　伴造　　③　内臣　　④　関白

問ｂ．空欄ｂ―１・ｂ―２に当てはまる語句の組合せ(ｂ―１・ｂ―２の順)として適切なものを，次のうちから一つ選びなさい。

①　王仁・恵慈

②　王仁・曇徴

③　観勒・恵慈

④　観勒・曇徴

問ｃ．下線部ｃに関連して，遣唐使や遣唐使船に関する説明として適切なものを，次のうちから一つ選びなさい。

①　遣唐使の派遣は，舒明天皇の時代から開始され，吉備真備が最初の遣唐使として派遣された。

②　遣唐使船の航路は当初，南路がとられていたが，新羅との関係が改善されて安全な北路に変更された。

③　天武・持統両天皇の時代には，律令国家の建設を推進するために遣唐使がたびたび派遣された。

④　遣唐使やそれに随行した人物のうち，高向玄理や阿倍仲麻呂らのように帰国できないものもいた。

問ｄ．下線部ｄは唐の玄奘に学んで，日本に法相宗を伝来させた。この法相宗を義淵から学んだ人物として適切なものを，次のうちから一つ選びなさい。

①　成尋　　②　行基　　③　貞慶　　④　空也

問ｅ．下線部ｅの排斥をはかって九州で挙兵した人物として適切なものを，次のうちから一つ選びなさい。

①　藤原仲麻呂　　②　長屋王

③　藤原広嗣　　④　橘諸兄

問f．下線部fに関連する次の史料に関するア・イの説明について，その正誤の組合せとして適切なものを，下のうちから一つ選びなさい。

〔史料〕

…口《くち》づから詔して曰く，…「朕《われ》此の東大寺を造りて十余年を経，戒壇を立てて戒律を伝受せんと欲す。自ら此の心有りて日夜忘れず，今諸大徳遠く来りて戒を伝ふ。冥《ふか》く朕の心に契《かな》ふ。今より以後，戒を授け律を伝ふること，一《もは》ら和上に任《ゆだ》ねむ」と。…其の年四月，初めて盧舎那仏殿の前に戒壇を立つ。天皇初めて壇に登り，菩薩戒を受けたまふ。

（『唐大和上東征伝』）

ア　聖武太上天皇は，東大寺に戒壇を立てることを願っていた。

イ　鑑真は，東大寺に戒壇を設けて戒律を授けた。

①　ア－正，イ－正　　②　ア－正，イ－誤

③　ア－誤，イ－正　　④　ア－誤，イ－誤

問g．下線部gの大乗戒壇設立に対しては，南都の諸宗から激しい反対を受けた。最澄がそれに反論するために著した書物として適切なものを，次のうちから一つ選びなさい。

①『元亨釈書』　②『三教指帰』

③『顕戒論』　④『法華義疏』

問h．下線部hに関するア・イの説明について，その正誤の組合せとして適切なものを，下のうちから一つ選びなさい。

ア　9世紀前半に遣唐使船に乗船して入唐した円仁は，『入唐求法巡礼行記』を残した。

イ　円珍を祖とし，比叡山延暦寺を本山とする山門派は，のちに寺門派と対立した。

①　ア－正，イ－正　　②　ア－正，イ－誤

③　ア－誤，イ－正　　④　ア－誤，イ－誤

問ｉ．下線部ｉに関するア・イの説明について，その正誤の組合せとして適切なものを，下のうちから一つ選びなさい。

ア　唐の衰退と航路の危険などを理由に，菅原道真は遣唐使の派遣停止を宇多天皇に建議した。

イ　唐の滅亡後，中国を再統一した宋からは皇帝の使節が来日して国交が結ばれた。

①　ア―正，イ―正　　②　ア―正，イ―誤

③　ア―誤，イ―正　　④　ア―誤，イ―誤

問ｊ．下線部ｊは京都嵯峨の寺院に安置されて厚い信仰をうけた。その寺院として適切なものを，次のうちから一つ選びなさい。

①　西大寺　　②　清凉寺　　③　元興寺　　④　広隆寺

2　次の文章Ａ～Ｃを読んで，以下の問に答えなさい。

Ａ　江戸時代前期の大名(a)の一人である保科正之は，1643年に会津藩主となった。3代将軍徳川家光の死去後，幼少の将軍徳川家綱の後見として幕政に参与し，［ b―1 ］で動揺した幕政を安定させ文治政治を推進した。また，［ b―2 ］後における両国橋の架橋や，玉川上水の工事などにも尽力した。一方藩政では，特産物の蠟・漆の生産奨励などに尽力した。また朱子学を山崎闇斎(c)，神道を吉川惟足らに学んだ。

Ｂ　江戸時代中期の大名の一人である細川重賢は，1747年に兄の宗孝が不慮の死を遂げたため，部屋住から熊本藩主となった。当時熊本藩は財政困難にあり，参勤交代(d)の費用にも事欠くありさまであった。重賢は藩主に就任すると藩政改革にとりかかった。まず質素倹約・綱紀粛正をはかり，櫨・楮の専売制を実施した。さらに藩校(e)を建てて人材の育成をはかった。また博物学(f)にも関心を示した。

Ｃ　江戸時代後期の大名の一人である徳川斉昭は，文政年間に水戸藩主となっ

た。斉昭は人事を刷新して藤田東湖や会沢安$_{g}$らを抜擢し，藩政改革を行った。蝦夷地開拓$_{h}$を計画し，また藩士教育にも尽力した。一方，幕府に対しては「戊戌封事」$_{i}$とよばれる上申書を将軍に提出して幕政改革を要求した。水戸藩の改革は藩内保守派の反対などで成功をみないまま斉昭は隠居したが，その後，前水戸藩主という立場で幕末の政局に関与した。$_{j}$

問a．下線部aに関連して，江戸時代前期に活躍した大名に関するア・イの説明について，その正誤の組合せとして適切なものを，下のうちから一つ選びなさい。

ア　福島正則は，関ヶ原の戦いで東軍として戦って功績をあげたが，武家諸法度に違反して改易された。

イ　伊達政宗は，家臣の支倉常長をスペインなどに派遣したが，メキシコとの通商という目的を果たせなかった。

①　ア ― 正，イ ― 正　　　②　ア ― 正，イ ― 誤

③　ア ― 誤，イ ― 正　　　④　ア ― 誤，イ ― 誤

問b．空欄b―1・b―2に当てはまる語句の組合せ（b―1・b―2の順）として適切なものを，次のうちから一つ選びなさい。

①　慶安の変・富士山大噴火

②　慶安の変・明暦の大火

③　赤穂事件・富士山大噴火

④　赤穂事件・明暦の大火

問c．下線部cが創始した神道として適切なものを，次のうちから一つ選びなさい。

①　復古神道　　②　唯一神道　　③　垂加神道　　④　山王神道

問d．下線部dに関するア・イの説明について，その正誤の組合せとして適切なものを，下のうちから一つ選びなさい。

ア　武家諸法度の寛永令で大名に義務づけられ，大名の妻子は国元に住むことが強制された。

イ　寛政の改革では，大名に米穀を貯蔵する囲米が強制され，その代償として参勤交代が緩和された。

①　ア－正，イ－正　②　ア－正，イ－誤

③　ア－誤，イ－正　④　ア－誤，イ－誤

問e．下線部eとして適切なものを，次のうちから一つ選びなさい。

①　時習館　②　興譲館　③　造士館　④　弘道館

問f．下線部fに関連して，博物学的本草学の大著といわれる『庶物類纂』を著した人物として適切なものを，次のうちから一つ選びなさい。

①　大蔵永常　②　貝原益軒　③　平賀源内　④　稲生若水

問g．下線部gの著書として適切なものを，次のうちから一つ選びなさい。

①『新論』　②『弘道館記述義』

③『古史伝』　④『柳子新論』

問h．下線部hに関連して，蝦夷地・樺太の調査に関するア・イの説明について，その正誤の組合せとして適切なものを，下のうちから一つ選びなさい。

ア　近藤重蔵は，東蝦夷地を調査して国後島・択捉島に達し，択捉島に「大日本恵登呂府」の標柱を立てた。

イ　間宮林蔵は，樺太から大陸の黒龍江河口を探検し，樺太と大陸の間に海峡があることを確認した。

①　ア－正，イ－正　②　ア－正，イ－誤

③　ア－誤，イ－正　④　ア－誤，イ－誤

問i．下線部iに関連して，次の史料は「戊戌封事」の一部である。この史料に関する説明として誤っているものを，下のうちから一つ選びなさい。

〔史料〕

…大筋は内憂と外患との二つに御座候，内憂は海内の憂にて外患は海外の患に御座候，…然る処，凶年にて百姓の飢死候をも見殺しにいたし，武備は手薄く候て士民惰弱に相成居候故，近年参州・甲州の百姓一揆徒党を結び，又は大坂の奸賊容易ならざる企仕，…外患とは海外の夷賊日本をねらひ候患に御座候，…

(『水戸藩史料』)

① 国内の混乱(「内憂」)と対外的危機(「外患」)の高まりを指摘した。

② 「内憂」とは，天保の飢饉を背景として発生した百姓一揆や大塩の乱などをさす。

③ 「外患」とは，フェートン号の入港などによるアメリカの開国要求をさす。

④ 「内憂」・「外患」に対応するために，幕府は後に天保の改革を行った。

問j．下線部jに関連して，老中阿部正弘は前水戸藩主徳川斉昭を幕政に参画させるなど安政の改革を実施した。安政の改革に関する説明として適切なものを，次のうちから一つ選びなさい。

① 幕府内に政事総裁職・将軍後見職・京都守護職の三職を置いて，新たな人事を行った。

② 孝明天皇の妹の和宮を将軍徳川家茂に降嫁させるなど公武合体策を推進し，幕府の威信の回復をはかった。

③ 江戸湾に台場を築いて国防を強化するとともに，大船建造の禁を解いた。

④ 多量の金貨の海外流出を防止するために，金貨の品質を大幅に引き下げる改鋳を行った。

3　次の文章を読んで，以下の問に答えなさい。

こうして始まった昭和天皇の治世であるが，1927年3月14日の[a]　[b]　蔵相の失言をきっかけに昭和金融恐慌が始まった。[b]　の失言で，第一次世界大戦時による大戦景気の反動としての戦後恐慌や，関東大震災で生じた大量の不良債権の処理が行き詰まったことが明らかにされ，預金者が当時国内に多数あった中小銀行に殺到してこれらが次々に破綻したのである。第一次若槻礼次郎憲政会内閣は，破綻に瀕した銀行のなかでも大手の政府系銀行である台湾銀行[c]に緊急融資するための緊急勅令を出すことを天皇に申し出，憲法の規定により枢密院に天皇から諮詢された。しかし，憲政会[d]の対中融和外交に反感を持つ伊東巳代治ら一部枢密顧問官の策動により否決され，4月17日，若槻は退陣を決めた。

当然ながら，これを知った昭和天皇は「時局多難，殊に財界の危懼，対支外交[e]等を軫念(心配)」していた(『松本日誌』4月17日)。結局，元老　[f]　は，政友会総裁の田中義一を後任首相として昭和天皇に推薦，4月20日，田中義一政友会内閣が成立した。大命降下の際，昭和天皇は田中に対し，特に外交に留意するよう求めた。同内閣の　[g]　蔵相は　[h]　を発し，とりあえず混乱は収拾された。

しかし恐慌自体はそう簡単に収まったわけではなく，昭和天皇は，自身の即位大礼の経費節減を宮相に指示している。さらに，陸軍特別大演習統監のため愛知県に行幸の際に，関係者との会食の席で「国産奨励の御思召にて内国製時計[i]御使用の旨御仰せられ，懐中より御取出被遊，其時計の代価まで御示し」(『牧野日記』11月29日)したり，皇居で政府高官らと会食の際，国産奨励のため名古屋から取り寄せた洋服生地を一同に与えるなど，産業振興[j]にも配慮していた。

(出典：古川隆久『昭和天皇』中公新書，2011年。一部改変あり)

注)　『松本日誌』……『大正デモクラシー期の政治――松本剛吉政治日誌』(岩波書店，1959年)

『牧野日記』……『牧野伸顕日記』(中央公論社，1990年)

問1　下線部aに関連して，この時期に「海の火祭」の連載を開始した，新感覚派の代表的作家で，戦後に日本人として初めてノーベル文学賞を受賞した人物の姓名を答えなさい。

問2　空欄bに当てはまる人物の姓名を答えなさい。

問3　下線部cに関連して，第1次若槻礼次郎内閣は，経営が破綻した［　　　］に対する巨額の不良債権を抱えた台湾銀行を緊急勅令により救済しようとしたが，枢密院の了承が得られず総辞職した。この空欄に入る総合商社の名前を答えなさい。

問4　下線部dに関連して，以下の問に答えなさい。

(1)　［　　　］は，1924年に憲政会・立憲政友会・革新倶楽部による護憲三派連立内閣の首相となった。この空欄に当てはまる人物の姓名を答えなさい。

(2)　護憲三派連立内閣の成立から，五・一五事件で犬養毅内閣が倒れるまで，衆議院で多数を占める政党が内閣を担当していた。この政党内閣の慣例を当時何とよんだか答えなさい。

問5　下線部eに関連して，国民革命軍の北伐に対し，日本人居留民の生命・財産の保護を口実に，田中義一内閣が3度にわたっておこなった武力干渉を何とよぶか答えなさい。

問6　空欄fには，1903年に伊藤博文の後を受けて立憲政友会総裁となり，明治末期に2度組閣した人物が入る。この人物の姓名を答えなさい。

問7　空欄gに関連して，以下の問に答えなさい。

(1)　空欄gに当てはまる人物の姓名を答えなさい。

(2)　この人物は1936年に陸軍青年将校らが引き起こしたクーデタによって殺

害された。このクーデタのことを何とよぶか答えなさい。

(3) このクーデタの失敗の後に陸軍内での主導権を確立した陸軍の派閥を何とよぶか答えなさい。

問8　空欄hには，政府が預金などの債務支払を一時停止する法令が入る。この法令をカタカナ6文字で答えなさい。

問9　下線部iに関連して，1964年におこなわれた夏季オリンピックでは，競技計測システムに日本産の時計が初めて採用された。このときのオリンピック開催都市名を答えなさい。

問10　下線部jに関連して，鮎川義介の主導で，満州事変以降に急成長した新興財閥を何とよぶか答えなさい。

世界史

（60分）

I　次の文章を読んで，文中の空欄 [A] ～ [C] にあてはまる最も適切な語句または数字を記入し，下線部(1)～(7)に対応する問１～７に答えなさい。

（国王の名前で，「何世」とつく場合はかならずつけること。例「ジョージ７世」）

17世紀以降現在に至るまで，イベリア半島は16世紀の繁栄を，一度たりとも取り戻していない。大航海時代を牽引したスペインとポルトガルは，イベリア半島において隣接し，その境界も時代に応じて移動が著しく， [A] 年から1640年まで，(1)ポルトガルはスペイン王フェリペ２世から４世の統治下に置かれた。（中略）何故この二つの国が，「グローバル化」を導くルートの敷設に至ったのであろうか。

イベリア半島は，本来豊かでヨーロッパ内でも勢いがあったり，強力な王権が存在した地域ではない。むしろ，(2)15世紀までいくつかのキリスト教国とアル＝アンダルスと呼ばれる複数のイスラーム都市国家で構成された，ヨーロッパ内で特異的にイスラーム勢力の強い地域であった。それゆえに，(3)文化的には西アジアから地中海のイスラーム文明の恩恵を色濃く受けながらも，それを駆逐した自負のあるキリスト教国の宗教的・政治的反動が，マグレブ地方のイスラーム諸王朝への対抗・報復意識へと強くつながった結果，外洋進出が促進されたとみる傾向もある。さらには大西洋というヨーロッパの「外洋」に面した地理条件の下，(4)15世紀中葉までには，アゾーレス諸島やカナリア諸島といった大西洋の島々を探索する海洋技術を発展させていたことも重要である。しかし，それらの諸条件が下地にあったとしても，外洋進出を具体的かつ強力に後押ししたのは，紛れもなく経済的動機であった。

ブローデル※1は1557年から1627年を「ジェノヴァ人の世紀」と名づけた。ジェノヴァと大航海時代の関係性は， [B] がジェノヴァ人であったこと以外，一般的には印象が薄い。しかし [B] の航海と，その前後のスペイン・ポルトガルの航海事業に続く交易運営の裏側には，東方（レヴァント）交易をめぐって

[C]共和国との戦いに敗れたジェノヴァ共和国の商人貴族たちによる，大規模な資本の投下があった。大航海時代を資本面に限定していえば，その真の主役はジェノヴァ人と，後で登場する陰の存在「新キリスト教徒(コンベルソ※2)」であったといっても過言ではない。

1381年，トリノ条約により，[C]との百年戦争がジェノヴァの敗北で終わった。東地中海の交易の要所を支配し，黒海交易をほぼ独占してきたジェノヴァであったが，(5)<u>オスマン朝トルコの躍進と黒海交易への参入</u>やフランス軍による占領によって，ジェノヴァの自治とそれを支える経済は衰退へと向かった。地中海交易において劣勢となったジェノヴァ商人は，生き残りをかけて，新しい経済資源を模索した。その一つが，ユーラシア大陸の最西端に位置したポルトガルであった。14世紀前半にカナリア諸島に到達したポルトガル人は，その後15世紀前半にマデイラ諸島，アゾーレス諸島，ヴェルデ諸島といった大西洋上の島々を「発見」したが，いずれの事業にもジェノヴァ人が関わっていた。

ジェノヴァ人は14世紀以降，砂糖プランテーション事業を地中海のキプロス島，シチリア島，さらにはポルトガル南部のアルガルヴェ地方に展開していたが，マデイラ諸島が1419年に「発見」されると，気候がサトウキビ栽培に適していることを察知し，プランテーションを同地に導入した。[B]はその青年期，ジェノヴァの海運業に従事し，ポルトガル，イギリス，フランドル等に航海したが，1467年以降はリスボンに活動の拠点を置いて，砂糖で潤うジェノヴァの富豪センチュリオーネ家の代理商となった。1480年頃には，ポルト＝サント島の領主の娘を娶り，その統治権も継承している。(中略)

ポルトガルと比較すると，スペインにおけるジェノヴァ人の存在はより明確である。1528年，(6)<u>ジェノヴァはフランスによる支配をスペイン艦隊の援軍を得て脱し，ハプスブルク朝スペインの一部に保護州として組み込まれた</u>ことで，スペインの王室財政並びにアメリカ大陸の貿易を資金面から強力にサポートするようになっていった。フェリペ2世統治下の1575年の時点で，スペイン王室のジェノヴァ商人に対する債務は，1300万ドゥカット※3に及んでいた。(7)<u>低地諸国での戦争やカタルーニャ地方の制圧，対英戦争等，莫大な出費を要する事業が重なり，華々しくみえるスペインの財政は実際のところ火の車であった</u>。負債の埋め合わせとして，スペイン王室は宮廷内や植民地の要職をジェノヴァ人や新大陸で勢いをつけたコンベルソに委ねることもあった。

（岡美穂子「16世紀『大航海』の時代とアジア」，秋田茂『グローバル化の世界史』より引用。文章は一部改変）

※1　フランスの歴史家

※2　「改宗者」を意味するスペイン語

※3　当時の貨幣の単位

問1　(a)　熱心なカトリック教徒であったフェリペ2世は，カトリック政策の一環としてイングランド王国との関係も強めようとした。皇太子時代の1554年に結婚したイングランド女王の名前を答えなさい。

(b)　1559年，フェリペ2世はフランス王アンリ2世の長女と結婚した。この結婚は，同年に締結されたイタリア戦争の講和条約に含まれたものであった。この講和条約の名称を答えなさい。

問2　15世紀までにイベリア半島にあらわれた諸国に関する以下の説明(a)～(e)に該当する国名や王朝名を，それぞれ(あ)～(こ)の語群から選び，記号で答えなさい。

(a)　イベリア半島最後のイスラーム王朝。交易などで栄えたが，1492年に首都グラナダが陥落し滅亡。

(b)　イベリア半島中央部に位置し，11世紀前半に成立したとされるキリスト教国。首都トレド。

(c)　イベリア半島北東部に位置し，11世紀前半に成立したとされるキリスト教国。首都サラゴサ。

(d)　ムアーウィヤを初代カリフとしたムスリム世襲王朝。最盛期はインドに至る広大な版図を支配。首都ダマスクス。

(e)　第8代君主アブド＝アッラフマーン3世の治世に最盛期をむかえたイスラーム王朝。首都コルドバ。

語群

(あ)　アッバース朝　　(い)　イドリース朝　　(う)　ウマイヤ朝

(え) アラゴン王国 (お) 西ゴート王国 (か) ガーナ王国

(き) ナバラ王国 (く) カスティリャ王国 (け) ナスル朝

(こ) 後ウマイヤ朝

問3 (a) 8世紀に始まる，イスラーム諸王朝を駆逐しイベリア半島の領土を奪還しようとしたキリスト教徒の運動の名称を答えなさい。

(b) モロッコ・アルジェリアの先住民であるベルベル人が打ち立て，12~13世紀にマグリブとイベリア半島を支配したイスラーム王朝の名称を答えなさい。

問4 (a) 15世紀初頭，アフリカ西岸の探検を推し進め，のちのインド航路開拓に貢献したポルトガル王国の王子の名前を答えなさい。

(b) (a)の成果と事業を引き継ぎ，1488年にはヨーロッパ人として初めてアフリカ最南端の岬に到達したとされるポルトガル人の名前を答えなさい。

問5 オスマン朝トルコが黒海への影響力を広げるにあたって15世紀後半に保護下においた，キプチャク=ハン国の後継国家の名称を答えなさい。

問6 (a) ジェノヴァが援軍を要請した，ハプスブルク家出身のスペイン王の名前を答えなさい。

(b) 同時期に，イタリアや神聖ローマ帝国をめぐって(a)と激しく対立したヴァロワ家出身のフランス王の名前を答えなさい。

問7 (a) 歴史的に「低地諸国」とは，現在のベネルクス三国に位置づく同君連合の17州を指す。この地域と当時のスペインとの関係について述べた次の文aとbの正誤の組み合わせとして正しいものを，下の(あ)~(え)から一つ選び，記号で答えなさい。

a 商業が発達していた地域では，カルヴァン派の新教徒を中心として，スペイン王フェリペ2世のカトリック化政策への反発が非常に大きかった。

b　北部７州はスペインの支配下にとどまったが，南部10州はユトレヒト同盟を結び，オラニエ公ウィレムのもとでスペインへの抵抗を続けた。

(あ)　a ― 正　b ― 正　(い)　a ― 正　b ― 誤
(う)　a ― 誤　b ― 正　(え)　a ― 誤　b ― 誤

(b)　(a)の関係の変化は，ホラント州を中心とした1581年の独立宣言にまで至る。このときの独立国家の名前を答えなさい。

(c)　(b)の独立をめぐる，イギリスとスペインとの関係について述べた次の文aとbの正誤の組み合わせとして正しいものを，下の(あ)～(え)から一つ選び，記号で答えなさい。

a　1588年，スペインはイギリスを攻撃するために「無敵艦隊(アルマダ)」を送ったが度重なる海戦では惨敗。これをきっかけにスペインは制海権を失っていった。

b　イギリスでは，1559年の統一法の制定によりスペインと同様，徹底したカトリック主義を取り入れたイギリス国教会の体制を確立した。

(あ)　a ― 正　b ― 正　(い)　a ― 正　b ― 誤
(う)　a ― 誤　b ― 正　(え)　a ― 誤　b ― 誤

Ⅱ　次の文章を読んで，文中の空欄［ A ］～［ J ］にあてはまる最も適切な語句を記入しなさい。

バロック音楽の巨匠ヘンデルは1685年にドイツの都市ハレでその生を受けた。幼少のころより音楽の才能を発揮し，20歳のときにはすでに2つのオペラを完成させている。そのうちのひとつ『［ A ］』は，64年のローマ市の大火をキリスト教徒のせいにして彼らを迫害したことでも知られる皇帝［ A ］が血と殺戮で愛を得るというストーリーが展開するといわれているが，残念ながら現存していない。

ヘンデルは1712年以降，それまでのヨーロッパ大陸を転々とする活動の仕方をあらため，ロンドンに定住する。そして，王侯・貴族の庇護のもと，さらに盛んにオペラの作曲をすすめていく。

1723年初演の『ロンゴバルディ王フラーヴィオ』では，ロンゴバルディすなわちランゴバルド王国における歴史のひとコマが描写されるが，この王国は，のちにカロリング朝の創始者となることで知られる［ B ］にラヴェンナ地方が奪われたあと，カール大帝によって征服されることになる。

翌年の『エジプトのジューリオ＝チェーザレ』では，エジプトに遠征したジューリオ＝チェーザレすなわちユリウス＝カエサルとプトレマイオス朝末期の女王クレオパトラ，さらには，カエサルの部下で，彼の死後はクレオパトラと結んだ政治家・軍人である［ C ］のみつどもえの人間関係が描かれる。

同じ年の『タメルラーノ』では，トルコ化したモンゴルの貴族として生れ，［ D ］を都に大帝国をうちたてたタメルラーノ，すなわちティムールの武勇伝が展開する。

1726年に初演された『シピオーネ』では，ローマの将軍で前202年の［ E ］の戦いでハンニバル軍に大勝したシピオーネすなわちスキピオの物語がくりひろげられる。

古代ギリシアの哲学者で，アカデメイアでプラトンに学び，イスラーム哲学や中世ヨーロッパ哲学・神学に大きな影響を与え，代表的な著作に『政治学』をもつのが［ F ］であるが，彼に幼少期に学び，のちにアケメネス朝をたおしてギリシア・エジプトからインダス川にいたる大帝国を築いたのがアレクサンドロス大王である。『シピオーネ』と同年に初演された『アレッサンドロ』はその大王の生涯のひとコマを描いたものである。

翌年の『イングランドの王リッカルド1世』では，第3回十字軍に参加し，パレスチナにおける十字軍活動の中心となった海港都市である［ G ］の攻防戦で勇名をはせたイギリス王リチャード1世にまつわる物語が展開する。

1714年に［ H ］朝最後のイギリス国王であるアン女王が崩御したが，彼女には世継ぎがなかったので，ジェームス1世のひ孫にあたる人物がドイツの［ I ］家からやってきてジョージ1世として即位した。彼は英語やイギリスの慣習をあまり解さなかったため，内政にも関心が薄く，そのことが責任内閣制の確立と発展につながったとされているが，その彼とイギリス王家とのギクシャクした関係をやわらげようとして作曲されたのが，ヘンデルの代表作とされる1717年の『水上の音楽』だといわれている。ただし，その真偽は定かではない。

ジョージ1世のあとを継いだジョージ2世の在位中にハプスブルク家領にかかわる問題から1740年に勃発したのが［ J ］戦争である。ジョージ2世も，この戦争の過程でおこなわれた北アメリカの領地をめぐるフランスとの戦いで歴史にその名をとどめているが，この戦争を終結させたアーヘンの和約締結の祝賀行事のためにヘンデルは『王宮の花火の音楽』を作曲し，ロンドンで初演している。

このように，ドイツ出身でありながら，ヘンデルはイギリスの音楽史にきわめて重要な地位をしめる作曲家としてその名をきざんでいる。

Ⅲ　フランス国境に近いレマン湖畔の風光明媚な都市に関する以下の文章(1)〜(6)を読み，文章中の空欄 A 〜 J にあてはまる最も適切な語句を記入しなさい。

(1)　4世紀にライン川上流域に定住していたゲルマン人の一派で，5世紀初めに移動してローマ帝国と同盟関係を築いたが，フン人に大敗し，その後ガリア東南部に王国を築いた人々は A 人とよばれる。

(2)　16世紀のフランス出身の宗教改革者である B は，福音主義を主張し迫害を受けたが，この都市の改革派のファレルに招かれ，同市の宗教と政治の改革に尽力し，生活に宗教的規範を取り入れた神権政治を行った。

(3)　この都市でうまれた啓蒙思想家・文筆家の C は，自然状態における人のあり方とは相容れない，絶対王政下のフランス社会における制度化された貧富の差を糾弾する著書，『 D 』を1755年に刊行した。

(4)　 E によってこの都市に，国際的機関 F の母体となる組織が1863年に設立された。もともと戦時における傷病者の救護を目的に創設されたが，その後，捕虜の保護，平時の疾病・災害への対処，衛生思想の普及などへ活動の幅を広げていった。

(5)　この都市で開催された軍縮会議で軍備平等権が否定された結果，1933年 G は国際連盟脱退を宣言したが，これは G を首相に任命した大統領 H の支持を得，さらに国民投票でも圧倒的な支持を得た。

(6)　1954年にこの都市で開催された国際会議には，4大国のアメリカ・イギリス・フランス・ソ連のみでなく，初めて国際会議において重要な役割を担った I 共和国も参加し，フランスと J 共和国の間の休戦協定が成立した。しかし，アメリカはこの休戦協定に署名せず，後の戦争の原因をつくった。

Ⅳ　次の文章を読んで，文中の空欄 [A] ～ [E] にあてはまる最も適切な語句を記入しなさい。

第一次世界大戦後の講和条約の第一の目的は，文字通り平和の回復にあった。だが，実際には講和条約の結果に不満を抱く国は少なくなかった。1920年8月に調印された講和条約により，戦勝国の [A] はオスマン帝国のバルカン半島における領土の多くの割譲を受けることとなった。だが [A] はさらに小アジアでの勢力拡大をはかり，結果，トルコ軍との軍事衝突に発展した。1922年には戦争に敗北して小アジアから撤退し，1923年7月24日にトルコの新政権と連合国が [B] 講和条約に調印することで，両国の国境は画定した。小アジアへの勢力拡大という [A] の望みは達せられなかった。この間，両国はトルコ領内の [A] 系住民と [A] 領内のトルコ系住民の交換協定に調印し，150万人にのぼる人々が強制的に移住させられることになる。

同じく戦勝国であったイタリアも勝利の対価に不満を抱いた。なかでもアドリア海の港湾都市 [C] に対するイタリアの領土要求は国際問題に発展した。古代より重要な港町として栄えた [C] は，大戦前にはオーストリア＝ハンガリー帝国領であったが，イタリアは大戦後のパリ講和会議において，この都市の住民の約半分がイタリア系であることなどを根拠に領有を主張した。しかし1919年9月に調印されたオーストリアと連合国の講和条約は，[C] はセルブ＝クロアート＝スロヴェーン王国(1929年以降は [D] 王国)に属するとしたため，イタリアの領土ナショナリズムに火がつき，著名な詩人ダヌンツィオの率いる義勇兵が [C] を占領し「統治」する事態に発展する。

この事態は1920年11月のラパロ条約により [C] が自由市となることでひとまず落着した。だが，イタリアの [E] 首相は1924年1月，セルブ＝クロアート＝スロヴェーン王国とローマ協定を結び，周辺地域を譲る一方で [C] の併合を認めさせることになる。こうして領土問題を「解決」した後，同じ年の選挙にて [E] の率いる政党は総選挙で6割を超える多数を獲得し，後の独裁体制構築の足場を築いていくことになった。その後，[C] は第二次世界大戦末期に [D] の軍隊に解放され，ふたたび [D] 領となる。現在はクロアチア共和国に属しリエカという名で呼ばれている。

地理

（60分）

I　人口と食料について述べた次の文を読み，以下の問いに答えなさい。

①世界の人口は19世紀までは緩やかに増加していたが，死亡率の低下を主因として20世紀の後半から急増している。②1950年に25億人だった世界の人口は，現在では77億人を超えている。また，③世界的な都市化の発展にともなって，都市人口が増加している。人口問題は時代や国・地域によって様々だが，④年齢別人口構成は人口問題を考える際の重要な指標となる。人口増減の形が多産多死型から多産少死型へ，さらに少産少死型へ変化することを［　a　］と呼ぶ。

⑤人口爆発を抑制する政策が各国で採られてきたが，そうした政策のなかには人権侵害と批判されているものもある。近年では，国家による人口抑制政策ではなく，個人の権利と選択を重視した⑥リプロダクティブ＝ヘルス／ライツが注目されるようになっている。

人口増加率の低下や栽培技術の進歩によって，食料生産の増加が人口の増加を上回るようになっている。ただし，地域的にみると，食料の需要と供給には大きな偏りがあり，⑦発展途上国では多くの人々が栄養不足や飢餓に苦しんでいる。⑧時代によって食のあり方は変化しているが，食料不足を深刻化させる一因として，近年，⑨肉類の消費の増加があげられるようになっている。

品種改良や栽培技術の改善を行って高収量の農産物を生産し，発展途上地域の食料問題の解消を図ろうとする技術革新を［　b　］と呼ぶ。高収量品種の大規模導入によって米や小麦の収量が増加した面はあるものの，農薬や化学肥料による環境汚染，土壌劣化，種の多様性の喪失などの問題が生じている。⑩食料生産や消費においても，環境問題を考慮に入れることが求められている。

〔問い〕

(1) 文中の空欄aとbにあてはまる語句をそれぞれ答えなさい。なお，aは漢字4文字で答えなさい。

(2) 文中の下線部①～⑩に関する以下の問いに答えなさい。

1．下線部①について，西ヨーロッパが産業革命の進展に伴って増大する人口に悩んでいた頃に，過剰人口による食料不足で貧困と悪徳が発生すると警告した人物を，次の選択肢 あ～え から一人選びなさい。

【選択肢】

あ A.スミス　　い K.マルクス

う T.マルサス　　え T.ピケティ

2．下線部②について，次の表1は，大陸別(アジア，アフリカ，ヨーロッパ，南北アメリカ，オセアニア)の人口変遷を示したものである。南北アメリカ大陸とヨーロッパ大陸にあてはまるものを表1中のA～Eの中からそれぞれ選びなさい。

表1　大陸別人口変遷(単位：100万人)

大陸	1800年	1900年	1950年	2000年	2015年
A	187	401	549	727	741
B	90	120	229	818	1,194
C	602	937	1,404	3,730	4,420
D	25	144	342	838	988
E	2	6	13	31	40
世界計	906	1,608	2,536	6,145	7,383

『データブック オブ・ザ・ワールド2019年版』より作成。

3．下線部③について，20世紀後半に発展途上国で進んだ都市化は，かつての先進国が経験したよりもさらに深刻な都市問題を引き起こしている。発展途上国の都市でスラムが生まれやすい理由を60字程度で説明しなさい。

4．下線部④について，次の表２中のＦ～Ｈは，エジプト，ドイツ，フランスの年齢別人口構成を示したものである。Ｆ～Ｈのうち，フランスにあてはまるものを選びなさい。

表２　主な国の年齢別人口構成（2016年）

（単位：％）

	F	G	H
0～9歳	12.1	8.7	21.4
10～19	12.2	9.6	18.2
20～29	11.6	12.2	19.0
30～39	12.3	12.4	15.1
40～49	13.4	14.0	10.4
50～59	13.1	15.9	8.2
60～69	12.0	11.6	4.8
70以上	13.0	15.8	2.5

『データブック オブ・ザ・ワールド2019年版』より作成。

5．下線部⑤について，1979年から中国で実施されるようになった一人っ子政策が2015年に廃止された理由として最も適切なものを，次の選択肢 あ～え の中から一つ選びなさい。

【選択肢】

あ　高齢化の進行　　い　社会の情報化

う　食料不足の解消　　え　女性人口比率の上昇

6．下線部⑥について，リプロダクティブ＝ヘルス／ライツの考え方に沿った取り組みとしてもっとも適切なものを，次の選択肢 あ～え の中から一つ選びなさい。

【選択肢】

あ　家族計画運動からの脱却　　い　晩婚奨励

う　女性の識字率の向上　　え　家父長制の強化

7．下線部⑦について，アフリカ諸国を中心に深刻な栄養不足が生じている原因を，次の語群を全て用いて50字程度で説明しなさい。

【語群】

商品作物　　食料価格

8．下線部⑧について，次の表３は，日本の食料供給量の変遷を示したものである。Ｉにあてはまる食料名を答えなさい。ただし，Ｉ，Ｊ，Ｋは，肉類，野菜，果実のいずれかである。

表３　日本の食料供給量の変遷（１人１日あたり）（単位：グラム）

	1970年度	1980	1990	2000	2010	2016
Ｉ	104.3	106.3	106.3	113.8	100.2	94.3
Ｊ	316.2	309.4	297.0	280.6	241.5	242.6
米	260.4	216.2	191.9	177.0	163.0	149.0
Ｋ	36.6	61.6	71.2	78.8	79.6	86.6

『日本国勢図会2019/20』より作成。

9．下線部⑨について，次の図１は，アメリカ合衆国，日本，バングラデシュの穀物の用途の割合（2013年）を示したものである。日本とバングラデシュにあてはまる記号をＸ～Ｚの中からそれぞれ答えなさい。

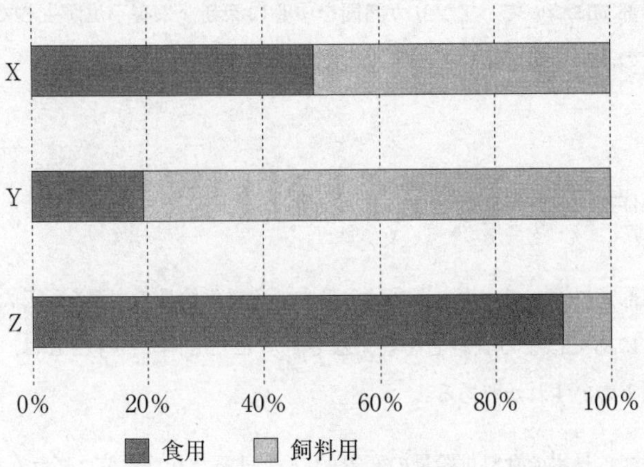

図1　穀物の用途の割合

『新詳資料　地理の研究』より作成。

10. 下線部⑩について，環境問題と関連した考え方や取り組みに関する説明文として最も適切なものを，次の選択肢 あ～え の中から一つ選びなさい。

【選択肢】

あ　トレーサビリティを明らかにする取り組みは，環境への配慮が強く求められるようになったことをきっかけに始められた。

い　バーチャルウォーターの考え方に基づくと，日本をはじめとする食料の大輸入国は多量の水を生産していることになる。

う　フードマイレージは，輸入農産物が環境に与える負荷を数値化するために考えられた指標である。

え　地産地消を進める目的は，観光客を呼びこむことなので，環境への負荷がかかる。

Ⅱ　北アメリカについて述べた次の文を読み，図1を参照して，以下の問いに答えなさい。なお，文中と地図中の同一記号は同一内容を示している。

北アメリカは，西経100度線を境にして，東部の湿潤地域と西部の乾燥地域とに大きく分けられる。東部には安定大陸に特有のなだらかな地形が見られ，楯状地の［ a ］台地や，古期造山帯の［ b ］山脈がある。西部には，太平洋プレートの境界に位置するロッキー山脈があり，太平洋岸は①北部から南部にかけて気候帯も変化する。

北アメリカの農業は，自然条件と社会条件に適した作物が大規模に栽培されるという特徴をもつ。北部に位置するカナダには，国土面積の約38％に②広大な森林が分布し，農牧業は小麦などの穀物の生産と牧畜が中心で，機械化された大規模経営が行われている。西経100度線は年降水量［ X ］mmの線にほぼ重なり，東部では農作物の栽培や酪農が，西部に位置する台地状の大平原［ c ］では③農作物の栽培のほか，企業的牧畜が主に営まれている。

北アメリカの土地は，鉱産資源にも恵まれている。鉱産資源と水運の結びつきによる工業の発展は，北アメリカの経済を支えてきた。五大湖と大西洋を結ぶ内陸水路である［ d ］海路の起点にあるカナダの都市モントリオールでは，繊維工業をはじめとする各種工業が発達している。④五大湖沿岸でも，鉄鋼業が発達した。⑤アメリカ合衆国の中央部を南流しメキシコ湾に注ぐ［ e ］川は，内陸部の基幹輸送ルートとして活用されてきた。

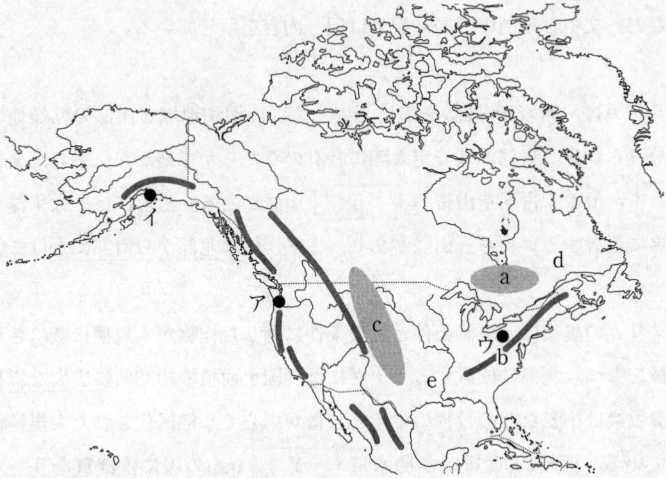

図１　北アメリカの地図

〔問い〕

(1)　文中の空欄ａ～ｅにあてはまる語句をそれぞれ答えなさい。

(2)　文中の空欄Xにあてはまる数字を次の選択肢 ア～エ の中から選びなさい。

【選択肢】

ア　100　　イ　300　　ウ　500　　エ　1,000

(3)　文中の下線部①～⑤に関連する以下の問いに答えなさい。

1．下線部①に関連して，以下の問いに答えなさい。

1）図１中の ア の雨温図として適切なものを図２中の あ～え の中から選びなさい。

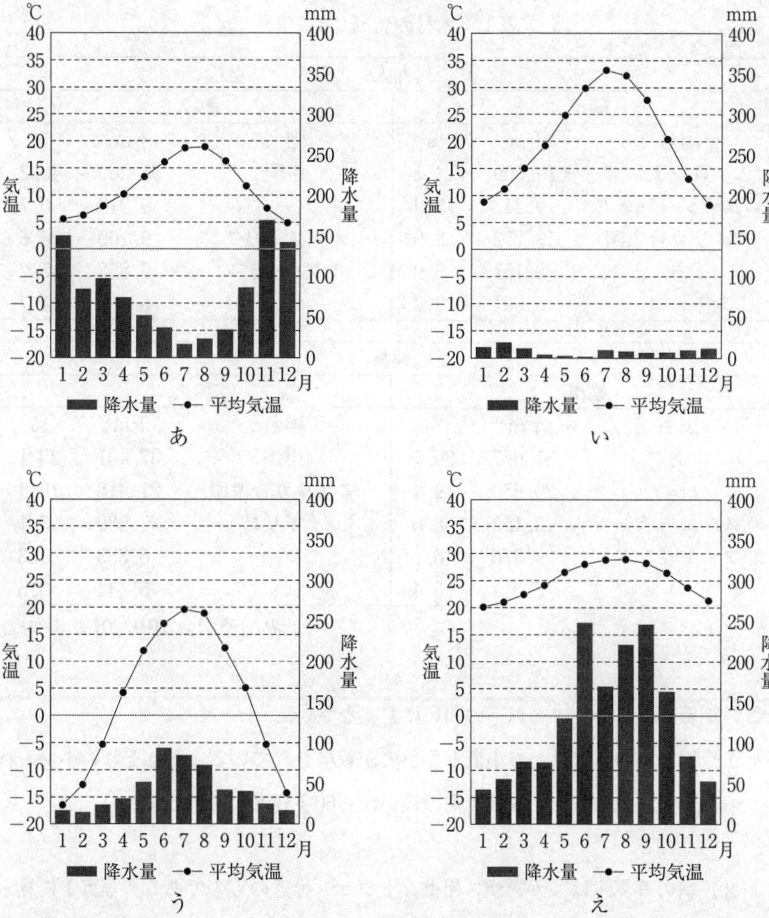

図2　雨温図

『理科年表令和2年版』より作成。

2）図1中の イ の都市に近い沿岸部の気候は，西岸海洋性気候である。高緯度にあっても比較的温暖な気候をもたらしている暖流の名称を答えなさい。

2．下線部②について，次の表1は，木材の貿易(2017年)の上位5か国を示したものである。カナダにあてはまるものを表1中の記号 あ～う の中から選びなさい。

表1　木材の貿易(2017年)

丸太					
輸出			輸入		
国名	千m³	%	国名	千m³	%
ロシア	19,509	14.1	中国	55,260	40.2
ニュージーランド	19,247	13.9	い	9,218	6.7
アメリカ合衆国	13,772	9.9	オーストリア	9,100	6.6
あ	8,151	5.9	スウェーデン	7,853	5.7
チェコ	6,801	4.9	あ	6,494	4.7

製材					
輸出			輸入		
国名	千m³	%	国名	千m³	%
あ	31,657	20.7	中国	37,401	25.1
ロシア	29,650	19.4	アメリカ合衆国	27,418	18.4
スウェーデン	13,153	8.6	イギリス	7,580	5.1
フィンランド	9,376	6.1	う	6,333	4.3
い	8,314	5.4	い	5,144	3.5

『世界国勢図会2019/20』より作成。

3．下線部③について，以下の問いに答えなさい。

1）図1中のcでは，春小麦と冬小麦が栽培されている。それぞれの小麦の特徴を栽培地の気候と収穫時期の違いから60字程度で説明しなさい。

2）次の写真1は，カンザス州セントジョン付近のものである。写真1に見られる円形の畑を作り出す灌漑農法の名称を答えなさい。

写真1　アメリカ合衆国カンザス州セントジョン付近の写真
出典　USGSearthexplorer(2020/10/1アクセス)。

4．下線部④について，以下の問いに答えなさい。

1）図1中の ウ の都市名を次の選択肢 あ～え の中から選びなさい。

【選択肢】

あ　シカゴ　　　　　い　ニューヨーク

う　ヒューストン　　え　ピッツバーグ

2）20世紀，この都市で鉄鋼業が発達した理由を，原材料とその産地，流通，主な製品に言及しながら80字程度で説明しなさい。

5．下線部⑤について，この川の河口付近にはある典型的な地形が形成されている。この地形として適切なものを，次の選択肢 ア～エ の中から選びなさい。

【選択肢】

ア　扇状地　　　　　　イ　円弧状三角州

ウ　カスプ状三角州　　エ　鳥趾状三角州

Ⅲ　再生可能エネルギーについて述べた次の文を読み，以下の問いに答えなさい。

化石燃料の大量使用などによって二酸化炭素をはじめとする温室効果ガスが大量に放出されるようになり，地球温暖化が進行している。1880年から2012年までの間に，世界の平均気温は0.85℃上昇した。とくに，2010年代の10年間の平均気温は観測史上もっとも高かった。温暖化による海面上昇，海洋酸性化が進むほか異常気象，干ばつ・洪水，大型台風なども頻発している。

温暖化の進行を抑えるために，2015年にパリ協定が採択された。そこでは，すべての国による温室効果ガスの削減目標の提出などが義務づけられた。日本は，2013年度比で温室効果ガスの排出を，2030年度までに26.0％削減させる中期目標と，2050年度までに80％削減させる長期目標を掲げている。

目標達成のためには，①エネルギーの消費量を節減する省エネルギーと②再生可能エネルギーの普及が必要である。省エネルギーは1973年の第４次中東戦争をきっかけに起きた石油危機のころから進められてきた政策であり，新しいものではないが，その必要性が改めて高まっている。

再生可能エネルギーには，水力エネルギー，③風力エネルギー，④太陽エネルギーなどがある。これらは自然エネルギーとも呼ばれ，地球の自然現象の中でくりかえし生起しているものを利用するため枯渇の心配がほとんどない。ただし，ダムのように自然への影響があるものもあり，何をもって「再生可能」と呼ぶのかには議論がある。近年も，サトウキビとならぶバイオエタノールの主原料である［　a　］は，燃料用の需要が高まることで市場価格が上昇し，農地開発のための自然破壊，食糧問題や途上国の貧困問題などにつながっていると指摘される。東日本大震災後に日本国内で増えた風力発電やソーラーパネルの設置についても景観破壊などが懸念される例が少なくない。

このように，再生可能エネルギーへの転換がすべてを解決するわけではないが，枯渇性エネルギーから再生エネルギーへの転換は，温室効果ガスの削減などのためにも不可欠である。⑤日本は，発電エネルギーの多くを化石燃料に頼っており，とくにその必要性が高いと言える。

〔問い〕

⑴　文中の空欄 a にあてはまる作物名を答えなさい。

⑵　文中の下線部①～⑤に関する以下の問いに答えなさい。

1．下線部①について，次の図1は，ドイツ，ブラジル，フランス，ロシアの発電エネルギー源別割合(2016年)を示したものである。Dの国名を答えなさい。

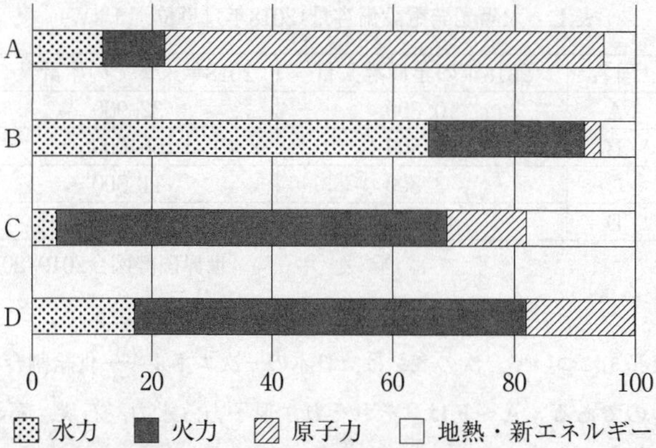

図1　各国の発電エネルギー源別割合(2016年)(単位：%)

『世界国勢図会2019/20』より作成。

2．下線部②について，再生可能エネルギーに関する記述として誤っているものを次の選択肢 あ～え の中から一つ選びなさい。

【選択肢】

あ　中小水力発電は，用水路などの水流をそのまま利用し，ダムによる環境影響を避けることができる。

い　糞尿や汚泥などを発酵させて，発生したメタンを燃やして発電するという再生可能エネルギーの方法もある。

う　地熱エネルギーは，温泉水の温度低下を招く可能性があるので，再生可能エネルギーには数えられない。

え　波の寄せかえしや潮の干満の差など，海水の動きを用いた再生可能エネルギー発電もある。

3．下線部③について，デンマークは2016年の総発電量の約4割を風力発電でまかなった。デンマークで風力発電が盛んな理由を，風力発電の特性とデンマークの地理的条件から40字程度で説明しなさい。

4．下線部④について，次の表1は，インド，オーストラリア，中国，日本の太陽光発電設備容量を示したものである。Aにあたる国名を答えなさい。

表1　太陽光発電設備容量(2018年)(単位：千kW)

国名	2018年の年間導入量	2018年末までの累計量
A	10,800	32,900
B	6,500	56,000
C	3,800	11,300
D	45,000	176,100

『世界国勢図会2019/20』より作成。

5．下線部⑤について，次の表2は，日本の一次エネルギー供給割合の推移を示したものである。A～Fは，それぞれ，原子力，水力，石炭，石油，天然ガス，その他のいずれかを示している。「その他」の大部分は再生可能エネルギーである。「その他」にあてはまるものをA～Fの中から選びなさい。

表2　一次エネルギー供給割合(国内供給ベース)の推移(会計年度)

年度	A	B	C	D	E	F
2000	49.2%	18.5%	13.5%	2.9%	3.3%	12.6%
2010	40.3%	22.7%	18.2%	4.3%	3.3%	11.2%
2018	37.6%	25.1%	22.9%	8.1%	3.5%	2.8%

『日本国勢図会2020/21』より作成。ただし，図を表に変換し，一部を省略した。

政治・経済

（60分）

I 次の文章を読み，下記の問いに答えなさい。

基本的人権を実質的に保障するためには，人権が不当に侵害された場合に救済を求めることができる国務［　a　］（受益権，または単に［　a　］ともいう）が不可欠である。

日本国憲法第17条(1)は，「何人も，公務員の［　b　］により，損害を受けたときは，法律の定めるところにより，国又は公共団体に，その賠償を求めることができる」と定め，公務員によって権利の侵害がなされた場合には国や公共団体に対して損害賠償を求める権利が認められている。この規定にもとづき，1947年に［　c　］法が制定された。

また，第40条は，「何人も，抑留又は［　d　］された後，［　e　］の［　f　］を受けたときは，法律の定めるところにより，国にその［　g　］を求めることができる」と規定している。

権利や自由を侵害されたときに［　f　］所に訴えて救済を求める権利，すなわち，［　f　］を受ける権利（第32条）も国務［　a　］に分類される。

第16条は「何人も，損害の救済，公務員の罷免，法律，命令又は規則の制定，廃止又は改正その他の事項に関し，平穏に［　h　］する権利を有し，何人もかかる［　h　］をしたためにいかなる［　i　］待遇も受けない」と規定する。［　h　］権は，国や地方公共団体に施策などに関して希望や苦情を述べる権利である。政府機関は，その内容を必ず実現する義務を負わないが，［　h　］を受理し，誠実に処理する義務(2)を負う。［　h　］の受理という作為を政府に義務づけるので，国務［　a　］に分類されることが多いが，現在では，政治に対する国民の意思表明の手段として［　j　］権としての意味合いが強くなっている。

〔問1〕 文中の空欄 [a] ～ [j] にもっとも適切な語句を入れなさい。

〔問2〕 下線部(1)について，日本国憲法第17条に違反するとした最高裁判決を1つ選びなさい。

ア　薬事法距離制限違憲判決

イ　郵便法違憲判決

ウ　愛媛玉串料違憲判決

エ　尊属殺規定違憲判決

オ　共有林分割制限違憲判決

〔問3〕 下線部(2)について，次の空欄にもっとも適切な語句を入れなさい。

公の機関に対して特定の事項について適切な措置を求めて，実情を訴えることを [　] というが，法的根拠がないところが [h] とは異なる。

Ⅱ 次の文章を読み，下記の問いに答えなさい。

現在，世界では約200の国々が存在している。これらの国々はいずれもが独立した主権国家であり，独立性を保ちながらも互いに結びつき，国際社会を形成している。国際社会における秩序を維持し，国家間の関係を規律するものが国際法(1)である。国際法には，長年にわたって国家の間で慣習として行われていた慣習国際法と，国家間の約束を文書化した [a] などの成文国際法がある。

17世紀ヨーロッパでの30年戦争を終結させた [b] は，主権国家からなる国際社会が形成されるきっかけとなった点で，画期的であった。第2次世界大戦後，主権国家の数は飛躍的に増大した。すべての民族が外部からの干渉を受けることなく，自己の政治的な地位や体制を決定する権利である [c] を基礎として，植民地の多くが独立したからである。

近代ヨーロッパの国際社会は，国家の利害がすべてに優先する力の世界であった。主権国家は自国の上にいかなる権威も認めない国家である。このような国際社会の中で，国家が独立と平和を維持するためには，同じ目的を持つ国々が同盟して，相互に均衡をはかる勢力均衡が，必要であった。勢力均衡は，近代ヨーロッパに始まるが，19世紀の終わりには軍拡競争を招き，20世紀の初めには [d] が起こった。この反省から新しく登場したのが，[e] である。この方式は，敵対しあっている国も含めた世界規模の国際機構をつくり，すべての加盟国に武力攻撃を行わないことを約束させ，これに違反した国家に対しては，加盟国全体で制裁を加え，加盟国の安全を保障するというものである。この構想は，アメリカ大統領 [f] の1918年の平和原則14か条(2)に示された。これが [d] の講和条約である [g] の中で結実したのである。この [e] を採用したのが，[d] 終了後の1920年に，史上初の世界的な国際平和機構として誕生した [h] である。

しかし，[h] は，第2次世界大戦を防ぐことができなかった。その問題点としては，総会や理事会の決定が [i] を原則としたため，意思決定が困難であったこと，違反する戦争に対しては [j] だけで武力制裁が事実上発動されず，侵略行為に対して有効な方策が取れなかったことなどがある。

〔問1〕 文中の空欄 [a] ～ [j] にもっとも適切な語句や人名を入れなさい。

〔問2〕 下線部(1)について，「国際法の父」と呼ばれる思想家とその国際法に関する主要な著作を何というか。

〔問3〕 下線部(2)について，これに該当しないものを1つ選びなさい。

ア　秘密外交の禁止

イ　同盟の禁止

ウ　海洋の自由

エ　植民地問題の解決

オ　関税障壁の禁止

Ⅲ　次の文章を読み，下記の問いに答えなさい。

高齢化の進行は社会保障費の増大を招き，財政を圧迫している。年金については，現役世代のときに保険料を払わず，将来無年金や低年金になる恐れのある人が増加している。年金制度への信頼を回復するためにも，現役世代が高齢世代を扶養する現在の［ a ］方式に代えて，公的な管理の下，将来の年金を自分で備える［ b ］方式への転換が必要である。高齢化と同時に少子化も進行している。合計特殊出生率(1)とは，１人の女性が一生の間に出産する子どもの平均の数である。日本では，第１次ベビーブーム（1947年～49年）の合計特殊出生率は4.32であったが，その後緩やかに低下し，「ひのえうま」の1966年には1.58まで急落した。その後，第２次ベビーブーム（1971年～74年）もあったが，1970年代後半から再び低下した。1996年以降の労働者派遣法の改正などにより，［ c ］雇用労働者の割合は増大し，フルタイムで働いても生活の維持が困難な［ d ］層が広がった。将来設計の見通しが立たない中で結婚できず，結婚しても成果主義の過重労働により育児時間を捻出できなかったり，保育園不足により保育園に子どもを預けたくても順番待ちとなる(2)地域があったりする。そのため，子どもは産めず，少子化はいっそう進行した。合計特殊出生率は2005年には［ ア ］と史上最低を記録した。少子化は［ e ］人口（満15歳以上の人口に労働参加率をかけたもの）の減少をもたらすので，経済成長に大きな影響を与える恐れがある。少子化の要因として，初婚年齢の上昇（晩婚化）や結婚しない人の増加（非婚化），子育て環境の不備，経済格差の拡大などが挙げられる。

フランスは，1980年代，出生率低下に悩んだため，政府が積極的な出産・子育て支援策をとった。かつては家族手当等の経済的支援が中心であったが，1990年代以降，保育の充実へシフトし，その後さらに出産・子育てと就労に関して幅広い選択ができるような環境整備，すなわち「両立支援」を強める方向で政策が進められ，出生率は改善した。フランス特有の事実婚やシングルマザーへの社会的寛容性という背景もあるが，国の徹底した福祉政策こそが少子高齢化を食い止める道であることを示している。ワーク・ライフ・バランスを計り，社会保障や税制の所得［ f ］機能を高めたことが効果をもたらした。

スウェーデンでは，比較的早い時期から，経済的支援と併せ，保育や育児休業制度といった「両立支援」の施策が進められてきた。保育サービスを都市計画の中に組み込み，保育所を整備した。また，［　g　］制度は，1970年代終わり以降，柔軟性が重視され，分割取得を可能として利便性を高め，取得しやすいように整備されてきた。2014年においては，父親の［　g　］取得率は90％近くに上っている。

少子高齢化社会に対応した持続可能な社会保障制度はどうあるべきか。市場メカニズムを補うものとして，リスクを社会全体でわかちあうルールや制度(雇用保険制度や生活保護制度をはじめとする社会保障制度がその中心)，すなわち［　h　］を構築し，国民のニーズに応えていかねばならない。雇用と社会保障を一体化した生活保障を推進し，少子化に歯止めをかけていくことが肝要である。

〔問1〕 文中の空欄［　a　］～［　h　］に当てはまる適切な語句や数値を入れなさい。［　d　］と［　h　］はカタカナで答えなさい。

〔問2〕 下線部(1)に関して，一国の人口が増減しない均衡した合計特殊出生率は人口置換水準と呼ばれる。現在の日本の人口置換水準はいくらか。以下の選択肢①～④の中から1つ選びなさい。

①　1.59　　②　1.95　　③　2.07　　④　2.35

〔問3〕 下の図は，日本，フランス，スウェーデン，イタリアの1960年から2018年までの合計特殊出生率を示している。イタリア，フランス，スウェーデンはそれぞれ図のA，B，C，Dのどれに当てはまるか。A～Dの中から選びなさい。

図：主要国の合計特殊出生率の動き

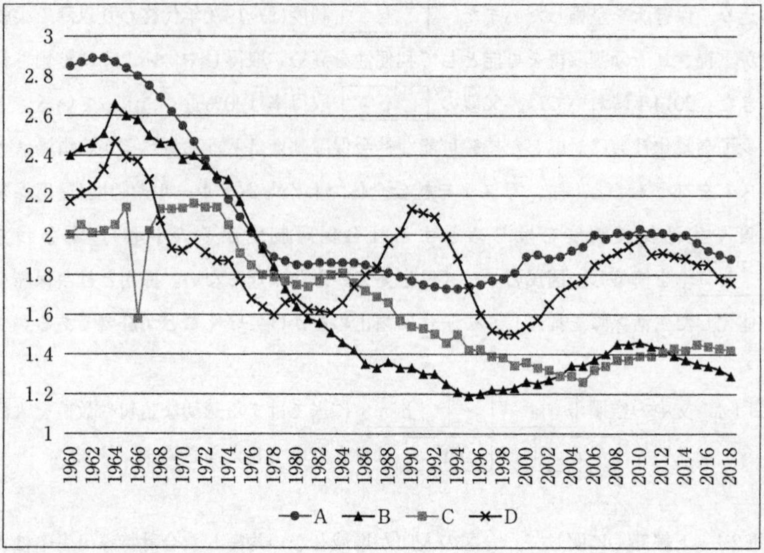

データ出所：Worldbank

〔問４〕 下線部⑵の問題は何と呼ばれているか。答えなさい。

〔問５〕 空欄 ア に当てはまる数値を，以下の選択肢①～④の中から１つ選びなさい。

① 1.26　② 1.36　③ 1.46　④ 1.56

Ⅳ　次の文章を読み，以下の問いに答えなさい。

日本は戦後，［ a ］などの政策を背景に農業生産力は増加した。しかし，(1)<u>産業変化に伴う高度成長期を経て農業の地位は大きく変化したため，日本の国内総生産に占める農業の付加価値の割合は1％を下回った</u>。また，農業就業者数は全就業者数の［ ア ］％に相当する2百万人前後に減少した。その結果，2010年中頃には，国内の耕作放棄地は20年前の2倍近くの42万 ha（1平方キロメートル＝100ha）に及ぶ［ b ］とほぼ同等の面積にまで拡大した。さらに，1960年代には7割以上あった食料自給率（［ c ］ベース）は40％を下回った。

日本の農業を取り巻く環境はさらに厳しくなっている。1980年代を境に円高が進んだ。1995年には［ d ］が成立し，加盟国間における貿易自由化が進んで安価な農産物の輸入が増加した。その結果，日本は世界屈指の農産物純輸入国となった。また，2000年以降，日本は複数の国との間において積極的に自由貿易協定を締結してきた。中でも，2018年は日本を含む［ イ ］カ国によってＴＰＰが締結，調印された。2019年にはＥＵとの［ e ］に調印したことから，日本の農産物輸入拡大への期待とプレッシャーは今後も増加すると考えられ，日本の農業には新たな対応が求められる。

日本農業の今後に向けた対策として，農地整理による効率化などを期待して，政府や自治体は農業経営の法人化を進めている。また，農業に加え，第［ ウ ］次産業である流通や販売業，第［ エ ］次産業の加工業の3つの産業を一体的に行う「［ オ ］次産業化」の推進により，農業の経営基盤の強化，地域活性化が期待される。さらに，政府は2010年中頃に「攻めの農業」というスローガンを掲げた。その一環として，農産物を含む農林水産加工物や食品の輸出額1兆円達成を目標に設定し，加工・貯蔵施設整備への補助金拡充，各国・地域への輸入に向けた働きかけなど，政策実現に取り組んできた。

政府が農産物を含めた農林水産加工品，食品の輸出を進める理由の1つとして，2011年に発生した東日本大震災後の内外の風評被害への対応があげられる。また，2013年には「和食」がユネスコの［ f ］に登録された。2015年は「食」をテーマとした万国博覧会がイタリアの［ g ］で開催され，そこに出展した日本館が好評を博した。さらに，近年，健康面において和食が評価され，日本の食文化や食材が海外で注目を浴びるなど，世界的な日本食ブームが起きている。加えて，近隣のアジア諸国の経済成長が著しく，それにともなって［ h ］消費が増加し，日本の食文化に直接触れる機会が増えたことなどがあげられる。

直近の日本の農林水産物，食品の輸出実績は，ある程度の成果を上げたものの，2019年は目標額に届かなかった。その要因として，生産体制が整っていなかったことなど課題が浮き彫りになった。日本の農業が縮小傾向にある中，今後，ＩＴを駆使した［ i ］農業の導入による生産整備の拡充だけでなく，日本産ブランド作りや知的財産権の保護対策，訪日客を含めた海外の顧客を意識した事業体制づくりが求められる。

〔問１〕　空欄［ a ］から［ i ］について，最も適切な語句を下記から１つ選び，その番号を書きなさい。

① 食糧管理法	② ナポリ	③ 神奈川県
④ ビザ	⑤ ＦＡＯ	⑥ 有機
⑦ 生産額	⑧ ＷＨＯ	⑨ 重量
⑩ 世界記憶遺産	⑪ ＧＡＴＴ	⑫ 富山県
⑬ ＥＰＡ	⑭ ベネチア	⑮ アウトバウンド
⑯ オフグリッド	⑰ 無形文化遺産	⑱ 福島県
⑲ 農地改革	⑳ ミラノ	㉑ 作付面積
㉒ ＷＴＯ	㉓ ローマ	㉔ インバウンド
㉕ 減反政策	㉖ カロリー	㉗ スマート
㉘ 有形文化遺産		

〔問２〕　空欄［ ア ］～［ オ ］について，それぞれ最も適切な数字(整数)を１つ書きなさい。

〔問３〕　下線部(1)に関して，経済の発展にともない，付加価値や労働力が農業から，製造業，サービス業に比重が高まっていく法則を何というか，答えなさい。　　　　(解答欄：＿＿＿＿＿＿＿＿の法則)

数学

（60分）

I　以下の空欄 $\boxed{\text{ア}}$ から $\boxed{\text{シ}}$ をうめなさい。

(1)　$a_1=1,\ a_2=3,\ a_{n+2}=\dfrac{1}{3}(2a_{n+1}+a_n)\ \ (n=1,\ 2,\ 3,\cdots)$ で定義される数列の第3項は $a_3=\boxed{\text{ア}}$ であり，$a_{n+2}+\dfrac{1}{3}a_{n+1}$ を a_{n+1} と a_n で表すと $\boxed{\text{イ}}$ となる。また $a_{n+2}-a_{n+1}$ を a_{n+1} と a_n で表すと $\boxed{\text{ウ}}$ となるので，数列の一般項は $a_n=\boxed{\text{エ}}$ である。

(2)　Oを中心とする半径1の円がある。点Pは円周上の点Aを出発して毎秒 $\dfrac{\pi}{6}$ の速さで円周上を反時計回りに動く。△OAPの面積を S，線分APの長さを l とすると，1.5秒後の値はそれぞれ $S=\boxed{\text{オ}}$，$l=\boxed{\text{カ}}$ であり，t 秒後の値は，t を用いてそれぞれ $S=\boxed{\text{キ}}$，$l=\boxed{\text{ク}}$ と表せる。ただし t は $0<t<6$ を満たすとする。

(3)　1から200までの200枚の番号札から1枚引き，番号を読む。番号が4の倍数かつ6の倍数である確率は $\boxed{\text{ケ}}$ である。番号が6の倍数でも8の倍数でもない確率は $\boxed{\text{コ}}$ である。番号が3，4，5のいずれか1つ以上の倍数である確率は $\boxed{\text{サ}}$ である。番号が4，5，6のいずれか2つ以上の倍数である確率は $\boxed{\text{シ}}$ である。

Ⅱ　座標平面上の点$(x,\ y)$の集合について，次の問いに答えなさい。

(1)　2 点 $(0,\ -4)$，$(-2,\ 6)$を通る直線の方程式を求めなさい。

(2)　連立不等式

$$\begin{cases} \dfrac{1}{2}x^2 + y - 8 \leqq 0 \\ (5x + y + 4)(-x + y + 4) \geqq 0 \\ y + 4 \geqq 0 \end{cases}$$

の表す領域 D を図示しなさい。また，その面積を求めなさい。（下図を解答用紙に描いた上で，解答しなさい。）

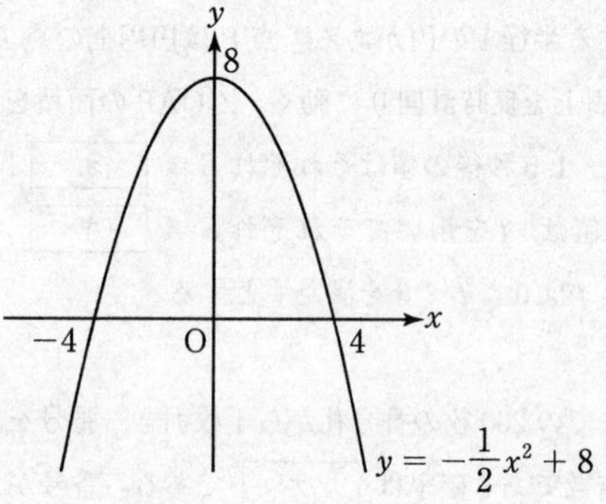

(3)　点$(x,\ y)$が領域 D 内を動くとき，$-x + 2y$ の最大値と最小値を求めなさい。

(4)　点$(4,\ 0)$を通り，領域 D の面積を二等分する直線の方程式を求めなさい。

問五　傍線部5A「有形理学」について、この語は傍線部5B「東洋の無形理学」(儒教などの思想や道徳)と対比的に用いられている。では、筆者が西洋社会に浸透しているという「有形理学」とは何であるか。解答欄に即して漢字二字で答えよ。

(解答欄：□□科学)

問六　傍線部6について、筆者は、動植物の展示を事例として東洋(幕末の日本)と西洋を比較して、同列に論じられないことを説いている。では、その違いは何であるということができるか。次の文章の空欄を指示に従って埋めよ。

日本の展示市は［A(文中の四字の語句の書き抜き)］をねらったものにすぎないが、西洋の動植物園は産業の［B(漢字二字の語を考えて書く)］をはかり、人々の［C(八字以内の文を作成する)］という壮大な目標のもとに設営されている。

けに異なり、并せて4画図に及ぶは、その動植の状《さま》を目撃し、真物を粉本《てほん》として、実形を画描するために便を与ふ。圧瀾海《アタラン》平地、注三及び欧洲にて、著名の大都には、この諸園館みな専場［専用施設］ありて（略）都府の人民これに費用を醸《きょ》したる。その利潤は5A有形理学を進歩し、農工商の実益に発見し［つながり］、富庶《ふしょ》［豊かな生活］繁栄の媒《なかだち》となる。5B東洋の無形理学において、一草一木を研究するを笑ひ、あるいは珍奇を誇観して［見せものにして］、眼前の利を偸取《とうしゅ》する［料金を取って目先の利益とする］と6混同して論ずべからざるなり。

（「米欧回覧実記」より）

注一　植木屋禽獣観場《くわんぢやう》……幕末・明治初めの頃、花木《かぼく》の展示販売市や珍奇な動物の見世物《みせもの》市が流行《はや》った。

注二　ウードワルト……一八六八年開業の遊園地。

注三　圧瀾海《アタラン》平地……圧瀾海《アタラン》は大西洋。アメリカ東海岸一帯を指す。

問一　傍線部1には、西洋人は公園などを散策して自然を楽しむのに対し、東洋人（日本人を念頭に置いている）は邸内で多くの時間を過ごすと書かれている。筆者はそれゆえに寺社や武家屋敷などにあるものが好んでこしらえられたと考えているのだが、そのあるものとはなにか、空欄1にあてはまる漢字二字以内の語を答えよ。

問二　傍線部2の「本領」と反対の意味で用いられている漢字二字の語を文中から抜き出して答えよ。

問三　空欄3に当てはまる語を次から選び、記号で答えよ。

イ　好奇　ロ　耳目　ハ　抱腹　ニ　利欲　ホ　膝下《しっか》

問四　傍線部4の行為を漢字二字で表すと「写□」となる。解答欄に漢字一字を補え。（解答欄：写□）

7　予算は（ジュンタク）にあるのだから、自由に設計してよい。

8　あらぬ疑いをかけられて、彼女はすっかり（タイメン）を汚された思いだった。

9　客人を（懇）ろにもてなす。

10　（出納簿）で年間の収支を確認する。

Ⅲ　次の文章は、岩倉使節団に随行《ずいこう》した久米邦武《くめくにたけ》が、明治四（一八七一）年十二月にアメリカ・サンフランシスコで「遊園地（当時は人々の憩《いこ》いの場をいう）」を視察した折に記録した東西文化の比較考察である（文中「　」内に一部の語意を書き加えた）。これを読み、後の問に答えよ。

東西洋の風俗性情**「文化と人々の気質」**の毎《つね》に相異《こと》なる、反対に出《いづ》るが如《ごと》し**「正反対といってよい」**。西洋人は外交**「社交」**を楽《たのし》む、東洋人はこれを憚《はばか》る。（略）1西洋人は外に出て盤遊《ばんいう》**「外出して歩き回ること」**を楽む、これ一小邑《ゆう》**「小さな町に」**も必ず公苑《えん》を修《おさむ》る所**「公園がある理由」**なり。東洋人は室内にあり惰居《だきよ》するを楽む。故《ゆゑ》に家々に［1］を修む。（略）西洋各都府**「西洋の主要な都市」**に草木園禽獣《きんじう》園**「植物園や動物園」**あるは、我《わが》注一植木屋禽獣観場《くわんぢやう》あると、その大小を差して**「規模こそ違え」**、その外貌《ぐわいばう》は相似たり**「見かけはよく似ている」**。しかれどもその設置の本領、2元来相反せり。西洋にてこれらの設けは、皆人《みなひと》の［3］を誘《ひ》き、聞見を実にし、以て生業をすすめ、学知を博《ひろ》くせしめるに出て、莫大の費用を耗《かう》するも**「必要とするのだが」**、曾《かつ》て吝《をし》まざるは、別に大利あるによるなり。この注二ウードワルトの苑の如きは、公苑に草木園、禽獣園、博物館、蔵画《ざうが》館を并《あは》せたるものにて、禽鳥の種類より（略）捜羅討索《そうらたうさく》し**「あらゆる鳥類を探し求め」**、類を以て品列す。我観場の珍禽奇木を以て、人の一怪愕《くわいがく》を博する**「見物人を驚かす」**の設

イ　注目すべきだ　ロ　不思議なことだ　ハ　危ういことだ　ニ　問題だ　ホ　いいことだ

問五　傍線部5の「いい加減さ」と反対の意味をもつ漢字二字の語を文中から抜き出して答えよ。

問六　次の文は、波線部「ほとんど立ち往生してしまった」(61頁)について、筆者がそうなった理由を説明したものである。空欄6A〜6Cに当てはまる語句を文中から抜き出して答えよ。

筆者は、スラヴの言語や文学の魅力についてインタビューで質問された際に、［6A］の立場で語ることが憚《はばか》られ、言葉につまってしまった。一方で、［6B］として答えようとしても、相手が納得してくれそうな返事が思い浮かばなかった。なぜなら筆者は、「一〇〇パーセント好き」とも「一〇〇パーセント嫌い」とも答えることはできず、答えはその［6C］にあると考えていたからである。

Ⅱ

次の1〜8の(　　)内のカタカナを漢字に直し、9〜10の(　　)内の漢字の読みをひらがなで記せ。

1　一万円の新(シヘイ)には東京駅が描かれる予定である。

2　その山菜はどんな料理にもあうので(チョウホウ)される。

3　私は母に似て(キヨウ)なほうだ。

4　叔父は五十九歳、まもなく(カンレキ)である。

5　まず(チクゴ)的に訳して、あとで意訳する。

6　小説の結末に至って、いくつもの(フクセン)が張られていたことに気付いた。

別にこれは外国研究に限ったことではない。例えば、日本人のあなたは日本が好きですか。そう聞かれて、「一〇〇パーセント好きです」と答えられるような人はやはりおめでた過ぎるだろうし、「一〇〇パーセント嫌いです」と言うような人はおそらく辛くて生きていられないだろう。真実はいつもその中間のどこかにある。

「一〇〇パーセント好き」「一〇〇パーセント嫌い」といった首尾一貫性は、道楽程度のことならともかく、一生の問題になってくると、狂信の臭いがしてきてどうもいけない。「好きでも嫌いでもない」か、「好きでもあるし、嫌いでもある」という、いい加減さがあるからこそ、世の中は成り立っているのではないか。その点に関する限り、僕もかなりいい加減な人間だが、そもそもいまの世の中がかなりいい加減になっていて、これは［　4　］と思う。

［　2C　］、その「5いい加減さ」が時折、忘れられることがある。たとえばオリンピックの時。ふだんあれほどいい加減な日本人が、この時に限ってどうして突然、日の丸を振り回したり、「祖国」のために興奮したり感激したりするのだろうか。僕には不思議でならない。

（沼野充義「あなたは日本が好きですか？」）

問一　空欄1に当てはまる三字の語句を答えよ。

問二　空欄2A～2Cに入るもっとも適切な語句を次から選び、それぞれ記号で答えよ。ただし同じ記号を二度用いてはならない。

イ　いわば　　ロ　要するに　　ハ　では　　ニ　しかし　　ホ　だから

問三　空欄3に当てはまる二字の語を答えよ。

問四　空欄4に入るもっとも適切な語句を次から選び、記号で答えよ。

ないことがあるものだが、僕はもちろん「　1　日本人」ではあっても、「日本人一般」を代表して、日本文化の特徴や、日本経済の動向などについて語ることはできない。まして、スラヴ研究という、日本ではさほど人気があるとも思えない学問分野のどこが「日本人にとって魅力的か」とたずねられても、正直に言えるのはせいぜい「日本人一般にとってはそんなに魅力的じゃないんじゃないでしょうか」くらいのことだが、もちろんそんな答で目の前のスロヴァキア美人をがっかりさせたくなかったから、そうは言えなかった。

　2A　、「日本人一般」はともかくとして、お前個人としてはどうなのか、と言われると、それがまたじつに答えにくい。僕が専門としているのはロシアを中心としたスラヴ語圏の文学で、ロシア文学やポーランド文学を読んで、それについて何かを書いたり、あるいはたまには翻訳したりというのが、いちおう本業である。会社にも勤めず、畑も耕さず、好きでそんなことをしているからには、もともとよっぽど好きだからこそ始めた仕事には違いないが、ある対象と長年つきあい、よく知れば知るほど、それが好きなのか好きでないのか、自分でもよくわからなくなってくるものではないか。

　2B　、「あなた個人としてはロシアが好きですか」と尋ねられたとしても、答えられるのは「好きな面もあるし、好きでない面もある。そもそも今となっては全体として好きなのか、嫌いなのか、自分でもよくわからない、もうそれはほとんど自分の一部だから」ということでしかない。そういう訳のわからない返答でスロヴァキアの人たちを戸惑わせたくはなかったので、僕は言葉につまったのだった。そこで咄嗟《とっさ》に何と言ったか、自分でもよく覚えていない。しどろもどろになって、何か政治家の答弁のようなとりとめのないことを言ってお茶を濁したような気がする。

　日本のロシア専門家の中には、ロシアが好きでたまらないという人がいる。そして、それ以上に多そうなのが――特に政治学者やジャーナリストなどの場合だが――ロシアを嫌っている人たちである。そのどちらもおかしなことだと思う。あんなに巨大な国を本当によく知ったうえで、その「　3　」を好きになったり、嫌いになったりするということがどうしてできるのか。

国語

（六〇分）

I

次の文章を読み、後の問に答えよ。

昨年（一九九三年）の秋、国際スラヴィスト会議という大規模な国際学会に参加するためにスロヴァキアに行ったとき、たまたま現地のテレビ局の取材を受けることになった。スラヴの言語や文学を研究している日本人がはるか遠くから来ているというのが、向こうの人たちには珍しく思われたのだろう。聞き手となったのはなかなか美人の女性で、ひょっとしたらスロヴァキアでは人気のある有名なニュースキャスターだったのかも知れない。学会会場となった大学の建物の前で、彼女はマイクを僕に突きつけ、颯爽《さっそう》と質問を始めた。

別に好き好んでテレビに出るわけじゃないけれど、出ることになった以上は、なるべくカッコよく質問に答えて、日本人もなかなかのものだと、スロヴァキアの人たちに思われたい……という気持ちがなかったと言ったら、嘘になる。ところが、現実とはだいたいが希望通りには進んでくれないもので、このインタビューでも僕は最初の質問からうまく答えられなくて、ほとんど立ち往生してしまった。最初の質問とは、「日本人にとってスラヴの言語や文学のどこが魅力なのでしょうか」というものだったのだ。

まず引っ掛かったのが「日本人にとって」という部分。海外に出ると誰しも行きがかり上「日本人代表」の役を演じなければなら

解答編

英語

1　**解答**　(a)—2　(b)—4　(c)—1　(d)—2　(e)—4

◆全　訳◆

≪健康危機がもたらした教育の変化≫

最近起こった世界的な健康危機は社会における多くの変化を引き起こした。ひとつの重大な変化が，世界中の教師が完全にオンラインで授業を行わなければならなくなったときに起こった。科学技術主導の教育はもっと早くから始められるべきだったと感じた教師もいたが，オンライン授業を準備し，運営することに苦戦した教師もいた。

日本人教師の中にはオンラインで授業を始めることについて心配する人もいたという事実は，おそらく全くもって意外なことではないだろう。日本はデジタル技術の開発では世界有数のリーダーだが，それを実際に利用することにおいては他国に遅れをとっている。日本はいわゆる世界的な「デジタルへの移行」に抵抗しているように思える。このことは，教育だけでなく，社会の別の分野にも当てはまる。例えば，日本で行われるキャッシュレス決済の割合は比較的低いままだ。

しかしながら，多くの生徒はオンライン学習の準備ができていた。これはもっともなことだ。10 代の若者の大多数がオンラインで社会生活を送っているということが最近の調査で明らかになっている。生徒たちは画面上で読むのではなく紙の上で読むときに，より多くの情報を吸収するのだと諸々の研究が警告しているが，教科書出版社はすでに「デジタル優先」の販売戦略を採用している。出版社は印刷された本により高い価格をつけ，付属の音声や，画面上でのポップアップクイズのような特別の無料付属品を提供している。

それにもかかわらず，オンライン学習は真の社会的交流の不足という結果に終わる可能性がある。画面上で相手の顔をリアルタイムで見ているときでさえ，学習者は参加意識や意欲の低下を感じることがある。技術的な問題も課題である。最近のある研究では，オンラインで教えている間に「重大な技術上の問題」を経験したことがある，と教師のほぼ半数が認めた。しかし，これらの問題は練習と経験で解決できるかもしれない。新技術への変更は初めのうちは不安を引き起こす可能性がある。40年前，携帯電話の台頭に反対し，それが広まることは決してないだろうと予測していた人たちがいたが，携帯電話は行き渡った。

オンライン授業が対面学習に取って代わることはなさそうだが，それが私たちの学習方法によい影響を与える可能性はある。教育の目標は知識の受け渡しだけでなく，個人が社会で十分に役割を果たすことを可能にする行動を育てることでもあるべきだ。日本，そして世界の他の国々が，最近起こった健康危機を振り返り，多大な苦悩があったにもかかわらず，社会がその危機から学び，いくつかの点では事態が好転したと考えることができたらと私たちは願っている。

◀解　説▶

(a)「この文章の主な目的は何か？」

1.「日本の社会が教育に対する変更にどのように抵抗しているのかを説明すること」

2.「世界的な危機が教育にどのような影響を与えたか，その一例を考察すること」

3.「デジタル技術に関してほとんどの人が抱えている問題を説明すること」

4.「対面学習の消滅を予測すること」

第2段第3文（Japan seems to …）に「デジタルへの移行」への抵抗が述べられているが，話題の一部にすぎないので1は不適。文章全体で教育の話題が述べられているので3は不適。第5段第1文（Though online classes …）では「オンライン授業が対面学習に取って代わることはなさそうだ」と述べているので4は不適。したがって，2が正解。

(b)「次のうちのどれが『デジタルへの移行』について該当するか？」

1.「それは他のほとんどの国よりも，日本でより急速に起こった」

2.「それはキャッシュレス決済を日本で極めて人気のあるものにした」

3.「それは新技術の利用拡大を避ける世界的な傾向である」
4.「それは新技術の世界的な受容である」

「デジタルへの移行」に関しては第2段に述べられているが，同段最終文（For example, the …）で日本ではキャッシュレス決済が普及していないことが指摘されている。つまり，世界的には「デジタルへの移行」が進んでいると考えられるので，正解は4。

(c)「この文章は，オンライン学習についてどのようなことを示唆しているか？」
1.「それは生徒の学習意欲に悪影響を及ぼす可能性がある」
2.「それは出版社が本の印刷をやめない限り人気が出ることはないだろう」
3.「その利点は非常に誇張されている」
4.「その問題点はあまりにも頻繁に見落とされている」

第4段第2文（Even when watching …）にオンライン学習時の参加意識や意欲の低下といった学習者の学習に対する否定的な態度が述べられていることから，正解は1。

(d)「この文章は，新技術への変更についてどのようなことを述べているか？」
1.「従来の学習方法をできるだけ早く切り替えることが重要である」
2.「新技術が社会で受け入れられるには，ある程度の時間がかかる」
3.「世界中の教師はあまりに行動が遅く，危機に対応できていない」
4.「携帯電話の人気は，人間性に関するあらゆることを私たちに教えてくれる」

第4段第5文（A change to …）に，新技術は，「初めのうちは不安を引き起こす可能性がある」ことが述べられている。その具体例として続く第6文（Forty years ago, …）で，社会に広まるとは思われていなかった携帯電話が，のちに行き渡ったことが紹介されていることから，正解は2。

(e)「この文章の重要な見解のひとつは，…ということである」
1.「オンライン授業は，従来の対面教育よりも優れている」
2.「困難な時代でさえ，人々は協調して暮らしている」
3.「教育の目的は，知識の受け渡しだ」

4.「私たちは新しい学習方法に適応できる」

第4段第3文(Technical issues are …)で,教師が新技術の導入に困難を抱えていることを指摘しているが,続く第4文(But these problems …)で,そういった問題は解消されるだろうと述べていることから,正解は4。また,同段第6文(Forty years ago, …)では,同様の実例として,40年前に登場した携帯電話を挙げ,新技術ものちに行き渡ったことが述べられている。

2 解答 (a)―4 (b)―1 (c)―2 (d)―3 (e)―2

◆全　訳◆

≪都会で優先すべきは緑か住宅か≫

学校からの帰り道を歩く2人の学生

ニック:ちょっと,あれを見て! あそこの土地にある木を切っているよ。

ジェシカ:まだやっているの? 彼らがあそこで作業をしているのを昨日見たけれど,枝の一部をせん定しているだけかと思っていたわ。私の思い違いだったようね。

ニック:せん定って何なの?

ジェシカ:父が言うには,木を健康に保つためには,定期的にその枝の一部を切り落とさなければならないって。それが「せん定」って呼ばれるの。うちは裏庭にあるリンゴの木を年に一度せん定しているわ。でもこの人たち…ほんとうにたくさんの大枝を切り落としているわね。定期的なせん定にしては多すぎると思うけど。一部の木を完全に切り倒す準備をしているんじゃないかな。

ニック:それはいいことではないね。僕たちは都市の緑化を促進すべきであって,木々を除去すべきではないよ。あの人たちは木を全部切り倒そうとしていると思う?

ジェシカ:確信はないけど,持ち主があの土地を売ろうと計画しているのなら,ひょっとしたらそうかもね。そんなことはあらゆるところで起こっているわ。不動産会社はこのような安い土地を買い占めて,そこに集合住宅を建てているの。とても残念だけど,人はどこかに住まなければならないもの。

ニック：それはひどいと思うな！　僕たちがこのことを許し続ければ，僕たちの街は，ゆくゆくはコンクリートだけになってしまうよ。どこにも緑なんかなくなるよ！

ジェシカ：そうね，でも私たちに何ができるの？

ニック：人は郊外に住んで，街へは通勤することができるだろうに。

ジェシカ：ねえ，あなたはそういう所に引っ越しをするべきじゃないかしら。田舎の方が間違いなく緑が多いわよ。

◀解　説▶

(a)「この会話は主に何に関することか？」

1.「街に住むこと」

2.「田舎に引っ越すこと」

3.「土地を売ること」

4.「都市部にある木々を大切にすること」

近くの土地で行われている木のせん定のことから，木々の切り倒しと不動産会社による都市部の宅地開発で緑がなくなってしまうという話題になっているので，正解は4。

(b)「ジェシカは…に言及するために「limbs」という言葉を使っている」

1.「木の枝」　2.「街の緑地」　3.「木の葉」

4.「木々そのもの」

ジェシカは2番目の発言で，樹木の手入れについて語っている。その第4文（But these guys …）冒頭にあるButが，自分の経験と目の前の作業風景を対比させている構成を読み取る。前者の描写では，第1文（My dad says …）で，cut off some of its branchesという表現を使い，後者は第4文（But these guys …）で，taking off a lot of limbsという表現を使っている。いずれも「枝を切る」という意味で，branchesとlimbsはほぼ同じものを表していると考えることができる。したがって，正解は1。

(c)「せん定とは何のことなのかを，ジェシカはどうして知っているのか？」

1.「彼女は田舎で育った」

2.「彼女は父親から聞いた」

3.「彼女は作業員が木々を切っているのを見た」

4.「彼女は都市緑化を研究した」

ジェシカは2番目の発言の第1文（My dad says…）で，せん定について父から聞いたことを述べている。したがって，正解は2。

(d)「次のうちのどれがジェシカにおそらく当てはまるか？」

1.「街にある木は決して伐採すべきではないという点で，彼女はニックと同意見である」

2.「彼女は木には関心がなく，木は住宅に置き換えられるべきだと考えている」

3.「彼女は木を大切に思っているが，住宅を建てることも重要だと考えている」

4.「より多くの緑の近くにいることができるよう，彼女は田舎に引っ越したいと思っている」

ジェシカは4番目の発言（Yeah, but what…）で，直前の，緑がなくなってしまうことに不満を感じているらしいニックの発言（No green anywhere!）にYeahと一旦は同意して，緑の重要性に理解を示している。だがそれよりも前のジェシカの3番目の発言最終文（It's pretty sad,…）で，緑がなくなり，住宅に変わることは悲しいが，人には住むところが必要だと述べていたことも考えると，正解は3。

(e)「ニックはどの発言におそらく賛意を示すだろうか？」

1.「田舎に住むことは誰にとってもあまりにつらいだろう」

2.「街の外に住むことは，都会の木々を保護するのに役立つだろう」

3.「田舎から通勤する人々のために，より多くの駐車場が必要とされている」

4.「街でのより厳しい都市緑化法は効果がないだろう」

ジェシカは3番目の発言の第3文（Real estate companies…）で，不動産会社は樹木のある土地を購入し，そこに住宅を建てている，という内容を述べている。それに対し，ニックが4番目の発言（I think it's…）でそんなことを許せば街に緑がなくなってしまう，と街中に住宅を建てることに反対している。つまり，住宅は郊外に建て，街中の樹木を守るべきだと考えていると推察されるので，正解は2。

3 **解答例** パレイドリアとは，ありふれた物体を見たとき，そこに見覚えのあるものが見える現象のことで，無秩序な情報を整理してパターン化したいという欲求に起因する。それは雲や木の皮，トーストの表面や岩など，あらゆるところで生じ，月にも男の顔や兎などに見える部分がある。この現象は視覚に限られたものではなく，掃除機の音が誰かの話し声に聞こえるというように，聴覚にも現れる。(150～180字)

◆全 訳◆

≪身近なパレイドリア現象≫

天使や城や犬，あるいは顔を雲の中に見たことがあるだろうか。私たちはみな，何か他のもの，誰か他の人に似ているありふれたものを見たことがある。物体を見ると，その中に見覚えのあるものが見えるこの傾向は，「ある形に似ていること」という意味のギリシャ語に由来する「パレイドリア」という言葉で呼ばれるよくある現象だ。

パレイドリアは，無秩序な情報を整理してパターン化したいという私たちの欲求に起因している。それが，車の前面のような何か単純なものをちらりと見たとき，顔のように見えることに，ほとんどの人が賛意を示す理由である。

パレイドリアは雲や木の皮，トーストの表面など，あらゆるところにひょいと現れる。目を向けるべき最適の場所として，岩石によって作られた形のような，無秩序な模様のあるところがあげられる。月を見ると，「月の男」など，いくつかの有名なパレイドリアの形が見えることもある。月の笑顔は，実は明るい場所と暗い場所のまだら模様なのだ。それら明暗の斑点に，銃を持ち犬を連れた男性，ウサギ，女性など，多種多様なものを人々は見出してきた。火星にさえ，非常に興味深い顔の形がいくつか存在する。

このようにパターンを探し求めることは，視覚だけに限られたものではない。無秩序な部分に顔やものを見出すことの方がはるかに一般的だが，人はパレイドリアを耳にすることもある。ある音，例えば，自分の掃除機の大きな音を聞いて，誰かが話しているのが聞こえると思ったことがあるのなら，あなたは自分の耳でパレイドリアを経験したことがあるのだ。

◀解　説▶

パレイドリアの定義は，第1段第3文（The tendency to …）を参照する。(1)のメカニズムは第2段第1文（Pareidolia comes from …）に述べられていることを，(2)の典型例は第3段に述べられていることをそれぞれ要約し，(3)のその他の特徴は，第4段第2文の後半（people can also …）と，続く第3文（If you have …）にある具体例をまとめるとよい。

4　**解答例**　One of the things I can do to improve society is to learn more about politics to take action for change by voting. I am not going to major in politics at university, but as a member of our society, active interest and involvement in politics will lead me to understand political and social issues, and to make better decisions for a better society.

Recent statistics show that only about a third of the young people in Japan in their teens and twenties took part in a national election. This might have resulted in policies favorable not to young people but to other age groups.

Since society consists not only of middle-aged and elderly people but also of young people, social improvement will be realized in a true sense, when we, the youth, take politics seriously and vote for our own sake.（100～150語程度）

◀解　説▶

具体例を挙げながら「社会をよくするために，あなたが個人的にできることを説明しなさい」と問われている。〔解答例〕では，自身の政治への積極的な興味と参加が社会をよくするという考えのもとに，若者の投票率の低さを示す最近の統計を具体的な根拠として挙げ，それが偏った政策をもたらした可能性を指摘する。そして，自分も含め，社会を構成している若者が，政治について真剣に考え，投票をすることで，よりよい社会が真の意味で実現すると主張している。具体例は，「個人的にできること」を具体的に説明するという意味に考えてよいが，〔解答例〕のように，その根拠も具体的に示すことができれば，より説得力のある望ましい解答となる。

日本史

1 解答

問ａ．③　問ｂ．④　問ｃ．④　問ｄ．②　問ｅ．③
問ｆ．①　問ｇ．③　問ｈ．②　問ｉ．②　問ｊ．②

◀解　説▶

≪古代東アジアにおける僧侶の交流≫

問ａ．③正解。大化の新政権で設置された内臣は，天皇に近侍する職と考えられる。中臣鎌足が任ぜられた。

問ｂ．空欄ｂ－１には観勒が入る。百済から来日し，暦法などを伝えた。空欄ｂ－２には曇徴が入る。高句麗から来日し，絵の具・紙・墨などを伝えた。

問ｃ．④正文。高向玄理は 608 年に遣隋使に従い隋に留学し，640 年に唐から帰国して大化の改新では国博士になった。654 年に唐・新羅との国交調整のため唐に渡るが，長安で病死した。阿倍仲麻呂は 717 年に入唐し，玄宗皇帝に仕えた。753 年，帰国の途中難破し，再度唐に仕え長安で死去した。

①誤文。遣唐使の派遣は，舒明天皇の時代から開始され，犬上御田鍬が最初の遣唐使として派遣された。

②誤文。遣唐使の航路は当初，北路がとられていたが，新羅との関係悪化のため南路に変更された。

③誤文。天武・持統両天皇の時代に遣唐使は派遣されていない。

問ｄ．②正解。法相宗の義淵の門下には，行基・玄昉・道鏡などがいた。

問ｅ．③正解。740 年，藤原宇合の子で大宰少弐の藤原広嗣が玄昉・吉備真備の排斥を要求したが受け入れられず，北九州で反乱を起こし敗退した。

問ｆ．史料の出典は，淡海三船が鑑真の日本渡航について記した『唐大和上東征伝』である。754 年に鑑真が日本に戒律を伝え，東大寺に初めて戒壇を設けて聖武太上天皇・光明皇太后・孝謙天皇らに授戒した。761 年には下野薬師寺・筑紫観世音寺にも戒壇が立てられ，天下三戒壇と称した。

問ｇ．③正解。日本の天台教学を確立した最澄は，比叡山に大乗戒壇の設立を願い出て，南都諸宗と論争になった。最澄は『顕戒論』で大乗戒壇設立の正統性を主張した。天台宗独自の大乗戒壇は822年，最澄の死後7日目に勅許された。

①誤り。『元亨釈書』を著したのは虎関師錬である。

②誤り。『三教指帰』を著したのは空海である。

④誤り。『法華義疏』は厩戸王（聖徳太子）が著したと伝えられる。

問h．ア．正文。円仁は838年入唐し，密教などを学んで847年に帰国した。『入唐求法巡礼行記』はこのときの旅行記である。854年には天台座主となり，天台密教の大成に尽力した。

イ．誤文。円仁を祖とし，比叡山延暦寺を本山とする山門派は，円珍を祖とし，園城寺を本山とする寺門派と，のちに対立した。

問i．ア．正文。遣唐大使に任命されていた菅原道真は，894年に派遣の再検討を宇多天皇に建議した。黄巣の乱後に不安定化した唐の政情などが中止の理由とされている。

イ．誤文。日本は宋と正式な国交を開こうとはしなかった。しかし，宋の私商船は頻繁に九州の博多に来航した。

問j．②正解。東大寺僧の奝然は宋から帰国後，嵯峨野に清凉寺を建て，宋から請来した釈迦如来像を安置した。この釈迦如来像は厚い信仰を獲得し，経典は摂関家にささげられた。

2　解答

問a．①　問b．②　問c．③　問d．④　問e．①

問f．④　問g．①　問h．①　問i．③　問j．③

◀解　説▶

≪江戸時代の藩政改革≫

問a．ア．正文。豊臣秀吉の武将であった福島正則は，関ヶ原の戦いでは徳川方に属し，その後，安芸国広島城主となった。しかし，1619年に広島城を許可なく修築したことが武家諸法度違反に問われ，改易となった。

イ．正文。仙台藩主伊達政宗は，ノビスパン（メキシコ）との通商を望み，家臣の支倉常長をスペイン国王およびローマ教皇のもとに派遣した（慶長遣欧使節）が，失敗に終わった。

問b．空欄b－1には慶安の変が入る。1651年，3代将軍徳川家光から4代将軍徳川家綱への代替わりに兵学者由井正雪らが企てた幕府転覆計画である。空欄b－2には明暦の大火が入る。1657年の江戸の大火で，江戸城本丸をはじめ市街の半分以上を焼き，死者は10万人におよんだ。
問c．③正解。山崎闇斎が創始した神道は垂加神道である。神道と儒教の合一を主張し，水戸学の尊王論や国粋主義思想に影響を与えた。
問d．ア．誤文。武家諸法度の寛永令で参勤交代が大名に義務づけられ，大名の妻子は江戸に住むことが強制された。
イ．誤文。享保の改革では，1万石につき100石の幕府への献米（上げ米）を命じ，その代償として参勤交代が緩和された。寛政の改革における囲米の際に参勤交代の緩和はしていない。
問e．①正解。時習館は熊本藩の藩校である。
②誤り。興譲館は米沢藩の藩校である。
③誤り。造士館は薩摩藩の藩校である。
④誤り。弘道館は水戸藩の藩校である。
問f．④正解。薬用になる動植鉱物について研究する本草学の分野は，貝原益軒が『大和本草』を著して発展させ，稲生若水とその門人が博物学的本草学の大著『庶物類纂』を著した。
問g．①正解。会沢安が著した尊王攘夷論の書『新論』は，排外論の過激さにより公刊が禁止されたが，門人によって筆写されて広まった。
②誤り。『弘道館記述義』を著したのは藤田東湖である。
③誤り。『古史伝』を著したのは平田篤胤である。
④誤り。『柳子新論』を著したのは山県大弐である。
問i．③誤文。フェートン号はイギリスの軍艦であり，1808年にオランダ商船を捕獲するため長崎港に侵入した。
問j．③正文。安政の改革では，江戸湾に台場を築き，大船建造を解禁し，江戸に講武所，長崎に海軍伝習所を設立して洋式兵制の導入をはじめた。
①誤文。幕府内に政事総裁職・将軍後見職・京都守護職の三職を置いたのは文久の改革である。
②誤文。孝明天皇の妹の和宮を将軍徳川家茂に降嫁させるなど公武合体策を推進した老中は安藤信正と久世広周である。
④誤文。多量の金貨の海外流出を防止するために，金貨の品質を大幅に引き下げる改鋳（万延小判など）を行ったのは安政年間ではなく，万延元年（1860年）である。

3 **解答** 問1．川端康成　問2．片岡直温　問3．鈴木商店
問4．(1)加藤高明　(2)憲政の常道　問5．山東出兵
問6．西園寺公望　問7．(1)高橋是清　(2)二・二六事件　(3)統制派
問8．モラトリアム　問9．東京　問10．日産コンツェルン

◀解　説▶

≪昭和恐慌≫

問1．新感覚派の代表的作家で，戦後に日本人として初めてノーベル文学賞を受賞した人物は川端康成である。代表作に『雪国』『伊豆の踊子』がある。

問2．昭和金融恐慌が始まるきっかけとなる失言を残した大蔵大臣は片岡直温である。衆議院予算委員会において，実際はまだ休業していなかった東京渡辺銀行を「破綻」したと言ってしまったことで，中小銀行の取りつけ騒ぎが始まった。

問3．台湾銀行は，経営が破綻した鈴木商店に対する巨額の不良債権を抱えていた。鈴木商店は第一次世界大戦中に急成長したが，金融恐慌で倒産した。

問5．国民革命軍の北伐に対し，日本人居留民の生命・財産の保護を口実に，田中義一内閣が3度にわたっておこなった武力干渉は山東出兵である。その後，内外の批判を受けて撤兵した。

問6．1903年に伊藤博文の後を受けて立憲政友会総裁となり，明治末期に2度組閣した人物は西園寺公望である。1912年に2個師団増設問題で陸軍と衝突して総辞職した後，最後の元老として後継首相の推薦にあたった。

問7・問8．田中義一内閣の大蔵大臣高橋是清は，政府が預金などの債務支払を一時停止する法令（モラトリアム，支払猶予令）によって金融恐慌を一応収拾させた。高橋是清は1936年に陸軍皇道派青年将校らが引き起こしたクーデタ（二・二六事件）によって殺害された。このクーデタでは内大臣斎藤実・陸軍教育総監渡辺錠太郎らも殺害されている。事件後，皇道派が一掃され，統制派の主導権が確立した。

問9．1964年に東京で夏季オリンピックが開催された。1940年に予定していた東京大会は戦争で中止されたため，アジアで初の大会となった。

問10．鮎川義介の主導で，満州事変以降に急成長した新興財閥は日産コ

ンツェルンである。重化学工業を中心に多くの会社を系列下に入れ，1937年には満州で満州重工業開発会社を設立した。

世界史

I

解答 A．1580 B．コロンブス C．ヴェネツィア

問1．(a)メアリ1世 (b)カトー＝カンブレジ条約

問2．(a)―(け) (b)―(く) (c)―(え) (d)―(う) (e)―(こ)

問3．(a)レコンキスタ〔国土回復運動〕 (b)ムワッヒド朝

問4．(a)エンリケ (b)バルトロメウ＝ディアス

問5．クリム＝ハン国 問6．(a)カルロス1世 (b)フランソワ1世

問7．(a)―(い) (b)ネーデルラント連邦共和国 (c)―(い)

◀解 説▶

≪大航海時代におけるジェノヴァ≫

B．スペイン・ポルトガルの航海事業に先鞭をつけたジェノヴァ出身の航海者という文脈からコロンブスが正解。なお，コロンブスに影響され，西回りで北米に到達したカボット父子もジェノヴァ出身である。

C．地中海における東方交易の2大勢力はジェノヴァとヴェネツィアであった。両都市は地中海の覇権をめぐって争い，ヴェネツィアが勝利した。

問2．(b)・(c)レコンキスタにより再征服された地域に，11世紀前半，カスティリャ王国（半島中央部），アラゴン王国（半島北東部）と，カスティリャ王国から自立したポルトガル王国（半島西部）が成立した。

(e)アブド＝アッラフマーン3世の治世に最盛期を迎えたイベリア半島のイスラーム王朝は後ウマイヤ朝。彼はファーティマ朝に対抗してカリフを称したため，アッバース朝のカリフを含めイスラーム世界は3人のカリフが並立する状況になった。

問5．オスマン朝トルコは，キプチャク＝ハン国の後継国家としてクリミア半島に成立したクリム＝ハン国を1475年に宗主権下におき，黒海北岸に勢力を拡大した。

問7．(a)(い)が正解。a．正文。b．誤文。スペインの支配下に留まったのは南部10州で，北部7州がユトレヒト同盟を結びスペインに抵抗を続けた。

(c)(い)が正解。a．正文。b．誤文。イギリスではエリザベス1世が1559

年に統一法を制定し，カルヴァン主義を取り入れたイギリス国教会を確立した。なお，司教制は維持され儀式などにもカトリック的要素が強く残った。

II 解答

A．ネロ　B．ピピン　C．アントニウス
D．サマルカンド　E．ザマ　F．アリストテレス
G．アッコン　H．ステュアート　I．ハノーヴァー
J．オーストリア継承

◀解　説▶

≪ヘンデルのオペラをめぐる歴史≫

A．64年のローマ市の大火をキリスト教徒の仕業として彼らを迫害したのはネロ帝。使徒ペテロとパウロはネロ帝による迫害で殉教したとされる。

B．カロリング朝の創始者はピピン。ランゴバルド王国から奪ったラヴェンナ地方を教皇に寄進した。

D．ティムール朝の首都は東西交易の要衝サマルカンド。

G．イェルサレム王国の海港都市アッコンはサラディンに攻略された。第3回十字軍に参加したリチャード1世は攻防戦の末にアッコンを奪還したが聖地イェルサレム回復は果たせなかった。1291年，マムルーク朝によるアッコン陥落で十字軍は終わった。

J．1740年に始まったオーストリア継承戦争（1740〜48年）と並行し，イギリスとフランスは北アメリカで植民地をめぐりジョージ王戦争（1744〜48年）を戦っていた。

III 解答

A．ブルグンド　B．カルヴァン　C．ルソー
D．人間不平等起源論　E．デュナン
F．国際赤十字　G．ヒトラー　H．ヒンデンブルク　I．中華人民
J．ベトナム民主

◀解　説▶

≪ジュネーヴに関する歴史≫

リード文にある，フランス国境に近いレマン湖畔の都市とは，ジュネーヴである。

A．ブルグンド人は5世紀前半，スイスからガリア東南部にブルグンド王

国を建国した。

E・F．クリミア戦争でのナイティンゲールの活動に影響を受けたデュナンは，1863年ジュネーヴに医療福祉団体を設立，翌1864年に赤十字条約が結ばれ加盟各国に赤十字社が創設された。

I．1954年4～7月，ジュネーヴで朝鮮統一とインドシナ戦争休戦についての会議が開かれ，米・英・仏・ソと中華人民共和国，ベトナム民主共和国，ベトナム国などが参加，ジュネーヴ休戦協定が結ばれた。

J．ベトナム民主共和国は1945年9月に独立を宣言，ホー＝チ＝ミンが初代大統領に就任した。旧宗主国フランスはこれを認めず，1946年にインドシナ戦争が勃発，1949年バオダイを擁立し南半部にベトナム国を建てた。

Ⅳ　解答

A．ギリシア　B．ローザンヌ　C．フィウメ
D．ユーゴスラヴィア　E．ムッソリーニ

◀解　説▶

≪第一次世界大戦後のギリシア・イタリア≫

A．ギリシアは連合国の支援を受け小アジアに侵入，イズミルを占領した。これに対しムスタファ＝ケマルはアンカラにトルコ大国民議会を組織し，ギリシア軍を撃退，イズミルを奪還した。

B．1923年7月24日，ギリシアを小アジアから駆逐したトルコ新政権は戦勝国として連合国とローザンヌ条約を結び，トラキア，小アジアなどの領土を回復し，治外法権の撤廃を実現した。これによりセーヴル条約（1920年）は破棄された。

C・D．アドリア海の港湾都市フィウメは，第一次世界大戦後にセルブ＝クロアート＝スロヴェーン王国（1929年，国民統合をめざしユーゴスラヴィアと改称）領とされたが，イタリアの義勇兵が占領，1920年に自由市となった。

E．1922年にローマ進軍で首相となったファシスト党のムッソリーニは，セルブ＝クロアート＝スロヴェーン王国と協定を結び，フィウメを併合した（1924年）。

地理

Ⅰ 解答

⑴ａ．人口転換　ｂ．緑の革命
⑵１―う

２．南北アメリカ大陸：Ｄ　ヨーロッパ大陸：Ａ

３．都市の雇用機会が不十分で定職に就けず，貧困層が居住地を確保するために都市縁辺部の条件の悪い土地を不法占拠するから。(60 字程度)

４―Ｆ　５―あ　６―う

７．人口増加に加えて，外貨獲得のために商品作物の栽培を優先し，穀物などの食料価格が高騰し十分に供給されないから。(50 字程度)

８．果実　９．日本：Ｘ　バングラデシュ：Ｚ　10―う

◀解　説▶

≪人口と食料≫

⑵１．う．正。T.マルサスは『人口論』を著した 18～19 世紀のイギリスの経済学者である。

あ．誤。A.スミスは『国富論』を著した 18 世紀のイギリスの経済学者。

い．誤。K.マルクスは『資本論』を著した 19 世紀のドイツの経済学者。

え．誤。T.ピケティは『21 世紀の資本』を著したフランスの経済学者。

２．Ｃは世界人口の 6 割以上を占め，人口密集も高いアジアである。Ｅは人口が最も少なく，人口密度も低いオセアニアである。Ｂは第二次世界大戦後，人口爆発と呼ばれる急激な人口増加がみられるアフリカである。Ａは 2000 年以降ほとんど人口が増加しておらず，人口が減少している国も増えているヨーロッパである。残るＤは南北アメリカである。

３．発展途上国では，経済活動が活発になると大都市の近代化が進む一方，農村部は取り残され，国内の経済格差が大きくなり，農村からの余剰労働力の移動が増加した。しかし，都市には余剰労働力を吸収できるほどの十分な雇用機会がなく，不安定な職業に就くことを強いられ，貧困層が居住地を確保するために都市縁辺部の条件の悪い土地を不法占拠し，社会基盤（インフラストラクチャー）の整備が不十分で居住環境が劣悪なスラムが形成される。

4．Hは0～14歳の年少（幼年）人口率が高く，65歳以上の老年人口率が低い発展途上国型のエジプトである。Gは年少人口率が低く，老年人口率が高く人口減少しているドイツである。Fは老年人口率が高く高齢化が進んでいるが，子どもをもつ家庭への支援を充実させたことで出生率が回復し，年少人口率がやや高いフランスである。

5．中国の一人っ子政策が廃止された理由として，子どもの過保護，男子が望まれることにより男子の出生数が女子の出生数を大きく上回り生じた結婚難，人口の高齢化や労働人口の減少などが挙げられる。

6．1994年にエジプトのカイロで開催された国際人口開発会議で，それまでの国家による人口抑制を中心とした人口政策が問題とされ，個人の権利と選択を重視したリプロダクティブ＝ヘルス／ライツ（性と生殖に関する健康とその権利）が重要な概念として取り上げられた。特に女性の教育水準は家族計画の実行率に比例し，乳幼児死亡率に反比例することから，人口増加の抑制には女性の社会的地位の向上をめざす活動が重要であるとされた。

7．アフリカでは，人口増加に食料増産が追いつかないことに加えて，植民地時代からのプランテーション農業の影響で，外貨獲得のために輸出用の商品作物の栽培が優先され，自給用穀物の国内価格が高騰し，食料が十分に供給されず深刻な栄養不足が生じている。

8．Kは供給量が少ないが，食生活の多様化・洋風化により1970年度以降増加を続けている肉類である。IとJは野菜・果実のどちらかであり，幅広い料理で用いられ供給量が多いJが野菜，供給量が少ないIが果実である。

9．Yはトウモロコシの大部分が飼料に利用され，飼料用の割合が大きいことから畜産業がさかんなアメリカ合衆国である。Zは飼料用の割合が少なく，畜産業がさかんでないことから，生活水準が高くないバングラデシュである。残るXは日本である。

10．あ．誤文。トレーサビリティとは，商品の生産から消費までの過程を追跡することを意味する。遺伝子組み換え食品に対する懸念や産地偽装事件，BSE問題など食品の安全性に対する不信感が高まったことを背景に，消費者団体を中心に食品におけるトレーサビリティが主張されるようになった。

い．誤文。バーチャルウォーター（仮想水）とは，農産物や畜産物の輸入国がその輸入品を自国で生産すると想定した場合に必要と推定される水の量のことである。したがって食料の大輸入国である日本は輸出国で生産された水を輸入していることになる。

え．誤文。地産地消とは，地域で生産されたものをその地域で消費することであり，生産地と消費地の距離が短くなるため，輸送時などに生じる環境への負荷は小さくなる。

II 解答

(1)a．ローレンシア　b．アパラチア
c．グレートプレーンズ　d．セントローレンス
e．ミシシッピ　(2)―ウ

(3)1．1)―あ　2）アラスカ海流　2―あ

3．1）春小麦は冬に寒冷な地域で栽培され，春に種をまき秋に収穫する。冬小麦は冬に温暖な地域で栽培され，秋に種をまき初夏に収穫する。(60字程度)

2）センターピボット方式　4．1)―え

2）アパラチア炭田の石炭やメサビ鉄山の鉄鉱石，鉄鋼の輸送に五大湖やオハイオ川の水運を利用でき，デトロイトでの自動車工業の発達に伴い材料の供給を担ったから。(80字程度)

5―エ

◀解　説▶

≪北アメリカの地誌≫

(3)1．1）図1中の地点アはシアトルである。シアトルはアメリカ合衆国とカナダの国境に利用されている北緯49度線よりやや南の大陸西岸に位置し，最寒月平均気温が−3℃以上18℃未満で，夏季に乾燥する地中海性気候（Cs）に属することから，雨温図あとなる。雨温図いは砂漠気候(BW）に属するラスヴェガスのものである。雨温図うは冷帯湿潤気候(Df）に属するカナダのウィニペグのものである。雨温図えは熱帯モンスーン気候（Am）に属するマイアミのものである。

2）図1中の地点イはアンカレジである。西から流れる北太平洋海流が北アメリカ大陸付近で高緯度側に流れる暖流のアラスカ海流と低緯度側に流れる寒流のカリフォルニア海流に分流し，北アメリカ大陸西岸の気候に影

響を与える。

２．あ．丸太・製材ともに輸出上位５カ国に入っており，針葉樹の軟木が広く分布し，林業がさかんなカナダである。い．丸太・製材ともに輸入上位５カ国に入っており，用材の需要が多く，木材加工業がさかんなドイツである。う．製材の輸入のみ上位５カ国に入っており，日本である。

３．１）小麦は多くの地域で秋に種をまき初夏に収穫する冬小麦が生産されているが，冬季に寒冷となり冬小麦が栽培できない高緯度の冷帯地域においては，春に種をまき秋に収穫する春小麦が生産される。

２）センターピボット方式は乾燥・半乾燥地域にみられる灌漑農法で，農地の中心から地下水を汲み上げ，化学肥料を添加し，車輪のついた散水管を通して，円を描くように水をまくことで巨大な円形農場を形成する。

５．河川によって運搬された砂や粘土が河口付近に堆積して形成される地形は三角州であり，円弧状三角州・鳥趾状三角州・カスプ状三角州に分類される。円弧状三角州はナイル川・ニジェール川，鳥趾状三角州はミシシッピ川，カスプ状三角州はテヴェレ川が典型例である。

Ⅲ　解答

(1)トウモロコシ

(2)１．ロシア　２―う

３．国土が低平で西側を海に面し，年中安定した風力が得られる偏西風を利用できるから。(40 字程度)

４．インド　５―D

◀解　説▶

≪再生可能エネルギー≫

(2)１．Aは原子力によるエネルギー自給に重点を置き，原子力発電の割合が高いフランスである。Bは豊富な水資源を活用し，アマゾン水系やパラナ川流域にダムを建設して水力発電をさかんに行っているブラジルである。Cは原子力発電に代わるエネルギーの一つとして風力発電を推進しており，地熱・新エネルギーの割合が高いドイツである。

２．う．誤文。地熱エネルギーは地球内部の熱のうち地表から数 km 以内にあり人間が利用できる熱エネルギーのことで，人間が消費し尽くせないほど十分な量があるとされる再生可能エネルギーである。

３．デンマークは石油危機後，国産エネルギーの確保に力を入れ，低平な地形と西側を海に面していることから，年間を通して一定方向から安定して吹く偏西風を利用した風力発電の普及を推進した。国土が狭いことに加え，風車による騒音や景観の問題から海上発電設備の建設にも積極的である。

4．Dは2018年末までの累計量が4カ国中最大で，太陽光発電量が世界最大である中国である。Bは2018年末までの累計量が多く，石油危機以降，太陽光発電の利用を積極的に推進した日本である。Aは低緯度に位置し豊富な日射量を利用して，近年太陽光発電の導入が急速に進んでいるインドである。残るCはオーストラリアである。

5．2018年度において供給割合が高いA・B・Cは化石燃料である石炭・石油・天然ガスのいずれか，供給割合が低いD・E・Fは原子力・水力・その他のいずれかである。Aは割合が低下しており，代替エネルギーへの移行が進められている石油である。B・Cは供給割合が上昇しており，Cは2011年の東日本大震災による原子力発電の停止後，輸入量が増加し，供給割合の上昇率が大きい天然ガス，Bは石炭である。Fは2011年の東日本大震災により発電所の稼働が停止され，供給割合が大きく低下した原子力である。Dは供給割合が増加しており，近年開発が進められている再生可能エネルギーを含むその他である。残るEは供給割合が低いものの安定した供給がみられる水力である。

政治・経済

I 解答

〔問1〕a．請求権　b．不法行為　c．国家賠償
d．拘禁　e．無罪　f．裁判　g．補償　h．請願
i．差別　j．参政
〔問2〕イ　〔問3〕陳情

◀解　説▶

≪基本的人権の保障≫

〔問1〕a．国務請求権（請求権）とは，憲法によって定められた国民の基本的人権を確保するための権利の総称。リード文にあるとおり，日本国憲法では請願権（第16条），国家賠償請求権（第17条），裁判を受ける権利（第32条），刑事補償請求権（第40条）などが定められている。

e・f・g．憲法第40条は，抑留または拘禁された者が無罪の裁判を受けた場合に，国に補償を求めることができる刑事補償請求権を定めている。

〔問2〕イ．適切。

ア．不適。薬局開設の距離制限を設けた薬事法の規定は，憲法第22条が定める職業選択の自由に反するという違憲判決が下された。

ウ．不適。愛媛県の玉串料などへの公費支出は，憲法第20条3項および第89条が定める政教分離に反するという違憲判決が下された。

エ．不適。尊属殺人を一般殺人よりも重罪とする刑法第200条の規定は，憲法第14条が定める法の下の平等に反するという違憲判決が下された。

オ．不適。森林の共有者による分割を制限する森林法第186条の規定は，憲法第29条が定める財産権の保障に反するという違憲判決が下された。

II 解答

〔問1〕a．条約　b．ウェストファリア会議
c．民族自決権　d．第一次世界大戦
e．集団安全保障　f．ウィルソン　g．ヴェルサイユ条約
h．国際連盟　i．全会一致　j．経済制裁
〔問2〕思想家：グロティウス　著作：戦争と平和の法
〔問3〕イ

◀解　説▶

≪国際社会の成立≫

〔問1〕 b．三十年戦争（1618～48年）の講和会議であるウェストファリア会議は，初の近代的な国際会議とされる。ここで締結されたウェストファリア条約は，主権国家を単位とする近代国際社会の基礎とされる。

h．第一次世界大戦の反省から，1920年に国際連盟が42カ国の加盟国で設立され，本部はスイスのジュネーブに置かれたが，アメリカやソ連などが不参加（ソ連は遅れて加盟）という問題があった。

i．全会一致とは，国際連盟の総会や理事会で採用された議決方法である。1カ国でも反対すれば合意が得られないため，意思決定が困難になるという問題があった。

〔問2〕オランダの外交官であったグロティウス（1583～1645年）は，著書『戦争と平和の法』において，戦時においても国家が従うべき規範が存在すると説き，その後の国際法の発展に大きな影響を与えた。

〔問3〕ウィルソンの平和原則14カ条では，秘密外交の禁止，海洋の自由，植民地問題の解決，関税障壁の禁止のほか，軍備の縮小や民族自決，国際平和機関の設立などが提唱されている。

III　解答

〔問1〕 a．賦課　b．積立　c．非正規
d．ワーキングプア　e．労働力　f．再分配
g．育児休業　h．セーフティーネット

〔問2〕③

〔問3〕イタリア：B　フランス：A　スウェーデン：D

〔問4〕待機児童問題

〔問5〕①

◀解　説▶

≪少子高齢社会≫

〔問1〕 a．現役世代が納めた保険料を現在の高齢者への年金給付に充てる賦課方式は，少子高齢社会では現役世代の負担が重くなるという短所があるが，インフレによる影響を受けないという長所がある。

b．自分で積み立てた掛け金を老後に受け取る積立方式では，インフレによって積立金の価値が下落するという短所があるが，少子高齢化が進んで

も現役世代の負担に影響がないという長所がある。

e．労働力人口は，満15歳以上の人口に労働参加率（生産年齢人口に占める労働力人口の割合）をかけたものであり，満15歳以上の人口から非労働人口を差し引いても，就業者と完全失業者を足し合わせても算出できる。

f．所得の再分配機能とは，累進課税や社会保障制度によって所得格差を是正する財政の機能の一つである。

〔問3〕リード文の第1段落において，日本では「第1次ベビーブーム（1947年〜49年）の合計特殊出生率は4.32であったが，その後緩やかに低下し，『ひのえうま』の1966年には1.58まで急落」し，「第2次ベビーブーム（1971年〜74年）」を経て「1970年代後半から再び低下」した後2005年に「史上最低を記録した」とあるから，Cが日本とわかる。また第2段落において「フランスは，1980年代，出生率低下に悩んだため，政府が積極的な出産・子育て支援策をとった」ことで「1990年代以降…出生率は改善した」とあるから，Aがフランスとわかる。さらに第3段落においてスウェーデンでは「1970年代終わり以降」に整備された育児休業制度をはじめ「比較的早い時期から，経済的支援と併せ，保育や育児休業制度といった『両立支援』の施策が進められてきた」とあるから，1980年代から合計特殊出生率が改善しているDがスウェーデンであり，残るBがイタリアとわかる。

〔問5〕〔問3〕のグラフのCが日本であると判断できていれば，Cの数値から，日本の2005年の合計特殊出生率は①1.26とわかる。

Ⅳ　解答

〔問1〕a－⑲　b－⑫　c－㉖　d－㉒　e－⑬　f－⑰　g－⑳　h－㉔　i－㉗

〔問2〕ア．3　イ．11　ウ．3　エ．2　オ．6

〔問3〕ペティ・クラーク（の法則）

◀解　説▶

≪日本の農業≫

〔問1〕a．農地改革とは，GHQ（連合国軍最高司令官総司令部）による日本経済の民主化政策の1つであり，寄生地主制の解体と自作農の創出を目的とした。

b．⑫富山県の面積は 4,248 平方キロメートルであり，選択肢にある県の中で 42 万 ha に最も近い。なお③神奈川県の面積は 2,416 平方キロメートル，⑱福島県の面積は 13,784 平方キロメートルである。

e．EPA（経済連携協定）とは，FTA（自由貿易協定）に加えて投資や労働力の移動自由化などの幅広い経済連携を進める協定である。

h．インバウンドとは外国人が日本を訪れる旅行のことであり，インバウンド消費とは訪日外国人旅行者による国内消費のことである。

i．スマート農業とは，ロボット技術や情報通信技術を活用することで省力化・効率化を進めた農業のことである。

〔問 2〕イ．TPP（環太平洋経済連携協定）は，環太平洋地域の 12 カ国で締結された経済連携協定であるが，2017 年にアメリカのトランプ大統領が離脱を表明したことから，11 カ国による新協定が TPP11 として発効した。

〔問 3〕ペティ・クラークの法則とは，経済の発展につれて労働人口や経済活動の中心が第 1 次産業から第 2 次産業へ，さらに第 2 次産業から第 3 次産業へ移行するという法則である。

数学

I

解答　(1)ア．$\frac{7}{3}$　イ．$a_{n+1}+\frac{1}{3}a_n$　ウ．$-\frac{1}{3}(a_{n+1}-a_n)$

エ．$\frac{5}{2}-\frac{3}{2}\left(-\frac{1}{3}\right)^{n-1}$

(2)オ．$\frac{\sqrt{2}}{4}$　カ．$\sqrt{2-\sqrt{2}}$　キ．$\frac{1}{2}\sin\frac{\pi t}{6}$　ク．$\sqrt{2-2\cos\frac{\pi t}{6}}$

(3)ケ．$\frac{2}{25}$　コ．$\frac{3}{4}$　サ．$\frac{3}{5}$　シ．$\frac{13}{100}$

◀解　説▶

≪小問3問≫

(1)　$n=1$ とすると

$$a_3=\frac{1}{3}(2a_2+a_1)=\frac{1}{3}(6+1)=\frac{7}{3}\quad(\rightarrow ア)$$

また，$a_{n+2}=\frac{1}{3}(2a_{n+1}+a_n)$ の両辺に $\frac{1}{3}a_{n+1}$ を加えると

$$a_{n+2}+\frac{1}{3}a_{n+1}=a_{n+1}+\frac{1}{3}a_n\quad(\rightarrow イ)$$

したがって

$$a_{n+1}+\frac{1}{3}a_n=a_2+\frac{1}{3}a_1=3+\frac{1}{3}=\frac{10}{3}\quad\cdots\cdots①$$

$a_{n+2}=\frac{1}{3}(2a_{n+1}+a_n)$ の両辺に $-a_{n+1}$ を加えると

$$a_{n+2}-a_{n+1}=-\frac{1}{3}a_{n+1}+\frac{1}{3}a_n$$

$$a_{n+2}-a_{n+1}=-\frac{1}{3}(a_{n+1}-a_n)\quad(\rightarrow ウ)$$

数列 $\{a_{n+1}-a_n\}$ は等比数列で

　　初項：$a_2-a_1=3-1=2$，公比：$-\frac{1}{3}$

であるから

$$a_{n+1}-a_n=2\cdot\left(-\frac{1}{3}\right)^{n-1} \quad \cdots\cdots②$$

①−②より

$$\frac{4}{3}a_n=\frac{10}{3}-2\cdot\left(-\frac{1}{3}\right)^{n-1}$$

$$a_n=\frac{5}{2}-\frac{3}{2}\left(-\frac{1}{3}\right)^{n-1} \quad (\to エ)$$

(2)　1.5 秒後は

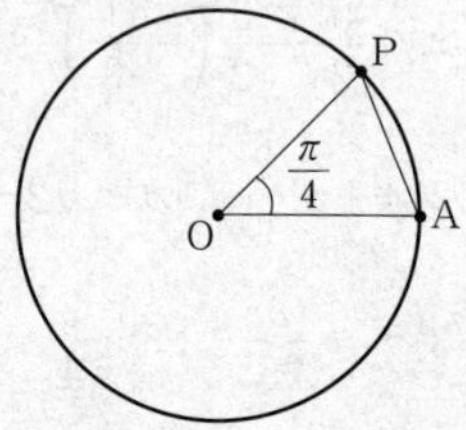

$$\angle \mathrm{AOP}=\frac{\pi}{6}\times 1.5=\frac{\pi}{4}$$

となるから

$$S=\frac{1}{2}\cdot \mathrm{OA}\cdot \mathrm{OP}\sin\frac{\pi}{4}=\frac{1}{2}\cdot 1\cdot 1\cdot\frac{\sqrt{2}}{2}$$

$$=\frac{\sqrt{2}}{4} \quad (\to オ)$$

△OAP において，余弦定理より

$$\mathrm{AP}^2=\mathrm{OA}^2+\mathrm{OP}^2-2\mathrm{OA}\cdot \mathrm{OP}\cos\frac{\pi}{4}$$

$$=1+1-2\cdot 1\cdot 1\cdot\frac{\sqrt{2}}{2}$$

$$=2-\sqrt{2}$$

AP＞0 より

$$l=\mathrm{AP}=\sqrt{2-\sqrt{2}} \quad (\to カ)$$

t 秒後は

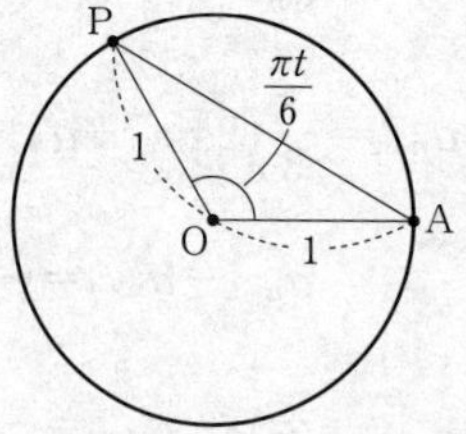

$$\angle \mathrm{AOP}=\frac{\pi}{6}\times t=\frac{\pi t}{6}$$

となるから

$$S=\frac{1}{2}\cdot \mathrm{OA}\cdot \mathrm{OP}\sin\frac{\pi t}{6}$$

$$=\frac{1}{2}\sin\frac{\pi t}{6} \quad (\to キ)$$

△OAP において，余弦定理より

$$\mathrm{AP}^2=\mathrm{OA}^2+\mathrm{OP}^2-2\mathrm{OA}\cdot \mathrm{OP}\cos\frac{\pi t}{6}$$

$$=1+1-2\cdot1\cdot1\cdot\cos\frac{\pi t}{6}$$

$$=2-2\cos\frac{\pi t}{6}$$

AP>0 より

$$l=\mathrm{AP}=\sqrt{2-2\cos\frac{\pi t}{6}}\quad(\to ク)$$

(3)　1 から 200 までの整数全体の集合を U とし，その部分集合を以下のように定義する。

A_3：3 の倍数の集合

A_4：4 の倍数の集合

A_5：5 の倍数の集合

A_6：6 の倍数の集合

A_8：8 の倍数の集合

このとき

$A_3=\{3\cdot1,\ 3\cdot2,\ 3\cdot3,\ \cdots,\ 3\cdot66\}$

$A_4=\{4\cdot1,\ 4\cdot2,\ 4\cdot3,\ \cdots,\ 4\cdot50\}$

$A_5=\{5\cdot1,\ 5\cdot2,\ 5\cdot3,\ \cdots,\ 5\cdot40\}$

$A_6=\{6\cdot1,\ 6\cdot2,\ 6\cdot3,\ \cdots,\ 6\cdot33\}$

$A_8=\{8\cdot1,\ 8\cdot2,\ 8\cdot3,\ \cdots,\ 8\cdot25\}$

となる。

$n(A)$ で集合 A の要素の個数を表すと

$n(A_3)=66$，$n(A_4)=50$，$n(A_5)=40$，$n(A_6)=33$，
$n(A_8)=25$

番号が 4 の倍数かつ 6 の倍数，すなわち 12 の倍数となる集合は

$A_4\cap A_6=\{12\cdot1,\ 12\cdot2,\ 12\cdot3,\ \cdots,\ 12\cdot16\}$

よって　　$n(A_4\cap A_6)=16$

したがって，番号が 4 の倍数かつ 6 の倍数となる確率は

$$\frac{n(A_4\cap A_6)}{n(U)}=\frac{16}{200}=\frac{2}{25}\quad(\to ケ)$$

番号が 6 の倍数かつ 8 の倍数，すなわち 24 の倍数となる集合は

$A_6\cap A_8=\{24\cdot1,\ 24\cdot2,\ 24\cdot3,\ \cdots,\ 24\cdot8\}$

よって　　$n(A_6 \cap A_8)=8$

ここで

$$
\begin{aligned}
n(\overline{A_6} \cap \overline{A_8}) &= n(\overline{A_6 \cup A_8}) \\
&= n(U)-n(A_6 \cup A_8) \\
&= 200-\{n(A_6)+n(A_8)-n(A_6 \cap A_8)\} \\
&= 200-(33+25-8) \\
&= 150
\end{aligned}
$$

したがって，番号が 6 の倍数でも 8 の倍数でもない確率は

$$\frac{n(\overline{A_6} \cap \overline{A_8})}{n(U)}=\frac{150}{200}=\frac{3}{4} \quad (\to コ)$$

番号が 3 の倍数かつ 4 の倍数，すなわち 12 の倍数となる集合は

$$A_3 \cap A_4=\{12 \cdot 1,\ 12 \cdot 2,\ 12 \cdot 3,\ \cdots,\ 12 \cdot 16\}$$

よって　　$n(A_3 \cap A_4)=16$

番号が 4 の倍数かつ 5 の倍数，すなわち 20 の倍数となる集合は

$$A_4 \cap A_5=\{20 \cdot 1,\ 20 \cdot 2,\ 20 \cdot 3,\ \cdots,\ 20 \cdot 10\}$$

よって　　$n(A_4 \cap A_5)=10$

番号が 3 の倍数かつ 5 の倍数，すなわち 15 の倍数となる集合は

$$A_3 \cap A_5=\{15 \cdot 1,\ 15 \cdot 2,\ 15 \cdot 3,\ \cdots,\ 15 \cdot 13\}$$

よって　　$n(A_3 \cap A_5)=13$

番号が 3 の倍数かつ 4 の倍数かつ 5 の倍数，すなわち 60 の倍数となる集合は

$$A_3 \cap A_4 \cap A_5=\{60 \cdot 1,\ 60 \cdot 2,\ 60 \cdot 3\}$$

よって　　$n(A_3 \cap A_4 \cap A_5)=3$

ここで

$$
\begin{aligned}
n(A_3 \cup A_4 \cup A_5) &= n(A_3)+n(A_4)+n(A_5) \\
&\qquad -\{n(A_3 \cap A_4)+n(A_4 \cap A_5)+n(A_3 \cap A_5)\} \\
&\qquad\qquad +n(A_3 \cap A_4 \cap A_5) \\
&= 66+50+40-(16+10+13)+3 \\
&= 120
\end{aligned}
$$

したがって，番号が 3，4，5 のいずれか 1 つ以上の倍数である確率は

$$\frac{n(A_3 \cup A_4 \cup A_5)}{n(U)}=\frac{120}{200}=\frac{3}{5} \quad (\to サ)$$

番号が5の倍数かつ6の倍数，すなわち30の倍数となる集合は

$$A_5\cap A_6=\{30\cdot1,\ 30\cdot2,\ 30\cdot3,\ \cdots,\ 30\cdot6\}$$

よって　$n(A_5\cap A_6)=6$

番号が4の倍数かつ5の倍数かつ6の倍数，すなわち60の倍数となる集合は

$$A_4\cap A_5\cap A_6=\{60\cdot1,\ 60\cdot2,\ 60\cdot3\}$$

よって　$n(A_4\cap A_5\cap A_6)=3$

したがって，番号が4，5，6のいずれか2つ以上の倍数である確率は

$$\frac{n(A_4\cap A_5)+n(A_5\cap A_6)+n(A_4\cap A_6)-2n(A_4\cap A_5\cap A_6)}{n(U)}$$

$$=\frac{10+6+16-2\cdot3}{200}$$

$$=\frac{26}{200}=\frac{13}{100}\quad(\to シ)$$

II

解答　(1)　2点$(0,\ -4)$，$(-2,\ 6)$を通る直線の方程式は

$$y-(-4)=\frac{-4-6}{0-(-2)}(x-0)$$

$$y=-5x-4\quad\cdots\cdots(答)$$

(2)　$\frac{1}{2}x^2+y-8\leqq0$ より

$$y\leqq-\frac{1}{2}x^2+8\quad\cdots\cdots①$$

$(5x+y+4)(-x+y+4)\geqq0$ より

$$\begin{cases}5x+y+4\geqq0\\-x+y+4\geqq0\end{cases}\quad または\quad\begin{cases}5x+y+4\leqq0\\-x+y+4\leqq0\end{cases}$$

$$\begin{cases}y\geqq-5x-4\\y\geqq x-4\end{cases}\quad または\quad\begin{cases}y\leqq-5x-4\\y\leqq x-4\end{cases}\quad\cdots\cdots②$$

$y+4\geqq0$ より　　$y\geqq-4$　……③

放物線 $y=-\frac{1}{2}x^2+8$ と直線 $y=-5x-4$ の共有点の x 座標は

$$-\frac{1}{2}x^2+8=-5x-4$$

$x^2-10x-24=0$

$(x-12)(x+2)=0$

$\therefore\ x=-2,\ 12$

放物線 $y=-\dfrac{1}{2}x^2+8$ と直線 $y=x-4$ の共有点の x 座標は

$-\dfrac{1}{2}x^2+8=x-4$

$x^2+2x-24=0$

$(x+6)(x-4)=0$

$\therefore\ x=-6,\ 4$

領域 D は①，②，③が表す領域の共通部分であり，下図の網かけ部分で境界線を含む。

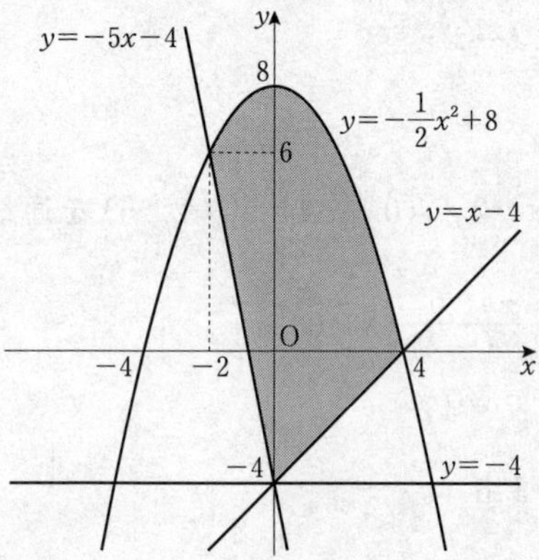

求める領域 D の面積は

$$\int_{-2}^{0}\left\{-\frac{1}{2}x^2+8-(-5x-4)\right\}dx+\int_{0}^{4}\left\{-\frac{1}{2}x^2+8-(x-4)\right\}dx$$

$$=\int_{-2}^{0}\left(-\frac{1}{2}x^2+5x+12\right)dx+\int_{0}^{4}\left(-\frac{1}{2}x^2-x+12\right)dx$$

$$=\left[-\frac{1}{6}x^3+\frac{5}{2}x^2+12x\right]_{-2}^{0}+\left[-\frac{1}{6}x^3-\frac{1}{2}x^2+12x\right]_{0}^{4}$$

$$=-\left(\frac{4}{3}+10-24\right)+\left(-\frac{32}{3}-8+48\right)$$

$=42$　……(答)

(3)　$-x+2y=k$ とおくと

$$y=\frac{1}{2}x+\frac{k}{2}\quad\cdots\cdots④$$

これより，傾き$\frac{1}{2}$，y切片$\frac{k}{2}$の直線である。

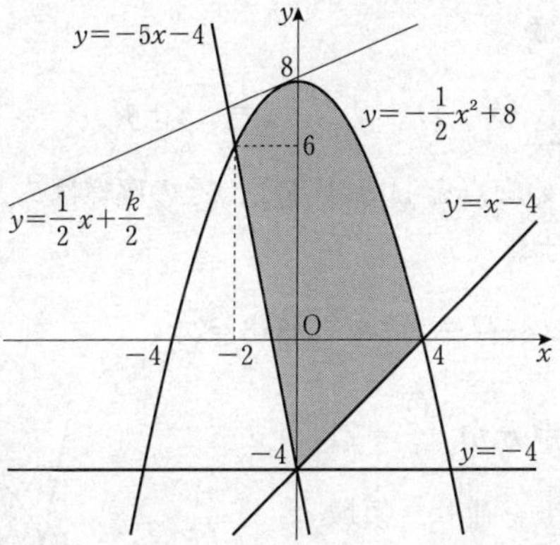

$(x,\ y)$は，直線④上かつ領域Dの内部および境界線上の点より，この直線を領域Dと共有点をもつように動かすと，上図のように，直線④が放物線$y=-\frac{1}{2}x^2+8$に接するとき，y切片$\frac{k}{2}$は最大になる。

$y=-\frac{1}{2}x^2+8$より，$y'=-x$なので，接点のx座標は

$$-x=\frac{1}{2}\qquad\therefore\quad x=-\frac{1}{2}$$

これは領域D内にあるから，このときy切片は最大となる。
接点のy座標は

$$y=-\frac{1}{2}\cdot\left(-\frac{1}{2}\right)^2+8=\frac{63}{8}$$

よって

$$k=-\left(-\frac{1}{2}\right)+2\cdot\frac{63}{8}=\frac{65}{4}$$

また，y切片が最小となるのは，④が$(0,\ -4)$を通るときだから，このとき

$$k=-0+2\cdot(-4)=-8$$

以上より，$-x+2y$の最大値と最小値は

$(x,\ y)=\left(-\dfrac{1}{2},\ \dfrac{63}{8}\right)$ のとき　　最大値 $\dfrac{65}{4}$

$(x,\ y)=(0,\ -4)$ のとき　　最小値 -8　　……(答)

(4)　A$(4,\ 0)$，B$(-2,\ 6)$，C$(0,\ -4)$ とおく。

直線 AB の方程式は

$$y=\frac{0-6}{4-(-2)}(x-4) \qquad \therefore \quad y=-x+4$$

直線 AB と y 軸との交点を D とすると，その座標は　　D$(0,\ 4)$

△ABC の面積 S は

$$S=\frac{1}{2}\cdot \mathrm{CD}\cdot\{4-(-2)\}=\frac{1}{2}\cdot 8\cdot 6=24$$

領域 D の面積の半分が $\dfrac{42}{2}=21$

なので，点 $(4,\ 0)$ を通り，領域 D の面積を二等分する直線は線分 BC と交わる。この交点を P とするとき，その y 座標を p とおく。

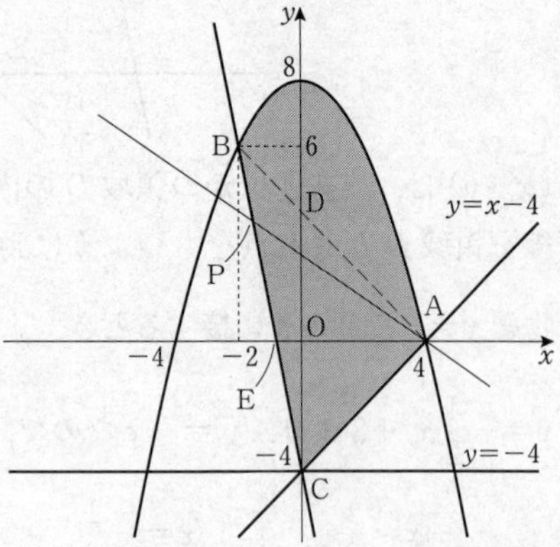

(1) より，直線 BC の方程式 $y=-5x-4$ より，直線 BC と x 軸との交点を E とすると，その座標は　　E$\left(-\dfrac{4}{5},\ 0\right)$

△PCA の面積は

$$\triangle \mathrm{PCA}=\frac{1}{2}\cdot \mathrm{AE}\cdot\{p-(-4)\}$$

$$=\frac{1}{2}\cdot\frac{24}{5}(p+4)$$

$$=\frac{12(p+4)}{5}$$

△PCA$=21$ となるときであるから

$$\frac{12(p+4)}{5}=21 \qquad \therefore \quad p=\frac{19}{4}$$

よって，点 P の x 座標は

$$\frac{19}{4}=-5x-4 \qquad \therefore \quad x=-\frac{7}{4}$$

ゆえに　$\mathrm{P}\left(-\frac{7}{4},\ \frac{19}{4}\right)$

求める直線は直線 AP で，その方程式は

$$y=\frac{0-\frac{19}{4}}{4-\left(-\frac{7}{4}\right)}(x-4) \qquad y=-\frac{19}{23}(x-4)$$

$$y=-\frac{19}{23}x+\frac{76}{23} \quad \cdots\cdots(答)$$

◀解　説▶

≪直線の方程式，領域の図示とその面積，領域の面積を二等分する直線の方程式≫

⑵領域を表すときに，共有点の座標を求めて正確に図示することを心がけたい。

⑶最大値を求める際に，微分を利用すると計算が楽になる。重解条件を利用してもよい。

⑷半分の面積を考えてから面積の二等分線を考える。

ら生じたものが対象となる。自然が生みだした具体的なものを研究対象とする「自然科学」があてはまる。

問六 A、傍線部6の直前に、日本の展示市についての筆者の考えが〈目先の利益をねらうもの〉として示されている。

B、傍線部6の直前の文にある「農工商の実益に発見」から類推。産業が盛んになっていくことを表す二字の語を記す。

C、傍線部6の直前の文にある「富庶〔豊かな生活〕繁栄」の語から、指定字数で空欄にあてはまるよう解答をまとめる。

Ⅲ

出典 久米邦武『米欧回覧実記』〈初編　米利堅合衆国の部　第三巻　桑方斯西哥ノ記上　自十二月六日至十五日〉（岩波文庫）

解答

問一　庭園　　問二　外貌

問三　ロ

問四　（写）生

問五　自然（科学）

問六　A、眼前の利　B、振興　C、生活を豊かにする（八字以内）

◀解　説▶

問一　設問文に解答の手がかりが多く示されている。西洋人にとっての公園に相当する、自然を楽しむもので、「邸内で多くの時間を過ごす」日本では、「寺社や武家屋敷などに」「好んでこしらえられた」ものである。邸内にある公園。

問二　傍線部2の直前「しかれども」の語に着目。「外貌は相似たり（見かけはよく似ている）」けれども、設置した「本領」は全く異なっている、という文脈である。「本領」は〝本質、なかみ〟といった意で用いられている。

問三　空欄3直後の「聞見」は、〈見聞〉と同義で、空欄直後は〈知識を身につける〉といった内容となる。空欄はこの直後の意と「誘」の語感から〈興味をそそる〉といった内容と推測できる。ハ・ニは不適。ホは〝身に近いところ〟の意で、そぐわない。「誘《ひ》」くに結びつくのはロ。直後の「聞見」（聞く、見る）と「耳」「目」も対応している。

問四　傍線部は〝絵画に及んでは、その動植物の様子を観察し、実物を手本として、実際の形状を描く〟の意。

問五　解答欄にある「科学」の語に着目。科学は大きく「自然科学」「人文科学」「社会科学」に分類される。設問文に、傍線部5Bは「儒教などの思想や道徳」とあることから、抽象的な概念を対象としており、これと対比される傍線部5Aは具体的な科学であることがわかる。人文科学は人間の内面が生みだしたもの、社会科学は人間と人間の関係か

2C、空欄の前段落では「いい加減さがあるからこそ、世の中は成り立っている」と述べ、空欄後では「その『いい加減さ』が時折、忘れられる」と述べている。前の内容と後の内容が相反するので、逆接の接続詞が適当。

問三　空欄3の後で「一〇〇パーセント好きです」「一〇〇パーセント嫌いです」とは答えられないと主張している。この「一〇〇パーセント」の言い換えとして、空欄2Bのある段落の「全体として好きなのか……よくわからない」にある「全体」が空欄3に当てはまる。

問四　空欄4を含む段落で、「一〇〇パーセント」といった首尾一貫性について「狂信の臭いがしてきてどうもいけない」と筆者は言う。それに対し「いい加減さがあるからこそ、世の中は成り立っている」と「いい加減さ」を肯定する考えを筆者は述べている。続く最終段落では「いい加減さ」が忘れられることを心配もしていることから、ホが最適。

問五　傍線部5の前の段落を見ると、「いい加減さ」とは「好きでも嫌いでもない」か、「好きでもあるし、嫌いでもある」状況のこと。この反対は「一〇〇パーセント好き」「一〇〇パーセント嫌い」ということになるが、この「一〇〇パーセント」について、筆者は「狂信の臭い」がすると表現している。

問六　6A、空欄直後の「立場で語る」の表現に着目。波線部の状態について説明する第三段落の二文目に「『日本人代表』の役を演じなければ」とある。ここでいう〈役を演じる〉とは「立場で語る」ことを意味している。

6B、空欄直前に「一方で」とあることから、6Aと対比する語があてはまる。第四段落の一文目に「それがまたじつに答えにくい」とあり、6Bの文末の「返事が思い浮かばなかった」という表現と対応する。

6C、第六段落の表現に着目。「一〇〇パーセント」の好き、嫌いではなく「真実はいつもその中間のどこかにある」と段落最後の文で述べている。

Ⅱ

解答

1、紙幣　2、重宝　3、器用　4、還暦　5、逐語　6、伏線　7、潤沢　8、体面

9、ねんご　10、すいとうぼ

国語

I

出典 沼野充義「あなたは日本が好きですか？――スロヴァキアでテレビ取材受ける」（『月刊現代』一九九四年六月）

解答

問一 国籍上

問二 2A―ハ 2B―ロ 2C―ニ

問三 全体

問四 ホ

問五 狂信

問六 6A、日本人代表 6B、個人 6C、中間

▲解 説▼

問一 直前に「『日本人代表』の役を演じなければならない」とあることから、空欄には筆者が「日本人」であることを客観的に示す語句があてはまる。

問二 2A、空欄の前段落では「日本人一般」としての回答は難しいと述べ、空欄後は「個人」としてはどうか、と回答する主体を変えている。前の事柄から話題を転換する接続詞が適当。

2B、空欄の直前では質問への回答が「自分でもよくわからなくなってくる」と述べ、空欄後は「答えられるのは……ということでしかない」と続けている。回答を空欄後で言い換えて説明しているので、言い換えの役割をする接続詞が適当。

MEMO

MEMO

MEMO

MEMO

MEMO

教学社 刊行一覧

2024年版　大学入試シリーズ（赤本）

378大学555点
全都道府県を網羅

国公立大学（都道府県順）

全国の書店で取り扱っています。店頭にない場合は，お取り寄せができます。

1 北海道大学（文系−前期日程）
2 北海道大学（理系−前期日程） 医
3 北海道大学（後期日程）
4 旭川医科大学（医学部〈医学科〉） 医
5 小樽商科大学
6 帯広畜産大学
7 北海道教育大学
8 室蘭工業大学／北見工業大学
9 釧路公立大学
10 公立千歳科学技術大学
11 公立はこだて未来大学 総推
12 札幌医科大学（医学部） 医
13 弘前大学 医
14 岩手大学
15 岩手県立大学・盛岡短期大学部・宮古短期大学部
16 東北大学（文系−前期日程）
17 東北大学（理系−前期日程） 医
18 東北大学（後期日程）
19 宮城教育大学
20 宮城大学
21 秋田大学 医
22 秋田県立大学
23 国際教養大学 総推
24 山形大学 医
25 福島大学
26 会津大学
27 福島県立医科大学（医・保健科学部） 医
28 茨城大学（文系）
29 茨城大学（理系）
30 筑波大学（推薦入試） 医 総推
31 筑波大学（前期日程） 医
32 筑波大学（後期日程）
33 宇都宮大学
34 群馬大学 医
35 群馬県立女子大学
36 高崎経済大学
37 前橋工科大学
38 埼玉大学（文系）
39 埼玉大学（理系）
40 千葉大学（文系−前期日程）
41 千葉大学（理系−前期日程） 医
42 千葉大学（後期日程） 医
43 東京大学（文科） DL
44 東京大学（理科） DL 医
45 お茶の水女子大学
46 電気通信大学
47 東京医科歯科大学 医
48 東京外国語大学 DL
49 東京海洋大学
50 東京学芸大学
51 東京藝術大学
52 東京工業大学
53 東京農工大学
54 一橋大学（前期日程） DL
55 一橋大学（後期日程）
56 東京都立大学（文系）
57 東京都立大学（理系）
58 横浜国立大学（文系）
59 横浜国立大学（理系）
60 横浜市立大学（国際教養・国際商・理・データサイエンス・医〈看護〉学部）
61 横浜市立大学（医学部〈医学科〉） 医
62 新潟大学（人文・教育〈文系〉・法・経済科・医〈看護〉・創生学部）
63 新潟大学（教育〈理系〉・理・医〈看護を除く〉・歯・工・農学部） 医
64 新潟県立大学
65 富山大学（文系）
66 富山大学（理系） 医
67 富山県立大学
68 金沢大学（文系）
69 金沢大学（理系） 医
70 福井大学（教育・医〈看護〉・工・国際地域学部）
71 福井大学（医学部〈医学科〉） 医
72 福井県立大学
73 山梨大学（教育・医〈看護〉・工・生命環境学部）
74 山梨大学（医学部〈医学科〉） 医
75 都留文科大学
76 信州大学（文系−前期日程）
77 信州大学（理系−前期日程） 医
78 信州大学（後期日程）
79 公立諏訪東京理科大学 総推
80 岐阜大学（前期日程） 医
81 岐阜大学（後期日程）
82 岐阜薬科大学
83 静岡大学（前期日程）
84 静岡大学（後期日程）
85 浜松医科大学（医学部〈医学科〉） 医
86 静岡県立大学
87 静岡文化芸術大学
88 名古屋大学（文系）
89 名古屋大学（理系） 医
90 愛知教育大学
91 名古屋工業大学
92 愛知県立大学
93 名古屋市立大学（経済・人文社会・芸術工・看護・総合生命理・データサイエンス学部）
94 名古屋市立大学（医学部） 医
95 名古屋市立大学（薬学部）
96 三重大学（人文・教育・医〈看護〉学部）
97 三重大学（医〈医〉・工・生物資源学部） 医
98 滋賀大学
99 滋賀医科大学（医学部〈医学科〉） 医
100 滋賀県立大学
101 京都大学（文系）
102 京都大学（理系） 医
103 京都教育大学
104 京都工芸繊維大学
105 京都府立大学
106 京都府立医科大学（医学部〈医学科〉） 医
107 大阪大学（文系） DL
108 大阪大学（理系） 医
109 大阪教育大学
110 大阪公立大学（現代システム科学域〈文系〉・文・法・経済・商・看護・生活科〈居住環境・人間福祉〉学部−前期日程）
111 大阪公立大学（現代システム科学域〈理系〉・理・工・農・獣医・医・生活科〈食栄養〉学部−前期日程） 医
112 大阪公立大学（中期日程）
113 大阪公立大学（後期日程）
114 神戸大学（文系−前期日程）
115 神戸大学（理系−前期日程） 医
116 神戸大学（後期日程）
117 神戸市外国語大学 DL
118 兵庫県立大学（国際商経・社会情報科・看護学部）
119 兵庫県立大学（工・理・環境人間学部）
120 奈良教育大学／奈良県立大学
121 奈良女子大学
122 奈良県立医科大学（医学部〈医学科〉） 医
123 和歌山大学
124 和歌山県立医科大学（医・薬学部） 医
125 鳥取大学 医
126 公立鳥取環境大学
127 島根大学 医
128 岡山大学（文系）
129 岡山大学（理系） 医
130 岡山県立大学
131 広島大学（文系−前期日程）
132 広島大学（理系−前期日程） 医
133 広島大学（後期日程）
134 尾道市立大学 総推
135 県立広島大学
136 広島市立大学
137 福山市立大学 総推
138 山口大学（人文・教育〈文系〉・経済・医〈看護〉・国際総合科学部）
139 山口大学（教育〈理系〉・理・医〈看護を除く〉・工・農・共同獣医学部） 医
140 山陽小野田市立山口東京理科大学 総推
141 下関市立大学／山口県立大学
142 徳島大学 医
143 香川大学 医
144 愛媛大学 医
145 高知大学 医
146 高知工科大学
147 九州大学（文系−前期日程）
148 九州大学（理系−前期日程） 医
149 九州大学（後期日程）
150 九州工業大学
151 福岡教育大学
152 北九州市立大学
153 九州歯科大学
154 福岡県立大学／福岡女子大学
155 佐賀大学 医
156 長崎大学（多文化社会・教育〈文系〉・経済・医〈保健〉・環境科〈文系〉学部）
157 長崎大学（教育〈理系〉・医〈医〉・歯・薬・情報データ科・工・環境科〈理系〉・水産学部） 医
158 長崎県立大学 総推
159 熊本大学（文・教育・法・医〈看護〉学部）
160 熊本大学（理・医〈看護を除く〉・薬・工学部） 医
161 熊本県立大学
162 大分大学（教育・経済・医〈看護〉・理工・福祉健康科学部）
163 大分大学（医学部〈医学科〉） 医
164 宮崎大学（教育・医〈看護〉・工・農・地域資源創成学部）
165 宮崎大学（医学部〈医学科〉） 医
166 鹿児島大学（文系）
167 鹿児島大学（理系） 医
168 琉球大学 医

2024年版　大学入試シリーズ（赤本）

国公立大学 その他

169 〔国公立大〕医学部医学科 総合型選抜・学校推薦型選抜 医 総推
170 看護・医療系大学〈国公立 東日本〉
171 看護・医療系大学〈国公立 中日本〉
172 看護・医療系大学〈国公立 西日本〉
173 海上保安大学校／気象大学校
174 航空保安大学校
175 国立看護大学校
176 防衛大学校 総推
177 防衛医科大学校（医学科） 医
178 防衛医科大学校（看護学科）

※No.169〜172の収載大学は赤本ウェブサイト（http://akahon.net/）でご確認ください。

私立大学①

北海道の大学（50音順）
201 札幌大学
202 札幌学院大学
203 北星学園大学・短期大学部
204 北海学園大学
205 北海道医療大学
206 北海道科学大学
207 北海道武蔵女子短期大学
208 酪農学園大学（獣医学群〈獣医学類〉）

東北の大学（50音順）
209 岩手医科大学（医・歯・薬学部） 医
210 仙台大学 総推
211 東北医科薬科大学（医・薬学部） 医
212 東北学院大学
213 東北工業大学
214 東北福祉大学
215 宮城学院女子大学 総推

関東の大学（50音順）
あ行（関東の大学）
216 青山学院大学（法・国際政治経済学部−個別学部日程）
217 青山学院大学（経済学部−個別学部日程）
218 青山学院大学（経営学部−個別学部日程）
219 青山学院大学（文・教育人間科学部−個別学部日程）
220 青山学院大学（総合文化政策・社会情報・地球社会共生・コミュニティ人間科学部−個別学部日程）
221 青山学院大学（理工学部−個別学部日程）
222 青山学院大学（全学部日程）
223 麻布大学（獣医、生命・環境科学部）
224 亜細亜大学
225 跡見学園女子大学
226 桜美林大学
227 大妻女子大学・短期大学部

か行（関東の大学）
228 学習院大学（法学部−コア試験）
229 学習院大学（経済学部−コア試験）
230 学習院大学（文学部−コア試験）
231 学習院大学（国際社会科学部−コア試験）
232 学習院大学（理学部−コア試験）
233 学習院女子大学
234 神奈川大学（給費生試験）
235 神奈川大学（一般入試）
236 神奈川工科大学
237 鎌倉女子大学・短期大学部
238 川村学園女子大学
239 神田外語大学
240 関東学院大学
241 北里大学（理学部）
242 北里大学（医学部） 医
243 北里大学（薬学部）
244 北里大学（看護・医療衛生学部）
245 北里大学（未来工・獣医・海洋生命科学部）
246 共立女子大学・短期大学
247 杏林大学（医学部） 医
248 杏林大学（保健学部）
249 群馬医療福祉大学 新
250 群馬パース大学 総推
251 慶應義塾大学（法学部）
252 慶應義塾大学（経済学部）
253 慶應義塾大学（商学部）
254 慶應義塾大学（文学部） 総推
255 慶應義塾大学（総合政策学部）
256 慶應義塾大学（環境情報学部）
257 慶應義塾大学（理工学部）
258 慶應義塾大学（医学部） 医
259 慶應義塾大学（薬学部）
260 慶應義塾大学（看護医療学部）
261 工学院大学
262 國學院大學
263 国際医療福祉大学 医
264 国際基督教大学
265 国士舘大学
266 駒澤大学（一般選抜T方式・S方式）
267 駒澤大学（全学部統一日程選抜）

さ行（関東の大学）
268 埼玉医科大学（医学部） 医
269 相模女子大学・短期大学部
270 産業能率大学
271 自治医科大学（医学部） 医
272 自治医科大学（看護学部）／東京慈恵会医科大学（医学部〈看護学科〉）
273 実践女子大学 総推
274 芝浦工業大学（前期日程〈英語資格・検定試験利用方式を含む〉）
275 芝浦工業大学（全学統一日程〈英語資格・検定試験利用方式を含む〉・後期日程）
276 十文字学園女子大学
277 淑徳大学
278 順天堂大学（医学部） 医
279 順天堂大学（スポーツ健康科・医療看護・保健看護・国際教養・保健医療・医療科・健康データサイエンス学部） 総推
280 城西国際大学 新
281 上智大学（神・文・総合人間科学部）
282 上智大学（法・経済学部）
283 上智大学（外国語・総合グローバル学部）
284 上智大学（理工学部）
285 上智大学（TEAPスコア利用方式）
286 湘南工科大学
287 昭和大学（医学部） 医
288 昭和大学（歯・薬・保健医療学部）
289 昭和女子大学
290 昭和薬科大学
291 女子栄養大学・短期大学部
292 白百合女子大学
293 成蹊大学（法学部−A方式）
294 成蹊大学（経済・経営学部−A方式）
295 成蹊大学（文学部−A方式）
296 成蹊大学（理工学部−A方式）
297 成蹊大学（E方式・G方式・P方式）
298 成城大学（経済・社会イノベーション学部−A方式）
299 成城大学（文芸・法学部−A方式）
300 成城大学（S方式〈全学部統一選抜〉）
301 聖心女子大学
302 清泉女子大学
303 聖徳大学・短期大学部
304 聖マリアンナ医科大学 医
305 聖路加国際大学（看護学部）
306 専修大学（スカラシップ・全国入試）
307 専修大学（学部個別入試）
308 専修大学（全学部統一入試）

た行（関東の大学）
309 大正大学
310 大東文化大学
311 高崎健康福祉大学 総推
312 拓殖大学
313 玉川大学
314 多摩美術大学
315 千葉工業大学
316 千葉商科大学
317 中央大学（法学部−学部別選抜）
318 中央大学（経済学部−学部別選抜）
319 中央大学（商学部−学部別選抜）
320 中央大学（文学部−学部別選抜）
321 中央大学（総合政策学部−学部別選抜）
322 中央大学（国際経営・国際情報学部−学部別選抜）
323 中央大学（理工学部−学部別選抜）
324 中央大学（6学部共通選抜）
325 中央学院大学
326 津田塾大学
327 帝京大学（薬・経済・法・文・外国語・教育・理工・医療技術・福岡医療技術学部）
328 帝京大学（医学部） 医
329 帝京科学大学 総推
330 帝京平成大学 総推
331 東海大学（医〈医〉学部を除く−一般選抜）
332 東海大学（文系・理系学部統一選抜）
333 東海大学（医学部〈医学科〉） 医
334 東京医科大学（医学部〈医学科〉） 医
335 東京家政大学・短期大学部 総推
336 東京経済大学
337 東京工科大学
338 東京工芸大学
339 東京国際大学
340 東京歯科大学
341 東京慈恵会医科大学（医学部〈医学科〉） 医
342 東京情報大学
343 東京女子大学
344 東京女子医科大学（医学部） 医
345 東京電機大学
346 東京都市大学
347 東京農業大学
348 東京薬科大学（薬学部） 総推
349 東京薬科大学（生命科学部） 総推
350 東京理科大学（理学部〈第一部〉−B方式）
351 東京理科大学（創域理工学部−B方式・S方式）
352 東京理科大学（工学部−B方式）
353 東京理科大学（先進工学部−B方式）
354 東京理科大学（薬学部−B方式）
355 東京理科大学（経営学部−B方式）
356 東京理科大学（C方式、グローバル方式、理学部〈第二部〉−B方式）

2024年版　大学入試シリーズ（赤本）

私立大学②

357 東邦大学（医学部） 医
358 東邦大学（薬学部）
359 東邦大学（理・看護・健康科学部）
360 東洋大学（文・経済・経営・法・社会・国際・国際観光学部）
361 東洋大学（情報連携・福祉社会デザイン・健康スポーツ科・理工・総合情報・生命科・食環境科学部）
362 東洋大学（英語〈3日程×3カ年〉） 新
363 東洋大学（国語〈3日程×3カ年〉） 新
364 東洋大学（日本史・世界史〈2日程×3カ年〉） 新
365 東洋英和女学院大学
366 常磐大学・短期大学 総推
367 獨協大学
368 獨協医科大学（医学部） 医

な行（関東の大学）

369 二松学舎大学
370 日本大学（法学部）
371 日本大学（経済学部）
372 日本大学（商学部）
373 日本大学（文理学部〈文系〉）
374 日本大学（文理学部〈理系〉）
375 日本大学（芸術学部）
376 日本大学（国際関係学部）
377 日本大学（危機管理・スポーツ科学部）
378 日本大学（理工学部）
379 日本大学（生産工・工学部）
380 日本大学（生物資源科学部）
381 日本大学（医学部） 医
382 日本大学（歯・松戸歯学部）
383 日本大学（薬学部）
384 日本大学（医学部を除く－N全学統一方式）
385 日本医科大学 医
386 日本工業大学
387 日本歯科大学
388 日本社会事業大学 新 総推
389 日本獣医生命科学大学
390 日本女子大学
391 日本体育大学

は行（関東の大学）

392 白鷗大学（学業特待選抜・一般選抜）
393 フェリス女学院大学
394 文教大学
395 法政大学（法〈法律・政治〉・国際文化・キャリアデザイン学部－A方式）
396 法政大学（法〈国際政治〉・文・経営・人間環境・グローバル教養学部－A方式）
397 法政大学（経済・社会・現代福祉・スポーツ健康学部－A方式）
398 法政大学（情報科・デザイン工・理工・生命科学部－A方式）
399 法政大学（T日程〈統一日程〉・英語外部試験利用入試）
400 星薬科大学 総推

ま行（関東の大学）

401 武蔵大学
402 武蔵野大学
403 武蔵野美術大学
404 明海大学
405 明治大学（法学部－学部別入試）
406 明治大学（政治経済学部－学部別入試）
407 明治大学（商学部－学部別入試）
408 明治大学（経営学部－学部別入試）
409 明治大学（文学部－学部別入試）
410 明治大学（国際日本学部－学部別入試）
411 明治大学（情報コミュニケーション学部－学部別入試）
412 明治大学（理工学部－学部別入試）
413 明治大学（総合数理学部－学部別入試）
414 明治大学（農学部－学部別入試）
415 明治大学（全学部統一入試）
416 明治学院大学（A日程）
417 明治学院大学（全学部日程）
418 明治薬科大学 総推
419 明星大学
420 目白大学・短期大学部

ら・わ行（関東の大学）

421 立教大学（文系学部－一般入試〈大学独自の英語を課さない日程〉）
422 立教大学（国語〈3日程×3カ年〉）
423 立教大学（日本史・世界史〈2日程×3カ年〉）
424 立教大学（文学部－一般入試〈大学独自の英語を課す日程〉）
425 立教大学（理学部－一般入試）
426 立正大学
427 早稲田大学（法学部）
428 早稲田大学（政治経済学部）
429 早稲田大学（商学部）
430 早稲田大学（社会科学部）
431 早稲田大学（文学部）
432 早稲田大学（文化構想学部）
433 早稲田大学（教育学部〈文科系〉）
434 早稲田大学（教育学部〈理科系〉）
435 早稲田大学（人間科・スポーツ科学部）
436 早稲田大学（国際教養学部）
437 早稲田大学（基幹理工・創造理工・先進理工学部）
438 和洋女子大学 総推

中部の大学（50音順）

439 愛知大学
440 愛知医科大学（医学部） 医
441 愛知学院大学・短期大学部
442 愛知工業大学 総推
443 愛知淑徳大学
444 朝日大学 総推
445 金沢医科大学（医学部） 医
446 金沢工業大学
447 岐阜聖徳学園大学・短期大学部 総推
448 金城学院大学
449 至学館大学 総推
450 静岡理工科大学
451 椙山女学園大学
452 大同大学
453 中京大学
454 中部大学
455 名古屋外国語大学 総推
456 名古屋学院大学 総推
457 名古屋学芸大学 総推
458 名古屋女子大学・短期大学部 総推
459 南山大学（外国語〈英米〉・法・総合政策・国際教養学部）
460 南山大学（人文・外国語〈英米を除く〉・経済・経営・理工学部）
461 新潟国際情報大学
462 日本福祉大学
463 福井工業大学
464 藤田医科大学（医学部） 医
465 藤田医科大学（医療科・保健衛生学部）
466 名城大学（法・経営・経済・外国語・人間・都市情報学部）
467 名城大学（情報工・理工・農・薬学部）
468 山梨学院大学

近畿の大学（50音順）

469 追手門学院大学 総推
470 大阪医科薬科大学（医学部） 医
471 大阪医科薬科大学（薬学部） 総推
472 大阪学院大学 総推
473 大阪経済大学 総推
474 大阪経済法科大学 総推
475 大阪工業大学 総推
476 大阪国際大学・短期大学部 総推
477 大阪産業大学 総推
478 大阪歯科大学（歯学部）
479 大阪商業大学 総推
481 大阪成蹊大学・短期大学 総推
482 大谷大学 総推
483 大手前大学・短期大学 総推
484 関西大学（文系）
485 関西大学（理系）
486 関西大学（英語〈3日程×3カ年〉）
487 関西大学（国語〈3日程×3カ年〉）
488 関西大学（文系選択科目〈2日程×3カ年〉）
489 関西医科大学（医学部） 医
490 関西医療大学 総推
491 関西外国語大学・短期大学部 総推
492 関西学院大学（文・社会・法学部－学部個別日程）
493 関西学院大学（経済・人間福祉・国際学部－学部個別日程）
494 関西学院大学（神・商・教育・総合政策学部－学部個別日程）
495 関西学院大学（全学部日程〈文系型〉）
496 関西学院大学（全学部日程〈理系型〉）
497 関西学院大学（共通テスト併用日程・英数日程）
498 畿央大学 総推
499 京都外国語大学・短期大学 総推
500 京都光華女子大学・短期大学部 総推
501 京都産業大学（公募推薦入試） 総推
502 京都産業大学（一般選抜入試〈前期日程〉）
503 京都女子大学 総推
504 京都先端科学大学 総推
505 京都橘大学 総推
506 京都ノートルダム女子大学 総推
507 京都薬科大学 総推
508 近畿大学・短期大学部（医学部を除く－推薦入試） 総推
509 近畿大学・短期大学部（医学部を除く－一般入試前期）
510 近畿大学（英語〈医学部を除く3日程×3カ年〉） 新
511 近畿大学（理系数学〈医学部を除く3日程×3カ年〉） 新
512 近畿大学（国語〈医学部を除く3日程×3カ年〉） 新
513 近畿大学（医学部－推薦入試・一般入試前期） 医 総推
514 近畿大学・短期大学部（一般入試後期） 医
515 皇學館大学 総推
516 甲南大学 総推
517 神戸学院大学 総推
518 神戸国際大学 総推
519 神戸女学院大学 総推
520 神戸女子大学・短期大学 総推
521 神戸薬科大学 総推
522 四天王寺大学・短期大学部 総推
523 摂南大学（公募制推薦入試） 総推
524 摂南大学（一般選抜前期日程）
525 帝塚山学院大学 新 総推
526 同志社大学（法、グローバル・コミュニケーション学部－学部個別日程）
527 同志社大学（文・経済学部－学部個別日程）
528 同志社大学（神・商・心理・グローバル地域文化学部－学部個別日程）
529 同志社大学（社会学部－学部個別日程）

いつも受験生のそばに — 赤本

大学入試シリーズ＋α
入試対策も共通テスト対策も赤本で

入試対策

赤本プラス

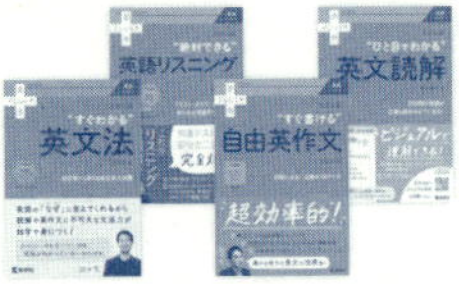

赤本プラスとは，過去問演習の効果を最大にするためのシリーズです。「赤本」であぶり出された弱点を，赤本プラスで克服しましょう。

大学入試 すぐわかる英文法 DL
大学入試 ひと目でわかる英文読解
大学入試 絶対できる英語リスニング DL
大学入試 すぐ書ける自由英作文
大学入試 ぐんぐん読める英語長文〔BASIC〕
大学入試 ぐんぐん読める英語長文〔STANDARD〕
大学入試 ぐんぐん読める英語長文〔ADVANCED〕
大学入試 最短でマスターする
数学I・II・III・A・B・C 新 ◎
大学入試 突破力を鍛える最難関の数学 新 ◎
大学入試 ちゃんと身につく物理 新 ◎
大学入試 もっと身につく物理問題集
（①力学・波動）新 ◎
大学入試 もっと身につく物理問題集
（②熱力学・電磁気・原子）新 ◎

入試対策

英検® 赤本シリーズ

英検®（実用英語技能検定）の対策書。
過去問集と参考書で万全の対策ができます。

▶過去問集（2023年度版）
英検®準1級過去問集 DL
英検®2級過去問集 DL
英検®準2級過去問集 DL
英検®3級過去問集 DL

▶参考書
竹岡の英検®準1級マスター DL
竹岡の英検®2級マスター CD DL
竹岡の英検®準2級マスター CD DL
竹岡の英検®3級マスター CD DL

入試対策

赤本プレミアム

「これぞ京大!」という問題・テーマのみで構成したベストセレクションの決定版!

京大数学プレミアム〔改訂版〕
京大古典プレミアム

入試対策

赤本メディカルシリーズ

過去問を徹底的に研究し，独自の出題傾向をもつメディカル系の入試に役立つ内容を精選した実戦的なシリーズ。

〔国公立大〕医学部の英語〔3訂版〕
私立医大の英語〔長文読解編〕〔3訂版〕
私立医大の英語〔文法・語法編〕〔改訂版〕
医学部の実戦小論文〔3訂版〕
〔国公立大〕医学部の数学
私立医大の数学
医歯薬系の英単語〔4訂版〕
医系小論文 最頻出論点20〔3訂版〕
医学部の面接〔4訂版〕

入試対策

体系シリーズ

国公立大二次・難関私大突破へ，自学自習に適したハイレベル問題集。

体系英語長文
体系英作文
体系数学I・A
体系数学II・B
体系現代文
体系古文
体系日本史
体系世界史
体系物理〔第6版〕
体系物理〔第7版〕新 ◎
体系化学〔第2版〕
体系生物

入試対策

単行本

▶英語
Q&A即決英語勉強法
TEAP攻略問題集 CD
東大の英単語〔新装版〕
早慶上智の英単語〔改訂版〕

▶数学
稲荷の独習数学

▶国語・小論文
著者に注目! 現代文問題集
ブレない小論文の書き方 樋口式ワークノート

▶理科
折戸の独習物理

▶レシピ集
奥薗壽子の赤本合格レシピ

入試対策　共通テスト対策

赤本手帳

赤本手帳（2024年度受験用）プラムレッド
赤本手帳（2024年度受験用）インディゴブルー
赤本手帳（2024年度受験用）ナチュラルホワイト

入試対策

風呂で覚えるシリーズ

水をはじく特殊な紙を使用。いつでもどこでも読めるから，ちょっとした時間を有効に使える！

風呂で覚える英単語〔4訂新装版〕
風呂で覚える英熟語〔改訂新装版〕
風呂で覚える古文単語〔改訂新装版〕
風呂で覚える古文文法〔改訂新装版〕
風呂で覚える漢文〔改訂新装版〕
風呂で覚える日本史〔年代〕〔改訂新装版〕
風呂で覚える世界史〔年代〕〔改訂新装版〕
風呂で覚える倫理〔改訂版〕
風呂で覚える化学〔3訂新装版〕
風呂で覚える百人一首〔改訂版〕

共通テスト対策

満点のコツシリーズ

共通テストで満点を狙うための実戦的参考書。
重要度の増したリスニング対策は
「カリスマ講師」竹岡広信が一回読みにも
対応できるコツを伝授！

共通テスト英語〔リスニング〕満点のコツ CD DL
共通テスト古文 満点のコツ
共通テスト漢文 満点のコツ
共通テスト化学基礎 満点のコツ
共通テスト生物基礎 満点のコツ

入試対策　共通テスト対策

赤本ポケットシリーズ

▶共通テスト対策
共通テスト日本史〔文化史〕

▶系統別進路ガイド
デザイン系学科をめざすあなたへ
心理学科をめざすあなたへ〔改訂版〕

CD リスニングCDつき　DL 音声無料配信
新 2023年刊行　◎ 新課程版